上海典当业
发展报告
（2020—2021年）

韩汉君 诸晓江 等 / 著

上海社会科学院出版社

本报告编撰人员

韩汉君　上海社会科学院经济研究所副所长、典当研究中心主任,研究员
赵玉春　上海市地方金融监督管理局地方金融监督管理一处处长
刘　静　上海典当行业协会会长,上海民通典当有限公司董事长,上海社会科学院经济研究所典当研究中心研究员
诸晓江　上海典当行业协会秘书长,上海社会科学院经济研究所典当研究中心主任、研究员
李小军　上海典当行业协会副秘书长,上海社会科学院经济研究所典当研究中心研究员
詹宇波　上海社会科学院经济研究所西方经济学研究室主任、研究员
徐美芳　上海社会科学院副研究员,经济学博士
李双金　上海社会科学院经济研究所副研究员,经济学博士
陈明艺　上海社会科学院经济研究所副研究员,经济学博士
汪其昌　上海对外贸易大学金融管理学院副教授,经济学博士
吴明玺　上海社会科学院经济研究所助理研究员
余开亮　上海社会科学院经济研究所助理研究员,经济学博士
邵佳薇　上海社会科学院经济研究所硕士研究生
马　丁　上海市恒通典当有限公司总经理,上海社会科学院经济研究所典当研究中心研究员
张志豪　上海国盛典当有限公司总经理,上海社会科学院经济研究所典当研究中心研究员
李　英　上海国信典当有限公司总经理,上海社会科学院经济研究所典当研究中心研究员
张　静　上海泰优汇典当有限公司总经理,上海社会科学院经济研究所典

当研究中心研究员

雷　晋　上海典当行业协会秘书长助理,上海社会科学院经济研究所典当
　　　研究中心研究员

序

习近平总书记强调，要坚持以人民为中心的发展思想，在高质量发展中促进共同富裕。实现共同富裕离不开普惠金融体系的建设。作为普惠金融体系的重要组成部分，典当行具有悠久的历史底蕴，可谓中国金融业之初始。典当行借助其"短期、小额、灵活、快捷"的经营特点，有效满足中小微企业、居民个人短期、应急融资需求，发挥着"拾遗补缺"和"雪中送炭"的重要作用。

伴随着上海国际金融中心建设的深入推进，上海典当业不断发展壮大，典当规模和质量位居全国前列。在此过程中，上海典当业积极践行普惠金融宗旨，全力服务实体经济：一方面，充分发挥自身作用，切实满足本市初创企业、中小微企业融资难和人民群众生活短期融资需求；另一方面，专注细分领域，培育差异化、特色化竞争优势，丰富和完善本市多元化的普惠金融服务供给体系。受国内外发展环境和新冠肺炎疫情影响，上海典当业也面临一些发展瓶颈和问题。典当行业正在经历痛苦的转型过程。但越是在艰难时期，就越需要冷静思考、深入研究、沉着应对。如何让典当这个古老的行业渡过难关、创新发展、重放异彩，是上海正在竭力探索的课题。正是基于这种考虑，本报告研究团队推出新一期上海典当发展报告，展示对典当业发展重要问题的最新研究成果。

本年度研究报告包括总报告和7篇专题报告。总报告以"坚持行业转型发展　期待转折曙光出现"为题，详细分析上海典当业2020—2021年发展状况和发展特点；同时，为了在错综复杂的发展环境中能更加清晰地认准方向，总报告也分析了国内外宏观经济、金融市场动态和典当业发展所处的经营环境,分析在后疫情时代典当业面临的挑战和机遇。在典当行业监管体制调整之际,总报告还回顾分析了我国典当监管演变过程,并期待未来的典当业监管,从典当行业本源法律关系出发进一步完善典当业监管规则。

专题报告包括"典当行的金融机构属性与典当融资的法律关系特质研究""利率市场化改革、市场化利率演进与典当业息费率性质""典当企业的税收管理""新发展格局下典当业营商环境优化研究""后疫情时代典当业的发展""《非存款类放贷组织条例》对典当业发展的影响研究"以及"近代以来上海典当业发展简史",就典当业发展面临的一些重要问题,作进一步的研究和探索。

目前,典当业的发展面临不少问题,这些问题既有来自典当业内部的,也有来自典当法规制度建设,以及社会公众观念等。在我国开创中国特色社会主义新时代,努力实现共同富裕的大背景下,典当行业的发展既要解决一些已有的老问题,同时还要适应一些新情况、新变化,这就需要我们不断创新,持续推进转型发展,进一步完善监管制度、监管体制和监管方法,促使典当业健康稳定地发展。

上海社会科学院原常务副院长、经济研究所原所长
左学金
2021 年 11 月

目　录

总　报　告

B1　坚持行业转型发展　期待转折曙光出现
　　——2020—2021年上海典当业发展研究 ………… 3
　　一、2019—2020年上海典当业经营状况 ………… 3
　　二、2019—2020年上海典当业务发展特点 ………… 11
　　三、国内外宏观经济运行及金融市场发展分析 ………… 21
　　四、当前中国典当业的经营环境分析 ………… 40
　　五、新发展格局下典当行业监管创新 ………… 48
　　六、加强和完善典当行业监管的建议 ………… 57

专　题　报　告

B2　典当行的金融机构属性及典当融资的法律关系特质研究 ………… 65
B3　利率市场化改革、市场化利率演进与典当业息费率性质 ………… 116
B4　典当业的税务管理 ………… 149
B5　新发展格局下典当业营商环境优化研究 ………… 170
B6　后疫情时代典当业的发展 ………… 189

B7　《非存款类放贷组织条例》对典当业发展的影响研究 …………… 212

B8　近代以来上海典当业发展简史 ………………………………… 231

后记 ……………………………………………………………………… 249

ZONG BAOGAO 总 报 告

B1 坚持行业转型发展
期待转折曙光出现

——2020—2021年上海典当业发展研究

2020年初,全球新冠肺炎疫情突如其来、肆虐全球,严重冲击社会经济的方方面面。疫情的爆发使百年未有之大变局加速演变,世界正经历大变革、大发展和大调整,且其广泛性、深刻性、复杂性和不稳定性空前突出,国内外的发展环境就更加复杂。对这一大局大势,各行各业,无论大小新旧,都必须有清醒的认识,并冷静应对。

正处于艰难转型中的上海典当行业,面对新的冲击,一方面积极响应国家的号召,在做好"六稳""六保"的大局工作中贡献本行业的一份力量;另一方面也主动创新求变,坚守为个人和小微企业提供融资服务的阵地。典当行业上上下下依然在痛苦但顽强地推进转型发展的进程,同时也期待在行业监管转隶的新局面中,能够更快迎来行业制度环境的大改善,迎来行业转折发展的曙光显现,从而启动新一轮稳健发展的新征程。

一、2019—2020年上海典当业经营状况

毋庸讳言,典当行业的经营发展依然艰难。总体上,2020年上海典当业经营情况呈现以下特点:第一,经营网点数进一步减少,在受到此次新冠肺炎疫情冲击和外部经济环境恶化双重压力之下,行业整体业绩大幅度下滑。第二,由于从事生产资料典当业务企业处于产业链内,业务相对安全,增长幅度最大,但总量仍然偏低;此外,机动车典当业务仍然是典当业务增

长点之一,金银珠宝类业务占民品业务比重大幅提高。第三,本次典当行业调整和收缩的多为国企背景的大型企业,受企业整体产业布局调整和疫情冲击下运营成本较高等因素影响。第四,企业转让、迁址等变更情况增加及其他种种原因,造成典当经营收入下降、亏损企业增加,退出企业多于新设加入企业。第五,典当企业监管进一步加强,典当业务许可事项(含变更)的审批实行区主管部门初审、市地方金融监管局终审,充分体现了监管部门对典当行业的规范性重视。第六,2020年典当行业以大局观来积极响应协会号召,间接影响到经营状况。

(一)上海典当企业经营网点及分布

截至2020年12月底,全市典当企业为238家,分支机构57家,共计295家经营网点。截至2021年6月底,全市法人机构达231家,分支机构59家,共计经营网点290家。2016—2020年典当企业在上海市各行政区的分布情况如表1-1所示。

从2016—2020年经营网点数量来看,总体呈现下降趋势,由2016年的318家降至2020年的295家,年均减少率为1.86%。从经营网点类型来看,以法人企业为主,分支机构约为法人企业数量的四成左右。

2020年企业变更申请事项相比2019年有所减少,但分支机构注销情况较多,先后有7家分支机构注销,多为国企背景的大型企业,注销原因主要是受企业整体产业布局调整、从扩张变为收缩和退出,以及在疫情冲击下运营成本较高等因素影响。

按本市行政区域划分:

表1-1 2016—2020年上海市各行政区典当企业分布数量 (单位:家)

行政区县	经营网点					其中									
^	^					法人企业					分支机构				
^	2016年	2017年	2018年	2019年	2020年	2016年	2017年	2018年	2019年	2020年	2016年	2017年	2018年	2019年	2020年
黄浦区	26	28	26	26	25	20	22	22	22	22	6	6	4	4	3
静安区	40	39	37	37	38	34	33	31	31	32	6	6	6	7	6

续表

行政区县	经营网点					其中									
						法人企业					分支机构				
	2016年	2017年	2018年	2019年	2020年	2016年	2017年	2018年	2019年	2020年	2016年	2017年	2018年	2019年	2020年
徐汇区	26	24	25	24	21	18	16	18	18	15	8	8	7	6	6
虹口区	21	19	21	21	21	18	16	17	17	17	3	3	4	4	4
普陀区	25	22	25	25	25	17	14	16	16	17	8	8	9	8	8
杨浦区	21	21	22	20	19	19	19	20	20	18	2	2	2	2	1
长宁区	21	20	20	19	18	17	16	16	16	14	4	4	4	4	4
浦东新区	54	53	48	51	50	39	37	36	36	38	15	16	12	14	12
闵行区	24	25	21	20	22	22	21	17	17	19	2	4	3	3	3
青浦区	7	11	10	10	11	5	9	8	9	9	2	2	2	1	2
松江区	11	8	9	9	9	9	6	6	6	7	2	2	3	3	2
宝山区	13	13	13	13	13	10	10	10	10	10	3	3	3	3	3
奉贤区	10	10	10	10	8	10	10	10	10	8	0	0	0	0	0
嘉定区	14	14	14	13	12	12	12	12	11	10	2	2	2	2	2
金山区	3	2	2	2	2	2	2	2	2	2	1	0	0	0	0
崇明区	2	2	2	1	1	1	1	1	0	0	1	1	1	1	1
合计	318	311	305	301	295	253	244	242	240	238	65	68	62	63	57

从图1-1和图1-2来看，连续5年，上海的典当企业都主要集中于中心区域，浦东新区的典当企业最多，而后分别为静安区、黄浦区、徐汇区和普陀区。典当企业较少分布在距离市中心较远的区域，崇明区最少，金山区次之，奉贤区再次之。

（二）上海典当企业的经营状况

1. 注册资本金统计

2016—2020年全市注册资本金（按企业注册资本计算）分别为63.25亿元、62.59亿元、64.13亿元、65.46亿元、66.62亿元，总体注册资本金呈增长态势，年均增长率为1.31%。其中，注册资本金的增长主要由于新设典

5

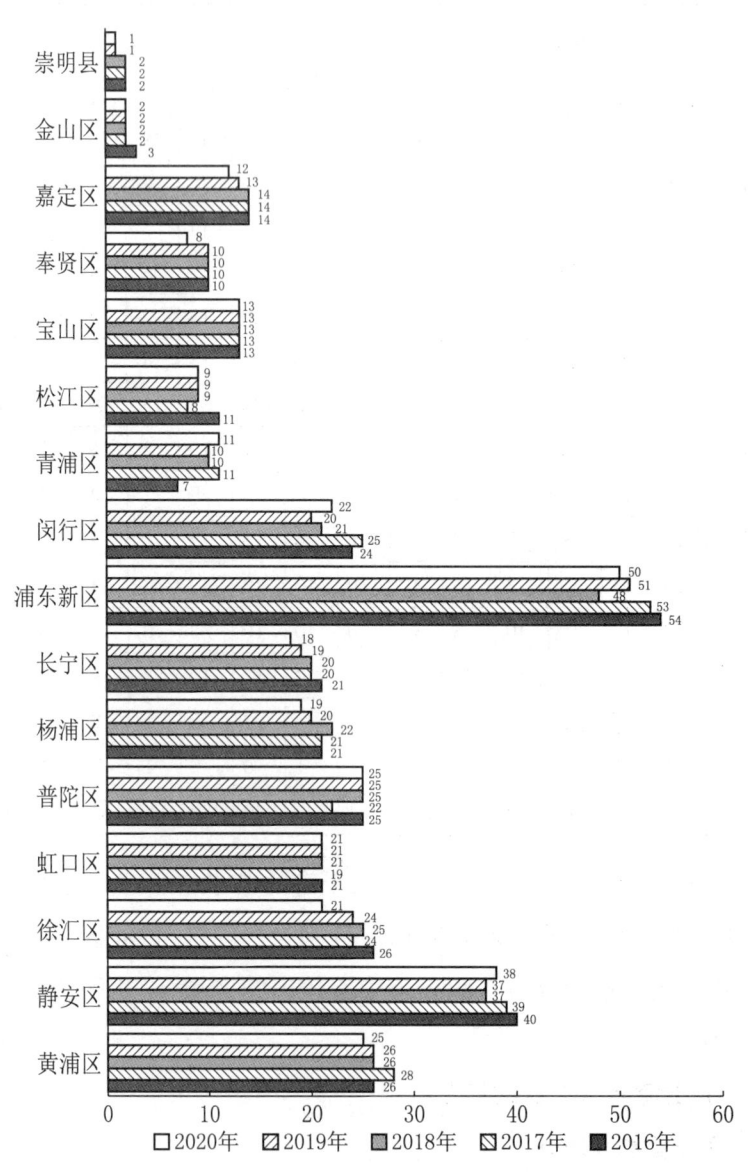

图 1-1 上海市各区典当企业经营网点数量比较图（2016—2020 年）

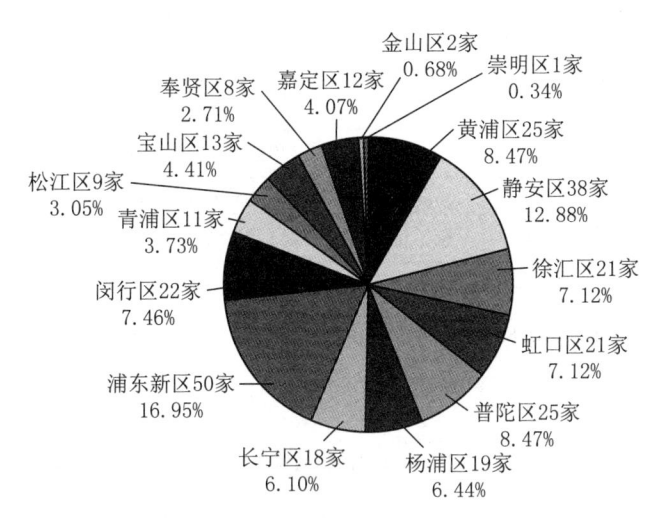

图 1-2　上海市各区典当经营网点分布比例(2020年)

资料来源:上海典当行业协会。

当企业的规模相对较大,其次是个别企业增资所致。根据最新资料显示,2021年上半年实际注册资本金为65.37亿元。

注册资本规模主要集中在1 000万—5 000万元(不含5 000万元),占总注册资金八成以上,但在这5年的过程中占比略有下降;注册资本金过1亿元企业比重在不断上升,截至2020年企业数量达10家,占比约4.2%。

表 1-2　2016—2020年上海典当企业的注册资本金分布结构

注册资本金分类	2016年 企业数(家)	2016年 所占比例(%)	2017年 企业数(家)	2017年 所占比例(%)	2018年 企业数(家)	2018年 所占比例(%)	2019年 企业数(家)	2019年 所占比例(%)	2020年 企业数(家)	2020年 所占比例(%)
1 000万元以下(不含1 000万元)	9	3.56	9	3.69	9	3.72	8	3.36	7	2.94
1 000万—2 000万元(不含2 000万元)	104	41.10	100	40.98	98	40.50	96	40.34	93	39.08

续表

注册资本金分类	企业数及所占比重									
	2016年		2017年		2018年		2019年		2020年	
	企业数(家)	所占比例(%)	企业数(家)	所占比例(%)	企业数(家)	所占比例(%)	企业数(家)	所占比例(%)	企业数(家)	所占比例(%)
2 000万—5 000万元(不含5 000万元)	116	45.85	110	45.08	108	44.62	105	44.12	107	44.96
5 000万—1亿元(不含1亿元)	18	7.11	17	6.97	18	7.44	20	8.40	21	8.82
1亿—2亿元(不含2亿元)	5	1.98	7	2.87	7	2.89	7	2.94	7	2.94
2亿元以上	1	0.40	1	0.41	2	0.83	2	0.84	3	1.26
共计	253		244		242		240		238	

资料来源:上海典当行业协会。

2. 上海典当企业经营情况

2020年,上海市典当企业共完成典当总额301.37亿元,较2016年的420.79亿元减少了119.42亿元。典当业务笔数方面,上海市典当企业经营的业务笔数总计182 130笔,其中新当48 193笔,续当133 937笔,较2016年的总业务笔数减少了118 539笔。2020年上海市典当企业经营收入为5.16亿元,同比上升4.68%。变化最大的是应交税金,2018年为0.71亿元,同比大幅下降31.82%。2020年,平均每笔典当业务为16.55万元;平均每月典当金额25.11亿元;年末典当余额为58.26亿元;资金年周转5.17次;平均月息费率1.52%,比2019年1.48%略有回升。

图1-3和图1-4描述了近5年来上海市典当企业的业务经营状况。在过去的5年中,随着监管政策面转向收缩,典当业融资渠道受到限制,其业务发展态势出现逆转,上海典当行业的经营状况出现持续萎缩。2016—

B1 坚持行业转型发展 期待转折曙光出现

2020年,上海市典当企业共完成典当总额分别为420.79亿元、383.82亿元、373.27亿元、346.65亿元、301.37亿元,年均下降率达8.01%;其中,2020年的下降绝对值最大,达到45.28亿元。从典当业务笔数来看,2016—2020年分别达300 669笔、237 189笔、219 338笔、214 934笔、182 130笔,年均下降率达11.78%。典当行业的经营困境由小型典当企业向中大型典当企业蔓延的趋势,典当企业的经营环境不容乐观。

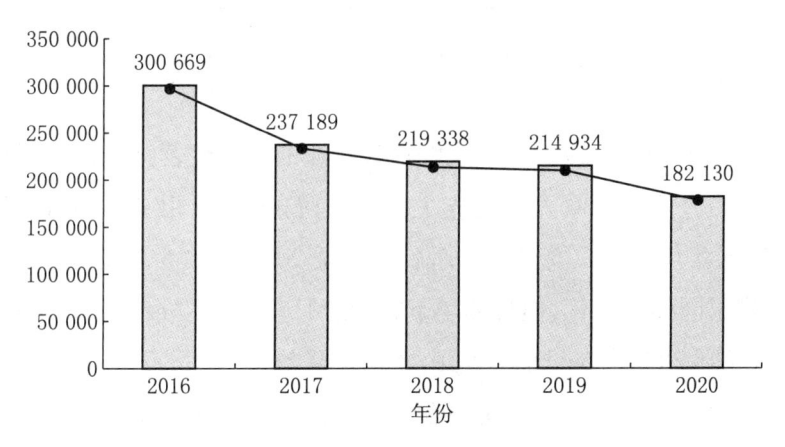

图1-3 近5年典当业务笔数

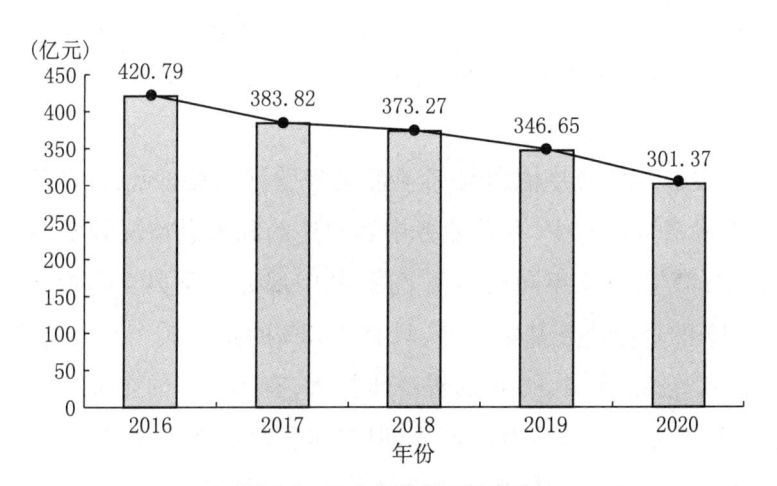

图1-4 近5年典当总额变化

资料来源:上海典当行业协会。

表1-3 2016—2020年上海典当业主要经营指标情况（单位：万元）

项　　目	2016年	2017年	2018年	2019年	2020年	2020年与上年同比增减(%)
典当笔数(笔)	300 669	237 189	219 338	214 934	182 130	−15.26
典当总额(万元)	4 207 934	3 838 186	3 732 692	3 466 479	3 013 694	−13.06
总费收入(万元)	71 967	72 357	75 744	60 381	51 602	−14.54
典当余额(万元)	652 063	677 587	662 300	547 331	582 566	6.44
应交税金(万元)	7 787	10 484	7 148	5 027	3 919	−22.04

资料来源：上海典当行业协会。

表1-3对2016—2020年的上海典当行业的主要经营指标进行了比较。上海市典当企业经营收入呈现先上涨后下降的趋势，由2016年的7.2亿元，上升至2018年的7.57亿元，而后又降至2020年的5.16亿元。应交税金也呈现出同样的变化，但总体呈下降趋势且变化幅度最大，从2016年的7 787万元到2020年的3 919万元，年均下降幅度达15.77%。典当笔数和典当总额都呈现直线下降趋势，但是由于平均每笔典当金额的不同，因此典当余额较为多变。

对比2019年与2020年数据，典当笔数、典当总额、总费收入、应交税金等四项主要指标分别出现15.26%、13.06%、14.54%、22.04%的较大幅度下降。下降主要原因有：

第一，受新冠肺炎疫情影响，企业正常经营计划被打乱，外部经营环境恶化，增量业务大幅减少，存量业务中客户违约和欠息情况频出，50.4%的企业典当总额与2019年同比出现下降，其中部分大型典当企业下降幅度较大，22.4%的企业业务基本停滞，只有27.2%的企业典当总额与2019年同比持平或增长。另外，亏损面进一步扩大，有56.3%的企业出现不同程度亏损。即便复工复产后有所恢复，但整体经营环境不佳，半数以上的企业陷入亏损状态，足以说明典当企业经营环境十分艰难。

第二，全市典当企业在自身经营困难的情况下，为了帮助中小微企业和城乡居民在疫情期间渡过难关和解决生活急需,响应协会号召,主动采取减免客户部分息费、适当延长当期,逾期后也不作绝当处理等措施,体现典当行业在疫情期间的大局观,也间接影响到2020年度经营数据。

第三,影响行业经营业绩主要原因,除受疫情影响,还有外部经营环境恶化传导所致,如一些服务性和人员密集型的企业,在疫情期间停止营业,疫情后也难以恢复,直接造成企业还本付息出现问题,传导到典当企业,造成没有息费收入和无法经营周转。另外,整体经营环境不佳,降低实体企业继续或扩大经营活动能力,借款意愿也大幅下降。

第四,企业转让、迁址等变更情况增加,导致企业经营处于停滞状态;部分企业由于种种原因,造成企业不能正常经营,甚至出现人去楼空的失联现象。近年来,受典当行业的经营环境不佳,经营收入下降、亏损企业增加,以及最高法院《关于审理民间借贷案件适用法律若干问题的规定》的影响,新设加入典当行业的意愿不强,每年加入行业的只有2家左右,但退出和转让的企业却达到二位数,没有新鲜血液的持续流入,也是造成行业整体业绩下滑原因之一。

二、2019—2020年上海典当业务发展特点

(一)上海典当业务发展总体状况

表1-4　2020年上海典当业主要业务经营情况　　(单位:亿元)

项　　目	2016年	2017年	2018年	2019年	2020年	2020年同比增减比例(%)	2021年1—6月
典当总额	420.79	383.82	373.27	346.65	301.37	-13.06	159.04
其中:房地产	255.07	249.63	243.83	208.49	173.23	-16.91	92.26
财产权利	48.40	45.57	42.84	60.47	50.48	-16.52	22.89
动　产	117.32	88.62	86.60	77.69	77.66	-0.05	43.89

表 1-5　2016—2020 年动产业务经营情况　　　（单位：亿元）

项　　目	2016 年	2017 年	2018 年	2019 年	2020 年	2020 年同比增减比例(%)	2021 年 1—6 月
动产	117.32	88.62	86.60	77.69	77.66	-0.05	43.89
其中：生产资料	15.32	7.28	5.11	7.65	9.06	18.45	12.65
机动车	7.75	4.47	8.04	10.42	11.07	6.23	4.94
民品	94.26	76.86	73.45	59.63	57.53	-3.51	26.30

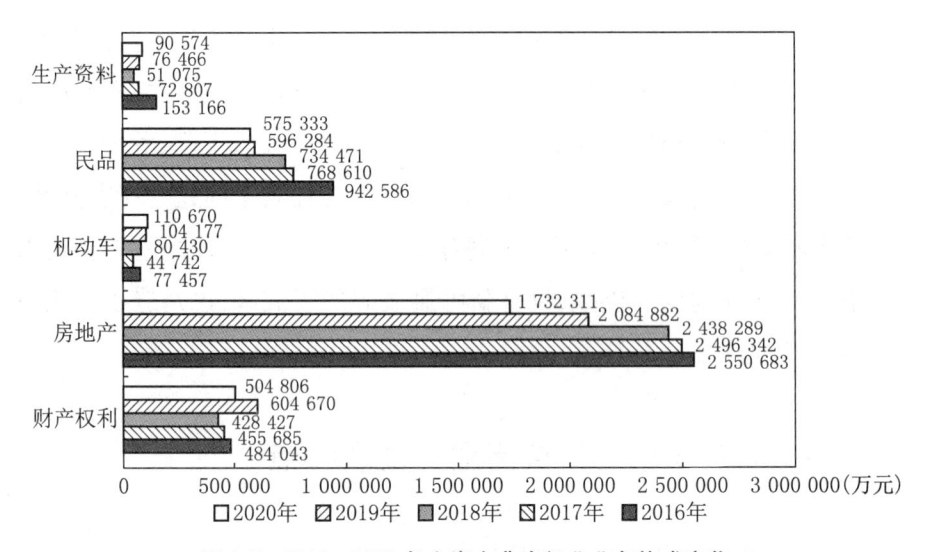

图 1-5　2016—2020 年上海市典当行业业务构成变化

资料来源：上海典当行业协会。

如表 1-4、表 1-5、图 1-5 所示，从具体典当业务构成上看，房地产典当是上海典当行业的最主要品种，约占所有典当业务总额的六成左右；2016—2020 年房地产典当业务总额在逐年下降，2020 年所占份额为 5 年来最低，与 2019 年同比下降 13.06%。动产典当总额在逐年降低，尤其是民品典当从 2016 年的 942 586 万元到 2020 年的 575 333 万元，绝对额下降达 367 253 万元；但所占总体份额有所回升，在 2020 年占比达 25.8%。机动车业务总体呈增长态势,从 2016 年的 77 457 万元增至 110 670 万元,年平均增长率为 9.33%。生产资料业务总额先下降后上升,但总体来说生产资料业务总额在 5 年间减少了 62 592 万元。财产权利所占比例较低,但是 2020 年业务总额较上一年下降 16.52%。

表 1-6　近 5 年上海典当业务构成变化　　　　(单位:%)

年　份	房地产	机动车	生产资料	财产权利	民品
2020	57.4	3.7	3	16.8	19.1
2019	60.1	3	2.2	17.5	17.2
2018	65.3	2.2	1.3	11.5	19.7
2017	65	1.2	1.9	11.9	20
2016	60.6	1.9	3.6	11.5	22.4

资料来源:上海典当行业协会。

表 1-6 总结了 2016—2020 年上海典当业务构成情况的变化。近 5 年里,房地产一直都是上海典当业当中占比最高的业务,但近年来房地产业务所占比重有所下降,是近 5 年来最低,只占比 57.4%。机动车和财产权利所占比例比重进一步增加,分别从 2016 年的 1.9% 和 11.5% 上升至 2020 年的 3.7% 和 16.8%。生产资料占比先上升后下降,在 2020 年占比 3%;民品典当占比变化较多,在 2020 年占比 19.1%。

表 1-7　全市主要从事各类业务企业数情况

企业分类 业务分类	2020 年度(按 238 家计算)		2019 年度(按 240 家计算)	
	企业数(家)	所占比例(%)	企业数(家)	所占比例(%)
房地产	126	52.9	123	51.7
生产资料	13	5.5	10	4.2
财产权利	43	18.1	54	22.7
机动车	37	15.5	44	18.5
民品	122	51.3	129	54.2

资料来源:上海典当行业协会。

表 1-7 总结了主要从事各类业务企业数情况。可以明确看到,企业一般兼营多项业务。其中从事房地产和民品的企业数量最为居多,其次是财产权利和机动车,从事生产资料的企业最少。对比 2019 年和 2020 年企业数量,房地产业务和生产资料业务的企业略有减少,同比下降 1.2%和 1.3%;财产权利业务企业数量增长较多,其中财产权利企业增加 11 家,同比增长 2.6%。机动车和民品业务企业数量均增多了 7 家。

此外,需要注意的是:平均月息费率回升是一种假象。2020 年平均月息费率虽比 2019 年回升 0.04%,但并不代表行业整体息费收入有所好转,实际上还是处于下降趋势中。我们将 2020 年、2019 年两年的息费率平均后得到 1.5%的平均值,以占比最大的房地产抵押业务为例,2020 年从事房地产抵押业务的企业中,月平均息费率低于 1.5%的企业有 53 家,而 2019 年企业数为 46 家,从侧面反映出息费水平仍在下降趋势中。部分大型典当企业业务量有较大幅度下降,大型典当企业的息费水平相对较低,拉低行业整体息费水平的能力下降了,造成息费水平有所回升的假象。我们认为 1.52%的息费水平仍然处于近年来的低位。

绝当收入帮助部分企业渡过难关。2020 年由于黄金价格大涨,不少从事民品业务的典当企业积极处置绝当黄金库存,取得了一定的收益,以此来缓解疫情所带来的冲击。这部分企业年度收入数据同比 2019 年并未出现大幅度下滑,部分企业还有所增加,但是绝当库存是有限的,不是长久之计。

(二) 上海典当业务发展特点

1. **房地产典当业务比重继续下降,但仍将是行业主要业务**

2020 年房地产抵押业务同比 2019 年下滑 16.91%,所占业务比重也由上年的 60%下降至 57.4%,是下滑比较明显的业务之一。

房地产抵押业务下滑主要是受到新冠肺炎疫情和全球经济不景气影响,不少以房地产抵押借款企业受疫情冲击,无法开展正常的经济活动,借贷市场在萎缩,借款意愿在下降;受到冲击严重的企业,要么拖欠,要么以处置抵押物的方式退出,使典当的借贷市场进一步下滑和缩小。

表 1-8 2019—2020 年上海房地产典当业务比较　（单位:亿元）

	2019 年	2020 年	2020 年同比增减比例(%)	2021 年 1—6 月
房地产	208.49	173.23	-16.91	92.26

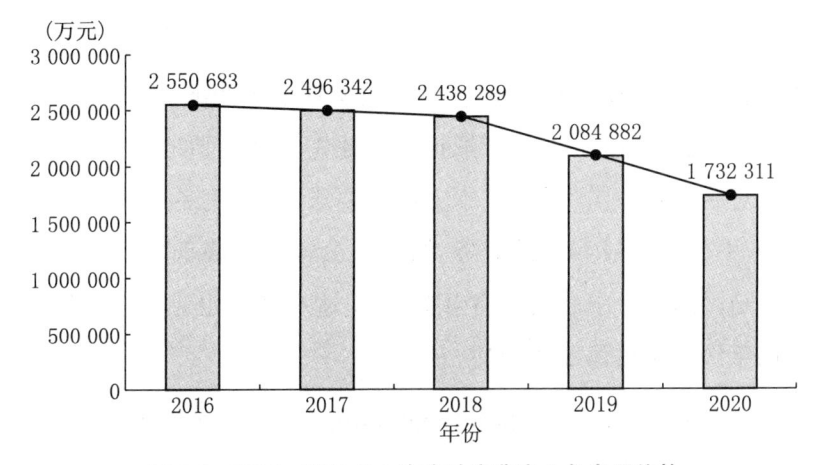

图 1-6 2016—2020 年上海房地产典当业务发展趋势

资料来源:上海典当行业协会。

图 1-6 显示近 5 年以来上海市房地产典当业务的发展变化。自 2016 年起,上海房地产典当业务逐年下降,从 2016 年的 2 550 683 万元降低至 2020 年的 1 732 311 万元,降幅主要从 2018 年以后开始增大。

从未来的发展形势看,房地产抵押业务仍会是行业最主要的业务和主要收入来源。协会认为,典当行业的房地产抵押业务,不是房地产业务,它只是一种担保行为,是用存量房产抵押来担保中小企业的借款活动。所以,我们应该积极地开展房地产抵押业务,在房地产价格保持相对稳定的前提下,房地产抵押还是相对安全的业务。在国内强有力的疫情防控措施下,市场必定会逐步回暖向好,未来房地产抵押业务还是值得发展的。

2. 民品典当业务下滑趋缓,传统业务相对稳定

民品典当业务同比 2019 年下降 3.51%;所占比重 19.1%,高于 2019

年的17.2%；占动产业务比重为74.09%，略低于2019年的76.75%。其中，金银珠宝类业务占67%，虽然绝对金额略有下降，但从占比来看较2019年增加了1.29%，依旧是最传统、最主要、最稳健的民品业务。艺术品、生活资料及其他民品分别占份额的10.85%、6.05%、14.94%，除其他民品外各规模同比均有不同程度下降。从事企业数比2019年减少7家，为122家。

民品业务在2020年的大环境下，还是受到一定冲击，好在下降的幅度不大，比重的上升是由于房地产抵押业务比重下降所造成的，但也要看到民品业务对店面和人员，以及成本方面的要求，经营民品业务的企业在不断地减少，不少企业放弃民品业务，搬入办公楼以求降低成本开支。金银珠宝类还是民品业务中占比最高当物，占比达67%。也让我们看到传统业务在波动年份的相对稳定和韧劲。

表1-9 2016—2020年上海典当业的动产业务及其构成

（单位：万元）

	2016年	2017年	2018年	2019年	2020年	2020年同比增减比例(%)
民　品	942 586	768 610	734 471	596 284	575 333	-3.51
其中：生活资料类	603 124	440 143	464 034	36 592	36 090	-1.37
金银珠宝类	147 284	143 765	109 217	391 802	385 445	-1.62
艺术品	57 995	75 336	58 998	78 826	64 697	-17.92
其他类	134 183	109 366	102 222	89 064	89 101	0.04

图1-7总结了2016—2020年上海民品典当业务额的发展变化。如图所示，自2016年起民品典当业务出现急速下滑，从2016年的942 586万元降至2020年的575 333万元，年平均下降幅度达11.61%。2020年延续了下降趋势，但降幅有所缩小。

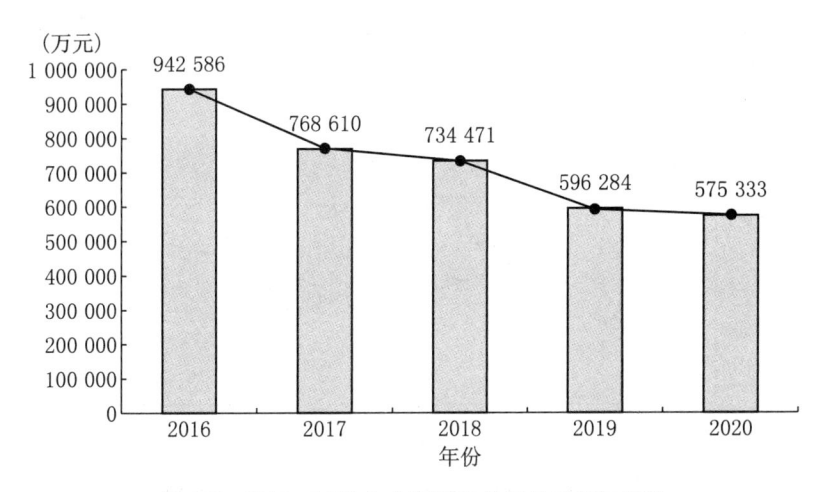

图 1-7　2016—2020 年上海民品典当业务发展趋势

资料来源：上海典当行业协会。

民品业务能在疫情期间减缓下降势头的原因有：

（1）受疫情影响，低收入居民短期出现生活急需，个体经营户出现短期资金周转不灵，最为便捷、灵活的典当就成了首选。

（2）典当企业在疫情期间推出了不少优惠措施，吸引了不少客户，疫情趋于缓和后，这些优惠措施也得到保留，又吸引了不少回头客。

（3）2020 年黄金价格的持续上涨，让不少客户前来典当或直接绝当黄金饰品。

（4）部分企业民品的绝当收入占总收入份额较大，普遍在占 20%，有个别甚至近 50%，这是黄金上涨所带来的机会，一定程度上弥补疫情影响所造成的损失。

3. 生产资料典当业务有增长趋势，但比重过小

表 1-10　2019—2020 年上海生产资料典当业务比较（单位：亿元）

	2019 年	2020 年	2020 年同比增减比例（%）	2021 年 1—6 月
生产资料	7.65	9.06	18.45	12.65

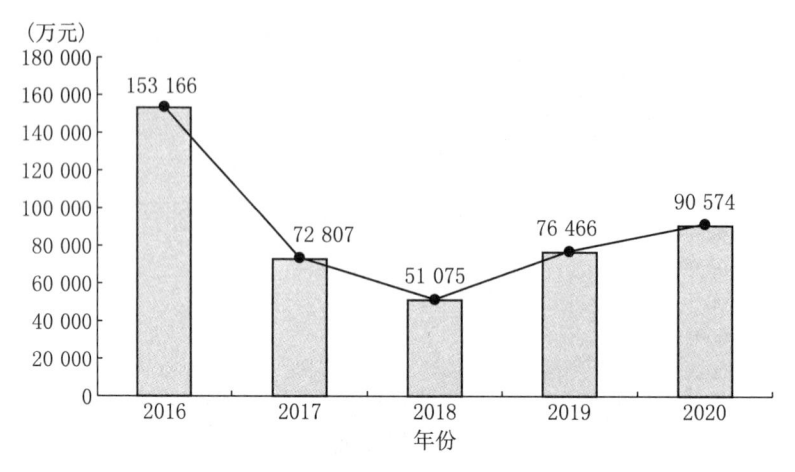

图 1-8 2016—2020 年上海生产资料典当业务发展趋势

资料来源：上海典当行业协会。

如图 1-8 所示，生产资料业务以 2018 年为转折点，呈现先下降后增长的趋势。下降主要原因是受到 2013 年钢贸业务失败后的长期影响。2020年生产资料业务增长幅度收窄，同比 2019 年增长 18.45%；所占业务比重升至 3%，占动产业务比重提升至 11.66%（2019 年为 9.84%）；从事企业数为13 家，比 2019 年增加 3 家。从事的企业多为产业链内业务，增长的原因主要是产业链内的业务相对安全，开拓一些其他业务途径弥补主营业务的不足，所占比重很小，指导意义不大。

4. 财产权利业务受疫情影响较大，下降幅度明显

2020 年财产权利业务结束了 2019 年的强势反弹，同比下降 16.52%，所占业务比重也有所下降，占 16.8%。业务额排名前十的典当企业占该业务总额的 88.6%，相比 2019 年有进一步集中的趋势。

表 1-11 2019—2020 年上海财产权利典当业务比较 （单位：亿元）

	2019 年	2020 年	2020 年同比增减比例（%）	2021 年 1—6 月
财产权利	60.47	50.48	−16.52	22.89

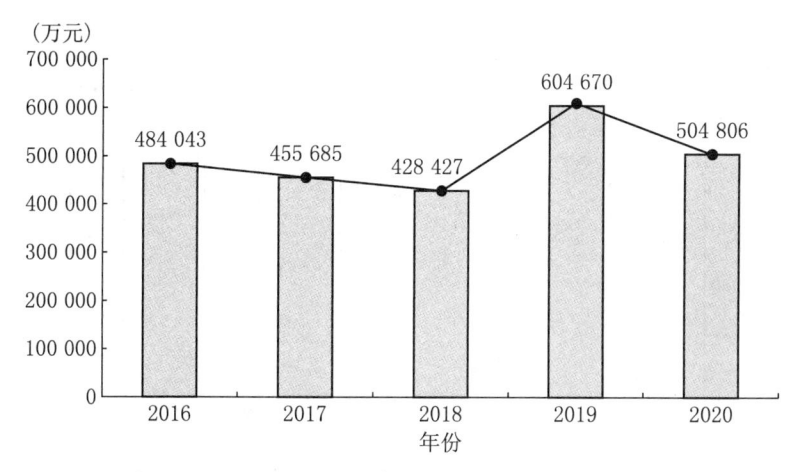

B1 坚持行业转型发展 期待转折曙光出现

图 1-9 2016—2020 年上海财产权利典当业务发展趋势

资料来源：上海典当行业协会。

受多种因素的影响，部分大型典当企业业务额有较大幅度下降，拉低了财产权利业务的整体数据；从事企业从 54 家减少至 43 家，也是影响业务的增长的因素之一；业务息费率持续走低，月平均息费率仅为 0.5%，2019 年为 0.6%。

财产权利业务大多为大型企业产业链内或集团内的业务，单笔金额普遍较大，息费率较低，安全性较高；从事企业普遍将财产权利业务定位在有益补充地位，业务发展有一定的局限性；所以，在经营环境不佳的情况下，这类业务的下降也在情理之中。

5. 机动车业务稳步增长，业务安全性不断提升

表 1-12 2019—2020 年上海机动车典当业务比较　（单位：亿元）

	2019 年	2020 年	2020 年同比增减比例（%）	2021 年 1—6 月
机动车	10.42	11.07	6.23	4.94

自 2017 年出现断崖式下滑后，随后几年，机动车典当业务一直呈稳步增长态势。直至 2020 年机动车典当业务额达 110 670 万元，同比 2019 年增长 6.23%；所占比重创新高，占 3.7%，占动产业务比重 14.25%；从事企业

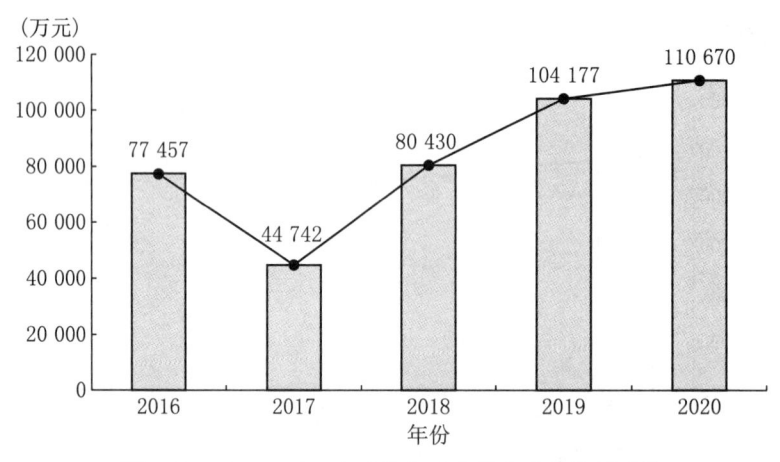

图 1-10　2016—2020 年上海机动车典当业务发展趋势

资料来源：上海典当行业协会。

比 2019 年减少 7 家,为 37 家。在疫情困难时期仍能比 2019 年有所增长实属不易。多家头部企业专业从事机动车业务,有相对的专业性和稳定性。

机动车业务占所有业务比重依旧较低,少数企业占据了大部分业务额,排名前十的企业占 88.55% 份额;部分企业的业务额大幅增长,是推动业务增长的主因;我们认为经过多年的经营实践,头部企业已经有一套完整的操作规范,业务的安全性不断提高,从事企业仅占全市企业的 15.5%,还有一定的发展空间。

(三) 上海典当业为小微企业服务情况

2020 年,在"众志成城、全民抗疫"的大背景下,上海典当行业为了支持中小微企业复工复产,解决城乡居民由于疫情影响造成的短期融资需求等,及时发布了行业倡议书,倡议在落实各项疫情防控工作同时,积极开展复工复产,对因疫情原因无法及时办理赎当、续当的客户,不收取罚息、不作逾期绝当处理,并免除在此期间的逾期息费等。各企业在接到倡议书后,均用实际行动积极响应倡议支持中小微企业。

2020 年,上海典当行业 73.55% 的贷款服务于中小微企业的小额短期融资,合计达221.66亿元,其中约162亿为房地产抵押贷款;城乡居民消费性短期小额贷款55.78亿元,市民应急性小额贷款23.93亿元,后两项分别占18.51%、7.94%。与2019年相比,由于2020年年初疫情突如其来的影响,以及黄金价格大涨等因素,促使居民消费型和应急性小额贷款增多,占比有所上涨。

2020年为中小微企业服务还呈现以下情况:

(1)不少大型国有典当企业,集中资金,围绕集团产业链上企业资金需求提供融资服务,客户资质较高,抵质押物充足,业务有一定的保障。

(2)单笔业务中常常出现既有房地产抵押,又有股权或生产资料质押这样的组合式业务。单笔业务额较大,合同所定的息费率较低。

(3)由于疫情防控倡议,提倡各典当企业根据自身情况,尽量通过银行转账、移动支付等方式收取息费。这一举措在疫情趋缓后被不少企业所继续执行,既做好了有效防疫,又提高了工作效率,深受客户欢迎。

(4)业务操作和服务更加规范,为保护典当企业和客户双方权益,有更多的典当企业在签约前,在征得客户同意的前提下,以视频录像、短信方式明确告知客户权利、义务以及融资风险,这避免了很多不必要的纠纷发生。

三、国内外宏观经济运行及金融市场发展分析

(一)宏观经济运行状况与发展趋势

2020年以来,全球经济遭遇新冠肺炎疫情冲击影响严重,主要发达国家均呈现出第二季度GDP大幅下降、第三季度回升、第四季度复苏有所分化的特点;此外,美国股市多次熔断、国际油价暴跌、国际贸易投资显著下降、服务业大幅萎缩,世界经济面临严重衰退。以美国为首的单边主义、贸易主义抬头,国际投资环境恶化,经济全球化遭遇逆流,严重影响全球经济

发展；国际力量对比深刻调整，11月RCEP的签署对维护世界多边贸易体制、经济全球化注入正能量，世界呈现"东升西降"的经济趋势。数字经济成为复苏新动能，以互联网、大数据、人工智能等为代表的数字技术逆势高速发展，世界经济网络化转型加速、开创数字经济新格局，成为后疫情时代世界经济复苏和新旧动能转换的关键动力。

自2021年年初以来，全球主要经济机构如国际货币基金组织、世界银行、经合组织等均预期今明两年有正的经济增长，全球经济体复苏预期增强、分化大和不平衡问题凸显。当前，各国纷纷出台纾困政策、保持货币政策宽松，大宗商品价格上涨、疫苗接种加快、世界贸易流通增多，经济前景的预期趋于乐观，通胀预期有所升温。但在经济恢复过程中仍需注意保持宏观经济和金融市场的基本稳定，积极推动国际联合行动。

1. 全球主要经济体发展现状

当前，世界经济存在以下特点：第一，2020年全球经济萎缩4.3%，其中发达经济体萎缩5.6%，发展中国家萎缩2.5%，造成影响是2009年全球金融危机的2倍，预计2021年全球经济将温和复苏，实现4.7%的经济增长；第二，全球贸易首当其冲，各国封锁经济、采取贸易限制措施，直接导致全球贸易活跃度大幅下降，服务贸易受损严重。近期来看，从2020年底至2021年年初，各国封锁逐步放开、全球贸易出现反弹，世界经济将迎来强劲但不平衡复苏的增长态势。

从全球主要经济体的情况来看，美国经济遭受重创，但其依然保持着世界第一大经济体的地位。2020年美国全年经济增速为-3.3%，是继2009年以来首次出现经济萎缩。受疫情冲击影响，美国GDP第二季度环比折年率增速为-31.4%，而后在第三季度得以回升至33.4%，到第四季度回落至4%。就劳动力市场而言，美国失业率自4月起持续降低，截至12月底失业率保持在6.7%。2月底，美国股市的连番暴跌，美股多次熔断，引发全球金融市场震荡；而在12月美国三大股指均创历史新高，与经济基本面脱节,风险隐患加大①;国债收益率大幅走低,美元指数接连上涨;美国自身经济结构特性,使得服务业首当其冲。2021年3月份美国失业率为6.0%,较疫情前减少了约750万个工作岗位;劳动参与率为61.5%,低于疫情前2019年末的63.3%。自拜登当选美国总统以来,疫苗大范围开始接种,从事经济活动安全性提升;前期不设上限的量化宽松措施和大规模的财政预算赤字逐渐带来经济的重启。截至2021年3月,美国制造业PMI恢复至64.7,美国CPI同比涨幅升至2.6%。根据有关机构预计,2021年美国经济增速将增长3.2%左右。

2020年,欧元区经济大幅衰退,前三季度同比增速分别为-3.2%、-14.7%、-4.3%,12月份疫情加重,在"二次疫情"及"二次封锁"情况下使得第四季度同比增速-5.1%,全年GDP同比下降6.8%。在此次新冠肺炎疫情冲击下,德、法、西、意经济受影响较大。尤其是西班牙作为全球旅游大国,因疫情而导致的旅游业的"腰斩",使得其经济严重萎缩,2020年GDP实际下跌11%;意大利、法国由于受到疫情最为严重,GDP同比下降分别为8.9%和8.2%;德国经济出口依赖性较强,此次全球贸易的受阻导致德国2020年GDP同比下降4.9%。自2020年9月以后,欧元区制造业PMI指数下降至50%的枯荣线以下,失业率升至8%以上。此外,欧元区HICP直至2021年一季度才走出了2020年下半年持续5个月的同比负增长区间,在3月份同比涨幅达到1.3%。随着欧洲新冠疫苗的大规模接种、外部环境改善、欧洲央行货币宽松政策的推行等,预计2021年欧元区经济可望增长4.2%—5.2%;但要恢复到疫情前的产出水平,乐观预计至少要在2022年下半年以后。②

---

① 中国人民银行:《2020年第四季度中国货币政策执行报告》,http://www.pbc.gov.cn/zhengcehuobisi/125207/125227/125957/4021036/4190887/2021020821282167078.pdf。

② 陆晓明、吴丛司、李志兰:《2020年全球经济形势分析及2021年展望》,《新华财经》2020年12月22日,https://baijiahao.baidu.com/s?id=1686669122457854825&wfr=spider&for=pc。

在新冠肺炎疫情和"脱欧复杂性"的双压之下,2020年英国经济同比实际缩减9.9%;尤其在第二季度遭遇降幅深达19.8%,英国央行称之为300年来最严重的衰退。11月份,英国制造业PMI降低至枯荣线以下;12月底,CPI指数为0.25%,英国失业率达5.0%。直到2021年2月份,失业率仍保持在4.9%的高位水平。英国经济对服务业依赖水平较高,尤其是酒店服务业和旅游业,因此随着疫情的缓解,限制措施放松、消费需求恢复;但在脱欧带来的长期影响与疫情的猛烈打击之下,英国经济恢复缓慢,难以回到疫情前的水平。

日本在2020年经济惨淡,一、二季度出现不同幅度的负增长,三、四季度起转正,全年增长较上年实际收缩4.6%,失业率较前一年上升0.4个百分点至2.8%,CPI同比降幅有明显收窄趋势。受制于防疫的居家要求,导致日本国内生产总值一半以上的私人消费下降了5.9%;加上国外各国的严格封锁,抑制了日本的汽车等产品出口,出口率减少12.3%。至2021年3月份,日本制造业PMI为52.7,达到疫情暴发以来新高,非制造业情况严重、制造业状况缓慢改善。日本继续实施宽松的货币政策、灵活的财政政策,同时大力实施"以改革驱动经济发展"的战略,加大供给侧改革。日本央行预期2021财年国内生产总值(GDP)增速有望至3.9%,2022财年GDP增速预期为1.8%。

新兴经济体经济大幅萎缩,恢复之路任重而道远。在此次防疫方面,印度、巴西、俄罗斯确诊人数分别为全球第二、第三、第四。其中,俄罗斯经济严重依靠石油、天然气等能源出口,全球对油气需求的萎缩而导致油气价格大幅下降,2020年俄罗斯经济增速下滑3%,在积极的财政政策、货币政策推动下俄罗斯经济逐渐恢复,国际货币基金组织(IMF)预测俄罗斯2021年将增长2.8%。巴西在2020年GDP下滑4.1%,结束了前3年的增长势头,其经济结构中服务业占比63%,受疫情影响最大,下跌4.5%;随着疫苗的推出,预测2021年经济将回升至3.09%。印度经济出现严重衰退,2020年经济同比实际缩减7%;2021年4月起印度遭遇新一波"海啸式"疫情,复苏的印度经济再次遭受重击,此外印度政府还大量举债,截至2021年5月消费者信心指数已降至63.7,失业率增至27.11%,国际评级机构穆迪和标普分别预测2021年印度的GDP增速为9.3%和8.2%。南非经济多年来的高债务、高失业率等问题积重难返,且在2018年的金融危机后的影响下仍未恢复,此次疫情更是直接导致2020年南非经济同比下滑7%,第四季度失业率达32.5%。考虑到新冠疫苗接种推广带动全球经济反弹,大宗商品出口需求增加将推动南非经济复苏,联合国预测2021年南非经济将增长2.8%。

东盟经济体受到重创,很大程度上受外部环境影响,经济波动与发达国家基本同步,但经济内生动力较强,预计恢复速度将强于欧美。越南在2020年全年经济增速达2.91%,是东盟经济体中唯一保持正增长速度的国家,主要受益于有效的疫情控制,未来预计越南经济将至少增长6%。2020年泰国GDP萎缩6.1%,未来旅游业将成为泰国经济复苏的最强助力,世界银行报告中预测2021年泰国经济将增长4%。新加坡主要依赖于全球化贸易,2020年局势恶化,尽管政府推出总计近1 000亿新元的抗击疫情财政预算案,但仍无法阻止疫情冲击,全年经济萎缩达5.4%,预期2021年GDP增幅4%—6%。2020年菲律宾经济增速下滑9.5%,通过开放经济、全面实施政府的复苏计划及加快疫苗接种,预计在2021年能实现正增长6.5%—7.5%的目标。马来西亚第四季度失业率攀升至4.8%,全年GDP萎缩达5.6%,随着马来西亚经济的恢复,世界银行预测马来西亚2021年经济增长5.6%—6.7%。印度尼西亚的经济位于衰退边缘,国内需求不足,居民消费和企业投资低迷,2020年GDP同比下跌2.07%,预计2021年GDP增长预期维持在4.5%—5.3%。

综合来看,2021年上半年世界各经济体总体保持复苏态势,但各经济体分化严重。首先就美国来看,其经济发展势头较好,第二季度GDP同比增长12.5%、环比增长6.5%,其经济规模已超过疫情前水平;美国自2021年4月起通货膨胀明显上升,6月份的CPI涨幅高至5.4%,创1992年以来的新高;劳动力市场恢复缓慢,目前美国的就业状况仍与疫情前存在较大差距,可能给美国劳动力市场结构带来持久性改变;德尔塔变异病毒的流行造成多国疫情反弹,美国未来的经济形势仍需观察。再来看欧元区经济状况,受疫苗接种进程加速、疫情管制措施放松的影响,欧盟主要经济体GDP 大幅上升,第二季度实际 GDP 环比增长 2%,实现三个季度以来的首次增长;在通货膨胀方面,欧元区目前的通胀水平在 2%,主要受到能源价格强势上行、供需不平衡的影响;欧元区失业率在缓慢下行,其就业前景略有改善。英国名义 GDP 大涨、但实际水平低,主要是受汇率上升和物价上涨所致;通胀水平持续攀高,可能面临经济过热的威胁;就业水平已恢复至疫情前水平,失业率持续下降,正面临有史以来最强烈的"用工荒"。日本经济在多种激励措施下实现明显复苏,同比实际增长 7.5%,主要得益于外部需求提升所带来的商品与服务出口的增加;另外,日本通缩压力有所缓和,2021 年 6 月 CPI 上涨 0.2%,实现近 9 个月来首次转正。新兴经济体复苏进程延缓,以俄罗斯、土耳其、巴西、智利等为代表的新兴经济体被迫开启多轮加息,以缓解内外通胀压力;但由于德尔塔病毒快速传播扩散,经济复苏面临挑战。石油价格大幅反弹以及其他财政收入的大幅走高,俄罗斯经济已恢复至疫情前的发展水平;巴西的经济逐步复苏,粮食、石油和铁矿砂等国际大宗商品需求上涨促进了外贸出口;印度第二波疫情导致经济下行、需求端疲软,且可能面临第三波疫情,经济形势仍不明朗。东盟国家受疫情冲击影响较大,越南的经济恢复状况取决于疫情的管控程度;泰国的国际旅游业无法重启,经济跌入 20 年来的低谷;印尼随着全球大宗商品的上涨,经济复苏良好;新加坡的制造业与金融业的推动,经济持续复苏,上半年经济状况超过预期;老挝受汇率影响,通货膨胀率创 11 月以来新高。

2. 中国宏观经济运行

从总体来看,自 2010 年至今中国经济总量稳居世界第二,2020 年国内生产总值 1 015 986 亿元,按可比价格计算,比上年增长 2.3%,成为全球唯一实现经济正增长的主要经济体,占世界经济的比重超过17%。其中,第一产业增加值77 754亿元,比上年增长3.0%;第二产业增加值384 255亿元,增长2.6%;第三产业增加值553 977亿元,增长2.1%。第一产业增加值占国内生产总值的比重为7.7%,第二产业增加值比重为37.8%,第三产业增加值比重为54.5%。

分季度看,一季度国内生产总值同比下降6.8%,二季度增长3.2%,三季度增长4.9%,四季度增长6.5%。2020年,中国最终消费支出超过55万亿元,资本形成总额也接近45万亿元,货物和服务净出口约2万亿元。国民总收入1 009 151亿元,比上年增长1.9%。分产业看,第一产业增加值11 332亿元,同比增长8.1%,占GDP总量4.5%;第二产业增加值92 623亿元,增长24.4%,占GDP总量37.2%;第三产业增加值145 355亿元,增长15.6%,占GDP总量58.3%。

2020年中国国内生产总值折算成美元为14.73万亿美元,超过美国2009年GDP水平。2020年,中国人均GDP为72 328元,折算为10 504美元;全国人均可支配收入32 189元,折算为4 674美元,接近1970年代初美国或者1990年代初韩国的水平。2020年,中国第二产业增加值384 255亿元,折算为55 708.51亿美元;美国第二产业增加值为36 960.92亿美元,中国第二产业增加值是美国的1.51倍。第三产业增加值553 977亿元,折算为80 314.46亿美元,是美国的47.1%,相当于美国2000年水平。2020年,美国第三产业增加值170 646.64亿美元,是中国第三产业增加值的2倍以上,占GDP比例为80%,超过了2020年中国GDP总量。

2020年,市场销售较快恢复,消费升级类商品销售增速加快。中国社会消费品零售总额391 981亿元,折算成56 828.61亿美元,比上年下降3.9%[①]。美国2017年社会消费品零售总额在5.5万亿—5.7万亿美元。

[①] 国家统计局:《中华人民共和国2020年国民经济和社会发展统计公报》,https://baijiahao.baidu.com/s?id=1692902638365191236&wfr=spider&for=pc。

中国社会消费品零售总额已经与美国相当,或者已经超过美国。而在10年前,中国的这一数据仅为美国的1/4。按经营地统计,城镇消费品零售额339 119亿元,下降4%;乡村消费品零售额52 862亿元,下降3.2%。按消费类型统计,商品零售额352 453亿元,下降2.3%;餐饮收入额39 527亿元,下降16.6%。2021年上半年我国社会消费品零售总额达21.2万亿元,同比增长23%。城镇社会消费品零售额为18.41万亿元;乡村社会消费品零售额为2.78万亿元。2021年上半年,实物商品网上零售额为5万亿元,增长18.7%,两年平均增长16.5%,占社会消费品零售总额的比重达到了23.7%。零售额扩大和购买力的增长,发挥我国大规模市场优势、拉动国内需求,促进国际国内"双循环"格局的建立;此外,网上零售额的增加,意味着互联网经济的发展为疫情经济恢复增长助力。但是中国的恩格尔系数仍然较高,消费水平仍待进一步提升。

中国工业生产持续发展,向产业链的中高端转型。2020年中国全部工业增加值313 071亿元,比上年增长2.4%,工业增加值为美国的1.622倍,其中,制造业增加值是美国的1.699倍,中国已连续11年成为世界最大制造业国家。2020年全国工业产能利用率达74.5%,规模以上工业增加值增长2.8%。分经济类型看,国有控股企业增加值增长2.2%;股份制企业增长3.0%,外商及港澳台商投资企业增长2.4%;私营企业增长3.7%。分门类看,采矿业增长0.5%,制造业增长3.4%,电力、热力、燃气及水生产和供应业增长2.0%。全年规模以上工业企业利润64 516亿元,比上年增长4.1%。分经济类型看,国有控股企业利润14 861亿元,比上年下降2.9%;股份制企业利润45 445亿元,增长3.4%,外商及港澳台商投资企业利润18 234亿元,增长7.0%;私营企业利润20 262亿元,增长3.1%。分门类看,采矿业利润3 553亿元,比上年下降31.5%;制造业55 795亿元,增长7.6%;电力、热力、燃气及水生产和供应业5 168亿元,增长4.9%。全年规模以上工业企业每100元营业收入中的成本为83.89元,比上年减少0.11元;营业收入利润率为6.08%,提高0.20个百分点。2020年规模以上工业中,农副食品加工业增加值比上年下降1.5%，纺织业增长0.7%，化学原料和化学制品制造业增长3.4%，非金属矿物制品业增长2.8%，黑色金属冶炼和压延加工业增长6.7%，通用设备制造业增长5.1%，专用设备制造业增长6.3%，汽车制造业增长6.6%，电气机械和器材制造业增长8.9%，计算机、通信和其他电子设备制造业增长7.7%，电力、热力生产和供应业增长1.9%。

战略性新兴产业总体实现持续快速增长，经济增长新动能作用不断增强。在2020年规模以上工业中，战略性新兴产业增加值比上年增长17.3%。①高技术制造业增加值增长7.1%，占规模以上工业增加值的比重为15.1%，高于全部规模以上平均工业水平4.3%，全年高技术制造业实现利润占规模以上工业企业的比重为17.8%。装备制造业的增加值比上年增长6.6%，占规模以上工业增加值的比重为33.7%，高于全部规模以上工业平均水平3.8%。其中，医疗仪器设备及仪器仪表制造业、电子及通信设备制造业、计算机及办公设备制造业增加值分别增长12.1%、8.8%、6.5%。全年规模以上服务业中，战略性新兴服务业营业收入比上年增长8.3%。全年高技术产业投资比上年增长10.6%，工业技改投资25亿元，同比增长50%。全年新能源汽车产量145.6万辆，比上年增长17.3%；集成电路产量2614.7亿块，增长29.6%。

服务业逐步恢复，现代服务业增势良好。2020年服务业增加值553 977亿元，比上年增长2.1%，服务业增加值占国内生产总值比重为54.5%，较上年提高0.2个百分点。2020年全国服务业生产指数与上年持平，2021年3月份，全国服务业生产指数同比增长25.3%。我国现代服务业保持快速增长、发展活力不断释放。信息传输、软件和信息技术服务业增加值37 951亿元，增长16.9%；交通运输、仓储和邮政业增加值41 562亿元，增长0.5%；

---

① 国家统计局：《中华人民共和国2020年国民经济和社会发展统计公报》，https://baijiahao.baidu.com/s?id=1692902638365191236&wfr=spider&for=pc。

租赁和商务服务业增加值31 616亿元,下降5.3%;金融业增加值84 070亿元,增长7.0%;房地产业增加值74 553亿元,增长2.9%。全年规模以上服务业企业营业收入比上年增长1.9%,利润总额下降7.0%。服务业转型升级态势稳健,线上购物、直播带货等新消费模式强势增长。2020年网上零售额117 601亿元,按可比口径计算,比上年增长10.9%;其中,年实物商品网上零售额比上年增长14.8%,高于社会消费品零售总额增速18.7个百分点,占社会消费品零售总额的比重24.9%。未来在以云计算、大数据、移动互联网、物联网、务联网和新型终端技术等为代表的新一代信息技术为现代服务业提供技术支撑,加快第一、第二产业与第三产业的融合,延伸服务业价值链,满足人民新消费需求,加快推动服务化数字化。

居民消费价格涨幅回落,就业形势总体稳定。2020年居民消费价格(CPI)呈前高后低走势,全年上涨2.5%,低于上年2.9%的涨幅。其中,食品价格上涨10.6%,涨幅比上年提高1.4个百分点;非食品价格上涨0.4%,涨幅比上年回落1个百分点,扣除食品和能源价格的核心CPI上涨0.8%。分地区看,城市上涨2.3%,农村上涨3.0%。分类别看,食品烟酒价格上涨8.3%,衣着下降0.2%,居住下降0.4%,生活用品及服务持平,交通和通信下降3.5%,教育文化和娱乐上涨1.3%,医疗保健上涨1.8%,其他用品和服务上涨4.3%。在食品烟酒价格中,粮食价格上涨1.2%,鲜菜价格上涨7.1%,猪肉价格上涨49.7%。在2020年初疫情冲击下,经济活动受限;随着疫情防控,企业复工复产,就业岗位逐步恢复。全年城镇新增就业1 186万人,明显高于900万人以上的预期目标,完成全年目标的131.8%;年均城镇调查失业率为5.6%,低于6%左右的预期目标;城镇登记失业率为4.24%,低于5.5%左右的预期目标。全年农民工总量28 560万人,比上年减少517万人,下降1.8%。其中,本地农民工11 601万人,下降0.4%;外出农民工16 959万人,下降2.7%。

我国对外贸易实现正增长,贸易结构持续优化,对外投资合作保持平稳。中国在融入世界经济的历程中取得长足发展,并已成为具有全球影响力的贸易大国,在2000—2017年,世界对中国经济的综合依存度指数从0.4逐步增长至1.2。2020年货物进出口总额321 557亿元,比上年增长1.9%。其中,出口179 326亿元,增长4.0%;进口142 231亿元,下降0.7%;货物进出口顺差37 096亿元,比上年增加7 976亿元。对"一带一路"沿线国家进出口总额93 696亿元,比上年增长1.0%。其中,出口54 263亿元,增长3.2%;进口39 433亿元,下降1.8%。2020年服务进出口总额45 643亿元,比上年下降15.7%。其中,服务出口19 357亿元,下降1.1%;服务进口26 286亿元,下降24.0%;服务进出口逆差6 929亿元。一般贸易进出口占进出口总额的比重为59.9%,比上年提高0.9个百分点。民营企业进出口增长11.1%,占进出口总额的比重为46.6%,比上年提高3.9个百分点。全年外商直接投资(不含银行、证券、保险领域)新设立企业38 570家,比上年下降5.7%。实际使用外商直接投资金额10 000亿元,增长6.2%,折1 444亿美元,增长4.5%。其中"一带一路"沿线国家对华直接投资(含通过部分自由港对华投资)新设立企业4 294家,下降23.2%;对华直接投资金额574亿元,增长13.2%,折64亿美元,增长16.0%。全年高技术制造业实际使用外资898亿元,下降0.3%,折83亿美元,下降1.8%。全年对外非金融类直接投资额7 598亿元,比上年下降0.4%,折1 102亿美元,下降0.4%。其中,对"一带一路"沿线国家非金融类直接投资额178亿美元,增长18.3%。全年对外承包工程完成营业额10 756亿元,比上年下降9.8%,折1 559亿美元,下降9.8%。其中,对"一带一路"沿线国家完成营业额911亿美元,下降7.0%,占对外承包工程完成营业额比重为58.4%。对外劳务合作派出各类劳务人员30万人。2020年,我国前五大贸易伙伴依次为东盟、欧盟、美国、日本和韩国,对其进出口总额分别同比增长7%、5.3%、8.8%、1.2%和0.7%。中国致力于维护世界多边贸易体制,积极推动"一带一路"建设和RCEP的签署合作,继续坚持开放互利的贸易关系、推动贸易伙伴多元化。

2021年上半年以来,我国统筹推进疫情防控和经济社会发展工作,经济持续稳定恢复、稳中向好,①以国内大循环为主体、国内国际双循环相互促进的新发展格局在逐步形成。首先就我国的总体经济状况来看,上半年国内生产总值532 167亿元,同比增长12.7%;第二季度我国GDP同比增长7.9%,两年平均增长5.5%。从经济增长结构来看,主要依靠消费拉动需求,最终消费对经济增长的贡献率达61.7%;同时出口也在迅速增加,贸易总量快速扩大、贸易伙伴更加多元、贸易结构持续优化;投资持续稳定恢复,结构不断调整优化,投资预期和信心趋好。就产业结构来看,我国农业受疫情影响较小,主要影响第二、第三产业。2021年上半年以来,工业已基本恢复到疫情发生前的经济水平,工业企业利润增长强劲;第三产业随着旅游业、餐饮业、交通运输等行业的恢复,消费需求明显增加,市场预期向好。就物价指数来看,我国物价保持稳定,不存在长期通货膨胀或通货紧缩。CPI指数温和上涨,PPI指数涨幅较大,前期受抑制的服务需求持续恢复。从就业形势来看,随着疫情管控的复工复产,就业总体趋向稳定。2021年6月,全国城镇失业率平均为5.2%,比上年同期下降0.6个百分点。

(二)金融市场运行状况与发展趋势

1. 主要经济体金融市场发展现状

(1)国际金融市场方面

2020年全球金融市场流动性充裕,目前处于平稳阶段。去年上半年美股多次熔断,全球金融市场出现剧烈波动,新冠疫苗接种进程持续推进以及主要经济体继续推行积极的财政政策与宽松货币政策,以美股为代表的美国、法国、德国等欧美经济体股市呈现先触底再反弹态势,全球经济稳步复苏,股市普遍大涨。新兴经济体和亚洲经济体的股市几乎不受疫情干扰而大幅上涨,俄罗斯、巴西、韩国股市的上涨幅度较大,中国上证综指上涨幅度最小。

---

① 中国人民银行:《2021年第二季度中国货币政策执行报告》,http://www.pbc.gov.cn/eportal/fileDir/goutongjiaoliu/resource/cms/2021/08/2021081015495988989.pdf。

B1 坚持行业转型发展 期待转折曙光出现

此外,美债收益率持续上涨,其他主要经济体国债收益率出现分化、季内波动较大。2021年1月6日10年期美国国债收益率自2020年3月后首次突破1%,3月31日升至1.74%,较去年0.51%的低点上行约120个基点,较去年年末上行83个基点。美债收益率上行将从3个渠道对全球金融产生影响:一是资产价格渠道。将推升无风险收益率,引发全球资产价格调整和重定价风险。二是资本流动渠道。美债收益率上行后,跨境资本流动方向可能逆转,资本回流美国,增大新兴市场资本流出风险,部分基本面较为脆弱的新兴经济体可能面临债务偿付和再融资风险。三是汇率渠道。美债收益率上行或将助推美元走强,部分新兴经济体将面临货币贬值压力,可能进一步加剧债务风险。①2020年,美元、澳元贬值,日元、欧元、英镑升值;亚洲地区货币大幅升值,新兴经济体货币贬值。其中,阿根廷比索、土耳其里拉、卢布贬值幅度较大,分别贬值18.39%、14.59%、3.64%。其他经济体的国债收益率出现分化、季内波动较大。欧元区经济体受二次疫情与英国脱欧的影响,各国10年期国债收益率波动较大,第四季度欧元区10年期公债平均收益率较第三季度下行。东亚经济体中,因日本央行的收益率曲线控制,日本国债(10Y)收益率维持在零利率上方;韩国经济复苏势头强劲,韩国国债(10Y)收益率持续上行;人民银行年底流动性宽松,中国国债(10Y)收益率在年底出现回落。新兴经济体国债收益率出现分化,印度国债收益率整体较第三季度上升,而12月底巴西国债收益率较9月底下行12bp,土耳其国债收益率与9月底基本持平、但区间震荡幅度较大。

就货币市场来看,发达经济体货币市场稳定,新兴经济体货币市场波动相对较大。2020年底,美联储决定至少维持当前每月1200亿美元的资产购买计划;欧洲央行维持每月200亿欧元的资产购买计划(APP),延期定向长期再融资计划(TLTROIII)和抗疫紧急长期再融资计划(PELTRO);

---

① 中国人民银行:《2021年第一季度中国货币政策执行报告》http://www.pbc.gov.cn/zhengcehuobisi/125207/125227/125957/3830536/3829980/2019051720074058265.pdf。

日本央行每年至少购买 80 万亿日元的国债、6.1 万亿日元的 ETF 和 J-REITs;各新兴经济体央行在第四季度未再进行货币政策调整,货币市场波动相对较大。①

(2) 国际商品市场方面

受新冠肺炎疫情、地缘政治冲突、美元指数下跌、全球流动性等诸多因素影响,全球生产消费活动放缓,市场需求低迷,国际大宗商品价格呈现先下降后上升的趋势。南华金属指数自 2020 年初起急剧下跌,在 4 月跌入谷底仅为 3 062 点,而后开始持续回升至 2020 年底达 5 077 点;2021 年年初经历小幅回调,在 2 月后持续走高,5 月达到 5 988 点的历史高位。

2020 年以来,国际油价呈先降后升走势。受需求端疲软影响,国际油价一路走低出现跳水式下跌,至 4 月 20 日布伦特原油价格两度跌破 20 美元/桶,WTI 原油期货合约收盘价格一度跌至-37.63 美元/桶;随着全球产业链供应链的恢复,国际油价开始回升,至年底布伦特原油和 WTI 原油价格分别回升至 51.8 美元/桶和 48.52 美元/桶,较年初分别下降 21.8% 和 20.7%;2021 年第一季度布伦特原油均价为 61.17 美元/桶,环比上涨 34.88%,累计涨幅 24.65%,WTI 原油累计涨幅为 25.66%。

2020 年上半年,天然气价格较为低迷,6 月 26 日纽约商业交易所 (NYMEX) 天然气期货收盘价跌至 1.47 美元/百万英热单位的年内低点;下半年受产量下降、需求增加的影响,天然气价格回升,10 月底达 3.39 美元/百万英热单位的高点,年底降至 2.55 美疗/百万英热单位,仍较年初增长 19.7%;2021 年以来,天然气价格仍在上涨。就供需来看,由于天然气价格下降导致勘探与生产活动减少,全球天然气产量降幅约 1.3%,至 4 万亿立方米;全球天然气消费量约 3.81 万亿立方米,比 2019 年下降 3%。

---

① 张斌等:《〈2020 年第 4 季度全球宏观经济季度报告·总览〉2020 年冬季全球宏观经济运行与分析》,《中国外部经济环境监测》2021 年 1 月 12 日,https://baijiahao.baidu.com/s?id=1688802340379330124&wfr=spider&for=pc。

有色金属方面，由于汽车、电子等行业大范围停工停产，上游有色金属市场需求走弱，价格显著下降；随着复工复产的推进，工业品需求大幅增长，有色金属价格明显反弹；截至2021年第一季度，伦敦金属交易所（LME）锡、铜、铝的期货价格分别上涨了24.0%、13.6%和11.7%。在此次经济波动下市场避险情绪上升，黄金迎来了新一轮涨势，价格呈现先升后降的特点，在8月COMEX黄金期货收盘价达到2058.3美元/盎司的历史新高；而后黄金价格稳中趋降，在年底降至1892.7美元/盎司，仍较年初上涨23.9%；2021年第一季度，国际黄金均价1794美元/盎司，同比增长13.3%。铁矿石价格持续上涨，在2020年1—4月保持平稳波动，而后经济恢复、需求回暖、价格上升，至2020年底大连商品交易所铁矿石期货结算价收于986.5元/吨，较年初655.5元/吨的水平上涨50.5%；2021年以来依旧保持总体上涨趋势，未来预计铁矿石产量会有所增长。

全球农产品贸易大幅缩减，2020年上半年国际农产品略显低迷，下半年农产品需求扩张、国家战略需求以及东非地区蝗灾等外部冲击，国际农产品价格稳步回升，小麦、玉米、大豆期货收盘价分别为641.75美分/蒲式耳、485.75美分/蒲式耳、1314.25美分/蒲式耳，较年初分别上涨14.55%、24.15%、39.33%。①未来结构性供给问题、美国汇率波动问题、各国的财政货币政策等经济不确定性问题，对国际大宗商品的未来价格走势也将产生影响。

2. 中国金融市场运行

改革开放40多年以来，我国的金融随着经济发展、市场开放、改革的推进，从以传统信贷业务为主导的单一金融业态，逐步发展成为一个涵盖信贷市场、货币市场、资本市场、金融科技、财富管理、支付清算等多元化的

---

① 原倩：《2020年国际大宗商品价格走势及2021年展望》，《中国经贸导刊》2021年第4期。

金瑞庭：《当前国际大宗商品价格走势及2020年展望》，《中国经贸导刊》2020年第6期。

金融业态。①在此期间,我国的金融业共经历了3个阶段:第一阶段是1978—1997年,以亚洲金融危机为界限,初步搭建了符合市场经济运行的金融框架体系;第二阶段是1997—2008年,以国际金融危机为界限,在这期间构建起了统一规范化的金融市场,以市场供求为基础初步形成市场化的金融制度,推进利率与汇率的市场化改革;第三阶段是2008年至今,我国金融逐步朝市场化、国际化、多元化方向迈进,全面深化金融改革。②

当前我国金融领域仍存在一定的问题,金融体制也尚不完善。一是金融服务实体过程中存在偏差,导致经济"脱实向虚"。当前我国金融机构在分配资源时以利益为导向,遵循"低风险、高收益"的原则,资源配置不均导致局部供给不足,资本市场受高收益驱使,资金在资本市场"空转",抑或流向房地产等行业,催生产业泡沫。二是金融服务有效性欠佳,金融体系不健全。由于债券市场、证券市场对于融资者要求较高,中小企业达不到进入门槛的标准;而在间接融资过程中,金融机构又偏向于将资金流向国有企业等,中小企业所面临的"融资难、融资贵"问题得不到根本性解决。而在直接融资环节中以债务融资为主、股权融资比例较低,加上市场机制无法对资本市场进行合理定价,导致金融服务作用受限,无法充分发挥多层次、结构化金融服务体系的优势作用。三是金融开放程度不高、人民币国际化缺乏竞争力。从当前来看,人民币汇率机制仍不完善,距离浮动汇率制存在一定差距;人民币的双向流动机制还不通畅,境外资本投资比例过低,就2019年来说,中国资本市场上的外资占比只有3%;加上中美矛盾激化,国际环境复杂,美元作为主要国际货币对人民币国际化带来巨大竞争压力。四是存在许多潜在金融风险问题,金融监管与防控能力有待加强。具体来说,金融开放所带来的资本流动性增强,加剧资本价格波动,导致跨

---

① 中国人民大学课题组吴晓求:《"十四五"时期中国金融改革发展监管研究》,《管理世界》2020年第7期。

② 彭明生、范从来:《中国金融改革的实践及其深化改革的方向》,《学术月刊》2020年第5期。

境资本流动风险增强;汇率自由波动影响人民币投资收益率,对我国中央银行货币政策、外汇储备提出了更高的要求,由此汇率大幅波动风险提升;加之房地产作为常用金融杠杆,与企业和居民投资密切相关,房地产市场风险较大;金融放开而引发的金融机构风险主要指竞争过程中加剧了经营风险,增加了金融机构的流动性风险和倒闭风险;影子银行等非银金融机构的存在,其产品与服务未置于监管部门之下,少数金融控股集团存在抽逃资本、循环注资、虚假注资以及通过不当关联交易利益输送等问题而导致金融监管风险上升;还有实体产业风险、高额债务风险等。五是金融科技发展面临成本与收益不匹配、效率和安全难以兼顾,金融创新存在不确定性。

基于此,我们应当着力于构建金融有效支持实体经济的体制机制、完善金融体系功能、深化金融对外开放、防范金融风险与提升监管能力、推进金融科技发展。积极引导金融为实体服务,加大金融服务实体经济力度,将资本市场的服务对象牢牢锁定于实体经济,完善激励和补偿机制,通过有效供给诱导、拉动有效需求,形成推动实体经济发展的着力点。[①]构建多元化金融服务体系,完善金融资源的市场化配置,提供畅通的融资渠道、降低融资成本,并逐步过渡到融资、财富管理和资源优化配置三者并重的阶段。着力于金融机构国际化、人民币国际化、资本市场国际化,不断完善人民币国际化的基础设施和配套体系建设,推动人民币的跨境使用,提高人民币的资产管理能力,加快数字货币的试点与推广。建立健全金融监控制度体系,规范影子银行业务,提高金融市场的透明度,不断增强金融业竞争能力、抗风险能力和可持续发展能力。通过出台相应政策引导金融科技健康发展,提高金融服务效率、推动金融转型升级,积极推进数字金融普惠的发展,同时严厉打击新型金融犯罪、防控金融科技新风险。

3. 全球经济金融市场面临的风险

2021年,世界经济面临诸多不确定性,存在以下几个方面的风险:

---

① 刘辉:《源头引流,坚持金融服务实体经济》,《现代管理科学》2019年第12期。

第一,全球新冠肺炎疫情而带来的不确定性。2020年共计造成2.55亿个工作岗位的损失,危害达2008年金融危机的4倍;疫情期间企业破产数激增,需要更为长久的时间恢复就业。此外,未来经济的复苏与发展主要取决于疫情的管控与疫苗的普及,但是各国的疫情管控程度与疫苗接种进程的不一致,导致经济封锁的限制放松也不同。由此带来的各国经济的分化与不平衡问题加剧,产业链、供应链以及国际贸易投资格局发生调整,进而对全球经济带来影响。此外,受乐观情绪影响,股市一路上涨,发达国家股市泡沫明显,警惕被卷入金融危机形态;全球企业债务、政府债务和银行不良贷款都面临更为严峻的考验,高杠杆风险问题也进一步凸显。

第二,主要经济体的宏观政策带来的后续影响。为应对疫情冲击,各发达国家纷纷采取扩张性财政政策和宽松的货币政策。2020年发达经济体平均财政赤字飙升了3倍,从2019年占GDP的2.9%升至了11.7%。其中,美国共推出了四轮救助法案,总规模约3万亿美元;英国推出贷款计划,用以保护和创造就业机会,支持经济复苏;意大利推出3次支持措施应对疫情,共计达920亿欧元;法国4次修订预算法,扩大对公司和家庭的紧急资助;德国政府通过两项补充预算,为一揽子计划提供资金。同时,各国央行推行宽松货币政策,基本可以归为利率调整、资产购买、信贷宽松3类。美联储与英国央行在疫情暴发后,均于2020年3月两次调低基准利率。美联储增持的资产类别为国债与抵押担保证券(MBS);欧洲央行的扩大资产购买计划包括常规资产购买计划(APP)和紧急抗疫购债计划(PEPP);日本央行购买的资产包括国债、ETF、J-REITs以及企业债券与商业票据等四类;英国央行年内3次扩大资产购买规模,购买资产限定为国债与非金融投资级公司债。2021年第一季度,美联储、欧央行、日本央行资产负债表分别较2019年末扩张85%、60%、25%。美联储在疫情后重启并创立了多项直接针对居民、企业和政府等实体部门的信贷支持工具;欧洲央行信贷宽松工具主要包括长期再融资操作TLTROⅢ与疫情应对紧急长

B1 坚持行业转型发展 期待转折曙光出现

期再融资操作PELTROs；日本央行信贷宽松主要通过针对企业的特殊贷款安排开展。发达经济体的财政政策和货币政策紧密结合，共同推动了全球资产价格的上涨，加重资产泡沫、贫富分化、债务负担等问题，增加未来金融风险。

第三，全球通胀水平可能继续升温。随着全球经济回暖，各国需求不断提高，供给水平尚未完全恢复，造成供求错配问题，加上全球货币超发释放大量流动性，导致大宗商品和原材料价格随之涨高，2021年第一季度布伦特原油期货以及伦敦金属交易所（LME）锡、铜、铝的期货价格分别上涨了24.3%、24.0%、13.6%和11.7%，此外铁矿石、大豆、小麦、玉米等产品价格均上涨较快。从消费者价格指数（CPI）来看，2021年3月份，美国CPI同比涨幅升至2.6%；欧元区HICP同比涨幅达到1.3%；日本CPI同比降幅也较去年底明显收窄；部分新兴经济体也面临通胀压力。原材料价格的大幅波动，直接影响到中下游企业的利润与流动性，导致生产活动缩减、抑制了制造业投资；大宗商品价格的上涨，使得中小企业成本无法转嫁，恶化了其经济环境与就业环境，从而抑制了经济的内生力，加速通胀风险。未来全球通胀指标可能会普遍趋于抬升，将进一步抬升通胀预期，结构性资产价格泡沫化。

第四，贸易保护主义、单边主义、地缘政治等存在给全球经济复苏带来阻碍。美国以"美国优先"为原则、以"公平贸易"为幌子，在2020年推行保护主义而导致全球贸易摩擦加剧；推行单边主义政策，退出众多国际组织，使得全球化遭遇逆流。保护主义与单边主义不仅将降低世界贸易和投资的自由化便利化水平，破坏全球供应链、产业链和国际竞争的平衡，还导致国家间贸易冲突的不断升级和国际贸易投资环境的急剧恶化，冲击整个国际经济秩序的稳定性。此外地缘政治问题的存在，使得国际环境日趋复杂，例如中国与澳大利亚关系的恶化，使得澳大利亚铁矿石出口急剧下降，中国经济受阻，全球铁矿石价格大幅上涨，供给量短缺。中美贸易战的持续，美国除了对中国商品进行加税，还限制中国高新技术产业的发展，间接造成了全球经济在此次贸易摩擦中受波及,而引发全球经济结构性失衡。英国脱欧不仅使得欧元经济体的经济受挫,也使得英国在面对疫情的影响更大,在元气尚未恢复之际再次遭受重击。当前世界正处于百年未有之大变局,国际政治经济安全格局深刻调整,大国关系分化重组,战略博弈加剧,不稳定性不确定性明显增加。

四、当前中国典当业的经营环境分析

(一)后疫情时代我国小额融资市场分析

1. 疫情冲击下中小企业融资困境

2020年初,突发而来的新冠肺炎疫情对包括中国在内的全球各国经济形成了巨大冲击,不少国家至今仍深陷疫情影响之中而无法自拔。疫情为无数企业带来了意料之外的生死之战,特别是去年春节期间出现了大范围的全面停产停工。此次受疫情冲击最为严重的住宿餐饮、交通运输、生活服务等行业,也是小微企业比较集中的领域。清华大学和北京大学联合对995家中小企业受武汉新型冠状病毒感染肺炎疫情影响的情况及诉求进行了问卷调查,问卷内容包括收入降幅、企业可维持时间、成本支付压力、自身对策及对政府诉求等8个问题。调查结果显示,受疫情影响,34%的企业只能维持一个月,67.1%的企业可以维持2个月,85.01%的企业最多维持3个月,只有9.96%的企业能维持6个月以上。2020年2月1日,著名餐饮企业"西贝"负责人声称"受疫情影响,西贝400家线下门店基本停业,预计春节前后1个月损失营收7亿—8亿元。若疫情无法有效控制,企业账上现金流撑不过3个月"。

一般而言,中小微企业融资风险既包括企业在融资活动开展的过程中受到不确定因素的影响和干扰,致使包括融资规模、融资方式等在内的融资活动没有实现预定目标,或者是实际产生的融资成本高于预期以至于企业无法承受,又或者是企业后续丧失偿债能力、出现违约情形的风险,亦包括为小微企业提供贷款的平台制造融资骗局,破坏我国市场经济秩序以及小微企业本身"骗取贷款"、破坏金融管理活动的行为等风险。考虑到疫情对我国经济所造成的冲击是全方位的,而中小微企业由于其数量大、抗风险能力弱,在疫情冲击下受到的影响尤为明显。从小微企业自身来看,庞大的小微企业群体都处于亟待融资支持的境地。大量小微企业因疫情停工停产,但仍然需要支付工资、租金等,收入减少而支出不减,出现现金流吃紧,对纾困、救急的贷款需求十分突出,需要应急救急贷款。无疑使其本就单一的融资渠道变得更为狭窄,导致无法获得融资或融资成本增加的风险扩大。而对于经济复苏的无法准确预估,使得已获得融资支持的企业按照疫情前的发展轨迹进行效益的预估难度增大,又在无形中增加了其经营和偿贷风险。一些企业短期内的偿还贷款能力下降,还款压力增加,贷款需要展期、延期,不良贷款的潜在风险迅速增加。另一方面,面对企业"生死存亡"的关卡,又得不到银行信贷支持,小微企业负责人急于获取资金支持的心理,成了诈骗团伙违法犯罪的切入点。通过手机 APP、网页小广告、电话、短信、社交群,发布小额贷的诱导广告,或冒充某些正规网贷平台客服,打着无抵押、低利息、放款快、有赚大钱投资项目的名义,引诱受害人下载安装非法网贷 APP,填写个人信息、绑定银行卡、签署协议等操作后,又以缴纳保证金、手续费、银行卡流水等理由,甚至以实施恐吓的方式要求转账。

由于发展前期的小微企业的融资渠道相当有限,多靠自然人借贷作为启动资金,资金来源较为单一,而随着小微企业的发展,在前者已无法满足其资金需求的情况下,小微企业的融资需求就需要借助于银行等金融机构或其他专门的融资平台得以维系。然而一方面,相比于大中型企业,小微企业存在提供抵押物能力有限、市场评价及信任度较低等问题;另一方面,银行等金融机构在对小微企业提供融资支持方面未表现出应有的积极性,小微企业生存状况堪忧,融资难、融资贵的现象尤为突出,严重制约了小微企业的发展。

2. 疫情冲击下的小额融资市场

从资金供给端来看,疫情冲击对中小微企业经营造成了冲击,因此也必然会对企业的融资环境和金融行业针对这部分企业的融资策略产生影响。一方面,疫情使得全球经济陷入低迷,影响未来预期,导致投资者多看衰市场,投资兴趣大幅降低,即便有投资意向,亦采取更为谨慎的态度;另一方面,在疫情氛围下,商品和服务需求萎靡不振,导致企业市场效益下降,从而降低了企业对外投资能力,多数投资并购计划处于基本停滞状态。内部变化与外部变化相互作用,使得融资供求的矛盾凸显,小微企业陷入在夹缝中求生存的境地。以银行融资为例,小微企业融资的主要风险在于疫情影响下的小微企业现金流吃紧,直接导致还款困难。此外,疫情期间一些贷款既享受优惠利率,又有财政贴息,对于借款人而言存在一定的套利机会,对急需资金的小微企业更具有诱惑性。由于缺乏健全的风险评估机制、管理也较为松散,其融资决策的制定基本由企业负责人一人决策,非理性因素更大。其中包含的利益亦使得小微企业铤而走险的风险增大。甚至有些小微企业就是以诈骗为目的而成立的,通过提交虚假的证明材料进行融资,使银行资金受损。

除此之外,疫情的爆发也对金融市场本身形成了冲击。疫情暴发后,金融市场的一级市场表现疲软,股权投资持续下滑,跌势不减。在2020上半年,投资笔数及金额都有明显缩水,投资仅827笔,公开披露的总投资金额3 115亿元,均不足2019年数据的1/3。疫情之下的股权投资市场,出资困难、投资数量下降是最直接的影响,后期考虑资金避险,投资估值下降、投资轮次分化、投资节奏放缓、投资周期拉长都将是不可避免的。随着疫情而带来的影响加深,投资市场在融资金额和数量明显偏向企业服务、医疗健康、半导体芯片、5G通信、AI人工智能等B端市场。据时代数据创业公司的统计,截至7月20日,企业服务行业共获融资326次,稳居第一,且数量占比较去年同期仍有提升。而生活服务、文体娱媒、物流等C端领域则显得冷清,2020年第一季度总计下降约407.48亿元。

为了应对疫情,世界各国纷纷开启宽松货币政策。在宏观政策层面,中国各级政府围绕基础性制度、财税支持制度、融资促进制度等方面提出多种具体措施,支持中小企业快速恢复。中国在货币政策方面虽然保持了克制,但货币增速也明显高于2019年,2020年上半年国内货币政策整体处于超宽松状态,7月底广义货币同比增长10.7%。除了放宽货币政策外,为了应对疫情冲击对小微企业经营所造成的影响,国家有关部门和地方政府还密集发布了多项政策性扶持,例如财政部等五部门发布《关于打赢疫情防控阻击战强化疫情防控重点保障企业资金支持的紧急通知》,在人民银行专项再贷款支持金融机构提供优惠利率信贷支持的基础上,中央财政按企业实际获得贷款利率的50%进行贴息,贴息期限不超过一年。又如,央行等五部门发布《关于进一步强化金融支持防控新型冠状病毒感染肺炎疫情的通知》,增加信用贷款和中长期贷款,降低综合融资成本。对受疫情影响暂时遇到困难的企业,不盲目抽贷、断贷、压贷。这些政策文件多将小微企业作为帮扶重点,通过降低融资成本、提供优惠利率、贴息、增加信用贷款等方式,缓解小微企业所面临的资金压力。

尽管出台了大量的支持政策,小微企业的困境并未全面得到改善,但市场融资依然很困难。投融资市场呈现出了冷热不均、冰火两重天的分化格局。究其原因主要是由于银行与企业之间的信息不对称所致:一方面是企业融资困难;另一方面银行针对疫情出台了相关政策,而企业对此却并不了解,相关困难主要包括找不到相应的受理部门、弄不懂相关公文条例、不知道是否符合贷款标准、不明白操作申报流程等。而且,囿于疫情管控的影响,与提供扶持性贷款的银行之间难以实现对接,还不能高效地实际操作,这些都造成了小微企业和扶持政策之间的鸿沟。更重要的原因是,由于我国小微企业庞大的基数,要在短时间内实现扶持政策的全覆盖是不现实的。

(二)后疫情时期典当行业所面临的挑战与机遇

1. 疫情给典当业带来的经营风险

综上所述,疫情冲击既给中小企业造成了巨大的经营困难,同时也改

变了银行、小贷机构等金融机构所面临的融资环境,相应地也给典当行业带来了一定的经营风险。这主要体现在以下几个方面:

(1) 中小微企业受疫情影响资金周转出现经营困难而带来的风险

比如无法按期支付利息和综合费用、无法按期赎当、原定的绝当后还款计划不能按时履行等。对于此类风险,典当行应尽早进行排查,主动对逾期风险较大的当户进行回访、摸底,了解当户当前的经营和财务状况。此外,要重点关注逾期风险较大业务项下的事项,如当票或续当票手续是否完备、在押的当物的价值能否足额覆盖未偿还的当金款项、质押和抵押手续是否合法有效、担保人或保证人的联系方式是否畅通等。

(2) 因中小微企业的典当综合费用、利息出现逾期而带来的风险

当户典当综合费用、利息出现逾期时,典当行应通过电话、短信、微信等沟通督促其尽快付款,并在此基础上进一步正式发送书面通知,告知其逾期日期、应付款金额、逾期的后果,以备后续提出解除合同或宣布典当期限提前到期,及时实现债权。如果书面通知不方便,也可以先以微信等通信工具发送书面通知的照片或文字的方式替代书面通知,在具备条件时再进一步以书面方式发送。

(3) 中小企业及个人等当户提出受疫情影响暂时无法及时支付典当综合费用、利息而带来的潜在风险

如果当户提出受疫情影响暂时无法及时支付典当综合费用、利息,典当行可要求当户提供相关证明材料,如核实后认为当户本身的偿债能力并未遭受重大影响,且当户自身有较高的履约诚意,则典当行可在风险可控的情况下,与当户协商给予当户适当宽限期或为当户办理续当。如能协商好,应签订书面协议明确延期支付的条款和条件,涉及续当的办理续当手续。当户支付典当综合费用、利息,以及偿还当金的义务,都属于金钱给付义务,并不会因疫情直接导致不能履行,当户无权以不可抗力作为理由主张延期支付或减免,典当行在《典当管理办法》基础上额外给予宽限期不是法律规定的义务。为应对疫情,政府出台了鼓励金融机构对履约困难的借

款人展期、降低利息的相关政策,典当行应在风险可控的情况参考适用,以体现对困难客户的照顾。

(4)典当期限届满,当户未按期赎当而带来的风险

对于典当期限届满,当户未按期赎当的业务,典当行可以以适当方式通知当户尽快赎当。如果当户确因疫情原因而导致不能按期赎当,可以要求当户委托他人赎当、采取其他补救措施,或根据情况给予一定的宽限期,双方明确最晚什么时候赎当,如果不能赎当可以按绝当依法处置当物,并做好下一步依法处置当物、实现债权的准备。

2. 疫情期间小微企业典当行为所面临的潜在风险

疫情对于作为借款方的小微企业和作为贷款方的典当企业形成了双向冲击。如前所述,作为贷款方的典当企业担心借款方因为现金流不足而无法偿还借款本金及利息,而作为借款方的小微企业也同样担心其经营活动中断,贷款方按照原有典当合同要求处置其典当资产而带来的风险。这一情形在疫情暴发后已有现实案例,多家在典当行、小贷公司等金融机构用自己房产抵押借款的小微企业在未接到任何"延缓"通知的情况下被"落井下石",要求及时还款,不然会被强制执行抵押房产。

北京某小型环保企业的创办者在创业时因资金周转需要,将一套房产抵押给了某典当行。合同评估该房产价为值800万元人民币,抵押后发放了最高额300万元人民币的使用额度,该企业使用285万元后即被停止放款,但仍每月还息。当合同到期需要归还本金时遭遇新冠肺炎疫情暴发,企业业务被迫中止,资金链突然断裂。典当行拒绝了该企业适当予以展期或者延后偿还本金的请求,并要求企业支付高额违约金。同时,该典当行还委托公证处发出"强制执行公正债务履行核实函",告知要求该企业归还借款275万元,并每日计收借款总额5‰违约金。这一违约金比例超出《典当管理办法》所规定最高利息的7.5倍,按此计算,该企业每月支付的违约金将高达41.25万元,只需不到7个月,违约金就将比总借款金额还高。此外,一旦公证处为其出具强制执行公证书,典当行就有机会强制执行该企

业抵押资产，企业将面临较大损失。

疫情暴发后，金融监管部门出台了多项旨在缓解中小微企业还款压力的政策。人民银行、财政部、银保监会、证监会、外汇局等五部门联合印发了《关于进一步强化金融支持防控新型冠状病毒感染肺炎疫情的通知》，要求对受疫情影响暂遇困难的企业，特别是小微企业，各金融机构不得盲目抽贷、断贷、压贷。此外，国家银保监会等有关部门联合印发了《关于对中小微企业贷款实施临时性延期还本付息的通知》，其中第一条即是关于贷款到期的本金安排：对于2020年1月25日以来到期的困难中小微企业（含小微企业主、个体工商户）贷款本金，银行业、各金融机构应根据企业延期还本申请，结合企业受疫情影响情况和经营状况，通过贷款展期、续贷等方式，给予企业一定期限的临时性延期还本安排。还本日期最长可延至2020年6月30日。第二条关于贷款利息支付安排明确：对于2020年1月25日—6月30日中小微企业（含小微企业主、个体工商户）需支付的贷款利息，银行业、金融机构应根据企业延期付息申请，给予企业一定期限的延期付息安排。贷款付息日期最长可延至2020年6月30日，免收罚息。延期利息的具体偿还计划，由银行业、各金融机构与企业主双方自主协商、合理确定。

3. 后疫情时期典当业的发展空间

受疫情影响，典当行业务量呈现"先低后高"的走势。2020年1—3月，典当行业务量明显减少，但随着我国疫情得到控制，经济实现快速复苏，企业和个人通过典当来实现资金周转的需求大幅增长。因此，典当业一方面应当适应疫情冲击带来的影响，规避风险；另一方面，应发挥自身优势积极拓宽业务，更好地满足后疫情时期的客户融资需求。事实上，典当业在后疫情时代有着自身的独特优势，这主要体现在以下几点：

首先，在满足疫情影响下企业的资金周转需求方面，典当业的融资服务既比银行快速，也比网贷安全。我国银行的贷款流程非常冗长，各种证明手续繁琐，在个人征信、抵押物的验证审核等方面要求苛刻。考虑个人及中小企业的资金周转速率，对于紧急资金周转需求，特别是资金额度不大,使用周期短的用户而言,传统银行冗长的审批流程和手续无法解决企业迫切需要融资的燃眉之急。典当业简洁、快速的审批放款服务,能够充分满足这部分用户的真实资金需求,通过即审即批实现快速放款,加上更为人性化的利率计算方式,则能更好地满足个人与中小企业短期多样化的资金需求。

其次,在满足疫情影响下企业产生的应急性多元化融资需求方面,典当业能够提供灵活的商品典当服务。受到行业属性和典当行的主项业务限制,典当公司通常对企业的资金周转给予小额支持,无法给予更多的、更专业的金融服务。但是,不少客户在资金周转之外仍有贵重物品或奢侈品典当转售的需求,疫情冲击之下这部分的客户需求可能会陡然增加。在满足这部分需求方面,部分具备奢侈品鉴识专业知识的典当行推出了一些全新的、针对闲置奢侈品、黄金豪车等物品典当置换的服务和绝当品承接转售服务,通过对收藏品或奢侈品进行合法合规的估价,使典当行成为客户通过变现闲置贵重物品实现融资需求的重要平台。

再次,在满足疫情期间企业和个人的贷款隐私安全需求方面,典当行能够提供更为安全便利的融资服务。客户在进行资金借贷时,个人信息及资金的安全非常重要。从这个意义上看,现有网络借贷平台存在政策合法性、借贷利率合理性和金融服务的专业性等方面的不可预知性。典当行目前受到国家的严格监管,在安全性上有较好的保障,因此对于急需资金短期周转的中小微企业而言更加值得信赖,能够较好地满足客户灵活便利、合法快捷的理财服务需求。

考虑到疫情期间的特殊性,具备上述优势的典当业可以从以下方面进行业务创新,以便在后疫情时代更好地服务中小微企业的融资需求:

(1)促进典当行业转型,加速传统"线下典当"模式向"线上典当"模式转变

传统典当行业所有业务办理都是面对面的交易、到店续当缴费的过程。疫情暴发后,很多业务办理都慢慢转到线上自助办理。典当行对客户

的很多服务也会慢慢转换到线上,例如:目前全国已经有很多典当行将续当业务都转到线上微信公众号自助服务平台,实现了在线典当申请、在线鉴定评估、在线续当、在线赎当缴费等多种业务。典当融资无需面对面,服务亦可心贴心。越来越多的客户也更加青睐更多的"线上自助服务"。充分利用互联网,利用网络技术为广大客户提供网上的方便快捷服务,通过发展推广企业微信公众平台,在网上开展续当业务,有效减少了人员到店办理业务而造成的人员聚集,最大化阻断疫情传播。积极开展业务经营,通过微信平台、短信、电话开展对原有客户的回访,利用线上典当平台,实现了线上业务占整体业务的75%,使得经营业绩在特殊时期一直处于平稳态势。

(2) 加速金融科技对典当行的融合

金融科技不仅可以与银行等大机构融合,也可以和传统典当行融合,推动典当行通过金融科技手段实现对典当业务全过程支持

在疫情时期,小微企业和个体工商户特别是餐饮、零售等各类体验服务的企业急需小额周转资金,典当行恰好能满足他们的需要。典当行应积极与此类企业对接,细分市场,在服务实体经济中提升典当行的核心竞争力。

(3) 信息化系统对典当行支撑更加重要

疫情之下,传统典当行更需信息化系统支撑。过去传统典当行都不太注重信息化系统建设,并未发现信息系统对典当行起到的支撑作用。随着互联网和大数据的加速应用,对典当行的信息化建设也提出更高要求,典当行可以融合更多互联网技术和大数据服务来指导典当行业务,另外典当行业从原来商务部移交到银保监会监管后,对典当行的信息化要求更高。

五、新发展格局下典当行业监管创新

现代典当业已发展成为专门以物质押、抵押融资的特殊金融业,在现

代金融体系中虽然弱小但具有不可或缺的地位,应当大力支持发展。但典当业在存续和发展的过程中也存在着一系列的问题,这些问题既有来自典当业内的,也有来自典当法规制度建设和政府行政监管的,以及社会公众观念等。在我国社会经济发展正大力推进新发展格局建设的大背景下,典当行业的发展既要解决一些已有的老问题,同时还要适应一些新情况、新变化,这就需要我们不断创新,进一步完善监管制度、监管体制和监管方法,促使典当业健康稳定地发展。

(一)我国典当行业监管的沿革及现状

1. 1949—1966年:解放初期的典当行业监管

监管基调:允许存在。典当业与中下阶层普通民众的关系非常密切,其具有资金融通、救急济贫的作用,成为近代最普遍、最便捷的平民金融机构。典当业具有手续简单、对物信用、不要保人、放款额零星、不问货款用途等特点,深为民众所习惯。有鉴于此,根据中央当时有关政策的精神,全国对于典当行业监管的总基调是"允许存在"。

发布监管制度。上海是全国典当业发展的重镇,上海市政府也以此原则监管典当行业。1950年2月,《上海市人民政府公安局管理典当及旧货业暂行规则》发布,并重新登记典当行。1950年9月,上海发布《上海市典当业管理暂行办法》。上海市政府认为客观环境还需要典当业暂时存在,但从保障当户的正当利益出发,对典当业必须予以整顿,严格管制,改变其组织,规定其业务范围,改革与废除陋规恶习,防止与取缔非法行为,调整充实资本,规定合理利率,限制其高利剥削,督促典当业合法经营,改善服务态度等。

监管机构和同业公会。解放之初,上海典当业的管理机关并不明确。1950年6月华东区财政经济委员会才明确规定,典当业的主管部门由中国人民银行华东区行负责,上海市工商局(以办理登记为主)与上海市公安局(以检查偷窃赃物为主)配合管理。1952年8月又改由中国人民银行上海市分行为主管机关。上海典当业同业公会是典当业的行业组织。

公私合营改造。1954年3月,中国人民银行总行指示,典当是个落后的行业,剥削比较严重。考虑到各种原因,虽暂时允许其存在,但必须全面改造。上海的相关管理部门先后于1954年底、1955年8月以及1955年底起草了3份典当业改造的方案。在1956年1月的改造方案修正稿中指出,根据典当业封建剥削的特点及国务院"基本上取缔"的指示精神,上海政府将典当业改造方针确定为"基本淘汰,逐步改造"。

1955年12月15日,上海典当业公会向政府提交全行业公私合营的申请书。1956年1月7日,公私合营申请得到中国人民银行上海市分行的批准。1月14日,中国人民银行上海市分行成立小额质押贷款处,负责管理全市的典当业。1月19日,上海市143家典当全行业公私合营。鉴于长期以来典当业给社会留有的恶劣印象,典当行主动要求取消"典当"名称,私营典当行改称为"公私合营XX小额质押贷款营业所"。

全部取缔。1966年"文革"开始后,典当行被彻底取缔。

2. 1987—1999年:典当行业复出时期的监管

典当行复出。1987年11月,湖南邵阳、四川成都开始探索设立典当行。1988年初开始,浙江温州、广东广州等地纷纷效仿复出。1988年9月,上海恒源典当行有限公司成立,成为上海改革开放后复出的第一家典当行。

监管乱象。典当业复出后,各地对典当业的主管部门不一致,甚至出现了政出多门、多头审批、无人监管、规模失控的管理乱象。据统计最多时有22个部门对典当业都有审批权,如计经委、工商局、公安局、商委、税务局、人民银行、劳动局、体改办、农委、民政局、老干部局、街道办事处等。

当时各界希望能尽快明确典当业的主管部门,解决多头审批、政出多门的管理乱象。各地方政府相继也出台管理办法,但也各不相同、各自为政。如1989年5月,湖南省发布《湖南省典当业管理暂行办法》;1989年7月,浙江省发布《浙江省典当机构管理暂行办法》;1991年,广东省发布《广东省典当服务行业管理试行办法》。

中国人民银行统一监管。1993年8月19日,中国人民银行总行下发了《关于加强典当行管理的通知》,明确典当行属于非银行金融机构,其主管部门是中国人民银行,任何地方政府和其他部门不得批准设立典当行。1996年4月,中国人民银行颁布、施行了《典当业管理暂行办法》,明确了典当业是为非国有中小企业和个人提供临时质押贷款的特殊金融企业。至此,典当业终于走出了无法可循的失序阶段。

3. 2000—2018年:国家经贸委/商务部的监管

2000年6月,原国家经贸委接管典当业,典当行的金融机构资格被取消,成为一类"特殊的工商企业"。2001年8月,新的《典当行管理办法》出台。

2003年,新成立的商务部接手典当业监管。2005年2月,商务部、公安部联合颁发新的《典当管理办法》。此办法一直沿用至今。

2012年12月,商务部制定发布《典当行业监管规定》。

这一段时期,典当行不再是金融机构,而是"特殊的工商企业"。由行业部门监管,突出支持中小企业和行业发展的特点,极大地拓展了经营范围,是我国现代典当业稳定发展的时期。

4. 2018年至今:典当行业监管职责转隶

2018年5月14日,商务部发出通知,将制定典当行业务经营和监管规则职责划给中国银行保险监督管理委员会,自4月20日起,有关职责由银保监会履行。随着监管部门的明确,典当行应该又恢复了非银行金融机构的性质。

2020年5月,为进一步规范典当行经营行为,加强监督管理,压实监管责任,防范化解风险,促进典当行业规范发展,中国银保监会办公厅印发了《关于加强典当行监督管理的通知》,提出五个方面的监管要求。该《通知》明确,考虑到《通知》是为适应典当行业发展与监管的实际情况,对《典当管理办法》和《典当行业监管规定》部分条款的修订,因此,《通知》发布后,《典当管理办法》和《典当行业监管规定》仍旧有效,但与《通知》不一致的规定,以《通知》为准。

(二)境外典当行业法规制度及监管状况

1. 英国

英国是世界上最早制定完整典当法规的国家,英国的典当立法对全世界产生影响。《1872年典当法》是英国第一个也是最完整的典当法。后又发布《1974年消费者信用法》,在此基础上又修订形成《1998年消费信贷法》,一直使用至今。这三部法律一脉相承,与英国其他相关法规制度一起,构成英国典当法律体系。

英国典当业具体的监管部门是英国政府的公平贸易办公室。另外,贸易标准局、典当业协会和国民咨询局都有一定的监管职能。

2. 美国

美国的典当监管模式是以立法调控、行业自律为主要方面,辅以执法监督。美国典当业从一开始就是通过各州立法分别进行调整和监管的,各州立法对典当行的一些业务规则如费率、贷款期限、当金数额上限要求以及典当行接收盗窃财产的处置等方面都作了具体规定。

美国各州立法都将典当机构作为消费信贷组织进行监督和管理,由各州政府的消费信贷部门和治安管理部门分别行使监管职能。美国典当业商会是全国性的典当行业协会,其规模之大、功能之齐全在全球都有深远的影响。典当业协会分担了大量的政府职能,在协调和服务上发挥重要作用。

3. 日本

日本典当行业监管制度的主要内容和特点都体现在1975年7月1日开始颁布的《当铺营业法》中。该法对日本典当行业的监管制度作了非常详细的规定。

日本是由单一的机构对典当行业进行监管的,该机构是都道府县公安委员会。单一的机构进行监管其实对当铺的设立更有效果,降低成本,有利于提高典当监管的效率。警察机构是日本典当业的具体治安管理部门,这与世界各国和地区的情况基本相同。

4. 新加坡

新加坡属仿英制,将典当业作为金融信贷业,由政府律政部负责监管,并在1898年通过了新加坡的第一部典当法律——《典当商法》,于1899年1月1日起正式实施。

这部法律具有浓厚的英国政治和历史文化色彩,它以英国《1872年典当商法》为蓝本,共计47条。主要内容包括典当商权利和义务,典当商开业许可,典当、赎当和死当物处理程序,典当行为治安管理处罚等。该法在20世纪中,历经13次修正,其中1957年、1960年和1970年这三次的幅度最大。目前实行的是1970年版本。

5. 中国香港地区

香港的典当业监管制度是《当押商条例》,目前实行的是1984年修订版。

6. 中国台湾地区

中国台湾地区在1940年就颁布"当铺业管理规则",作为典当业监管制度。随后在2001年又颁布了所谓的"当铺业法",替换了原来的当铺业管理规则。

中国台湾地区将典当业纳入普通经济领域进行监管,实行单一的行政监管。

在典当市场准入方面,世界许多国家和地区普遍实行许可制而非登记制,中国台湾地区也不例外。台湾对典当行总量有严格的控制并且禁止设立典当行的分支机构。在正式设立之前先启动准备设立的程序,经过一段时间筹建,经过主管部门确认合格后,才能取得许可证,办理商业登记。

从世界上许多国家和地区的典当业监管制度,可以看出其有几个共同的特点:

1. 制定专门的法律并依法对典当业进行监管

许多国家和地区的典当业监管制度都有专门的法律,且该法律层级较高。该法律对典当业的监管部门、典当业市场准入与退出、典当业从业人员限制等都做出明确规定,另外该法律也对典当行的一些业务规则如费率、贷款期限、当金数额上限要求以及当物处置等方面都做了具体规定。

2. 专门部门监管与行业自律相结合

许多国家和地区在明确政府部门实施监管的同时,也会积极发挥典当协会的行业自律作用,构建完整、完善的典当业监管体系。

3. 典当从业人员资格限制

许多国家和地区对典当行的从业人员一般都有具体的要求,日本的相关规定则更加详细。这些规定有利于对典当业的监管,也有利于典当业未来长期的发展。

4. 实行典当营业公示制度

许多国家和地区要求典当行在当铺明显的位置对其店铺的情况予以公示,公示内容主要包括:营业许可证、营业时间、利率、当期、典当契约等。中国香港、台湾地区的公示内容还包括典当行的主要负责人或营业人员的姓名等。

5. 治安管理

典当行的治安管理由本辖区内警察局的专门处室负责。

另外,在典当业的市场准入、变更及退出监管方面,宽严程度在不同国家或地区之间,存在一定的差异。

(三)典当业的特殊作用及典当业监管的新要求

按照中国政府要求金融服务实体经济和发展多层次金融市场的精神,应该大力支持典当行按其本源法理有序发展。典当有独特的存在价值:一是为市场提供了可供多样化选择的融资和风险制度安排;二是可以与其他融资方式和风险管理制度进行竞争,为人们多样化选择提供可供选择的融资方式。

按照其本源法理展业,典当行业(1)可以服务中小微企业,这是许多金融机构服务不到的,尤其是大型金融机构所不愿意服务的;(2)为老百姓生活和小本经营排忧解难,满足救济临时需要,现在不少家庭都有不少资产可以作为典当融资标的;(3)可以将其他金融工具质押促进金融市场的流动性,打通各金融子市场的隔阂。

在新发展格局下,典当行业监管部门应该按照典当业的本源法理去监管,而不应该循旧例视典当为担保融资方式去监管。在1950年至20世纪90年代中期,最高法院的司法文件都按照典当习惯法认定典当法律行为和法律关系,并以此解决历史遗留问题,认定典当行以营业质为特征开展业务。但是自人民银行管理典当行业后至今,一直把典当融资当作担保融资,把典当行看作是民间借贷机构,自国家经贸委接管典当行业后,一直不认为典当行是金融机构,是特殊工商企业。对典当融资的法律关系不清而导致对典当行的定位混乱不清,同时也不能够对其进行有效监管。

2018年,典当行业监管职责转隶至中国银行保险监督管理委员会之后,银保监会积极推进规制建设工作。根据中国银保监会有关部门提供的信息,目前已基本起草完成典当行监管办法,拟在上位法出台后再向社会公开征求意见。同时,为适应现阶段典当行业发展、监管体制与审批制度改革的需要,按照"问题导向、急用先行"原则,银保监会办公厅印发了《关于加强典当行监督管理的通知》(〔2020〕38号)。从该《通知》(八)规定"回归典当本源"看,情况有所变化,随着监管要求的不断明确,典当行应该又恢复了非银行金融机构的性质。

(四)新发展格局下我国典当行业监管创新

1. 从典当行业本源法律关系出发进一步完善典当业监管规则

典当融资的本源法律关系性质如下:第一,典当是以物质钱,因物取信,当要支付利息和保管等费用,典不要支付利息。第二,典当不是民法中的担保质,而是占有质、用益质、使用质和归属质。第三,典当人可以流质,不赎回是其权利而不是义务,不是违约和失信;第四,典当物权是一种特别物权,不是用益物权和担保物权;第五,典当融资契约,不是担保融资契约,是一组独立的典当融资契约,是可以流质的融资契约。

典当人与典当行的权利义务关系:(1)典当人的权利:对典当物有处分权、设定典当质权、不回赎和回赎权。(2)典当人的义务:确保标的物无瑕疵、不可抗力导致的典当物灭失回赎权消灭、作绝时回赎权消灭。(3)典当行的权利:占有、使用和收益;转典;出租;让与;在典物上设定权利负担;留买权;费用偿还请求权。(4)典当行的义务:保管典当物;返还典当物。

这样一种独特的融资法律关系,根本不同于《民法典》中有关物权、担保和合同的规定,也在《民法典》及其《担保司法解释》中找不到位置。

如果我们承认典当融资独特的法律关系,那么典当行就是一个金融机构,只是这个金融机构是一个以营业质为特许经营权的非存款类金融机构,不是民间借贷。第一,典当行是一个金融机构。第二,它是非存款类的金融机构,不能吸收存款,也就是只能以股本金经营,加上从银行拆借的资金来进行金融活动。第三,它有一个特许经营权,就是营业质,这个营业质是以流质契约作为基础的。流质一个很重要的特征,就是典当人不还款是他的权利,不是义务,典当行只能处理典当物,不多退少补。如果认定典当融资是担保融资,就只要按照《民法典》中担保规定监管就够了。

2. 协调典当行政监管与司法裁判关系

近年来,以《关于规范金融机构资产管理业务的指导意见》(简称"资管新规")和第九次《全国法院民商事审判工作会议纪要》(简称"九民纪要")为标志,党中央和国务院下发了系列文件,最高法院也下发系列司法文件,重点就是以服务实体经济作为出发点和落脚点,引导和规范金融交易。2018年6月上海市高院《关于落实金融风险防范工作的实施意见》规定:"对不符合金融监管规定和监管精神的金融创新交易模式,或以金融创新为名掩盖金融风险、规避金融监管、进行制度套利的金融违规行为,及时否定其法律效力"。

由于立法滞后,法律供给不足,往往以行政规章为先导。显然,这些审判意见直接体现了金融审判对于监管政策的适应和应对。这在典当金融领域也是如此。典当纠纷司法裁判对典当金融活动有重要公共示范和引导作用。同时典当行与其他非银行机构一道下放为地方金融监管局监管，但是典当金融市场与其他类型金融市场是全国统一的，典当法律规则也要求统一。这就涉及辩证处理典当纠纷审判与行政监管的关系、要统一裁判尺度，确保法律适用标准统一。

在目前无法改变《典当管理办法》既定规定的情况下，行政监管部门和司法部门要合作解决好如下几个突出的问题：不能回赎的情况下的息费收取、绝当处置、当票与担保合同的关系。

3. 典当协会、司法、仲裁、监管部门等多方协同

在典当纠纷调解时，典当协会、司法、仲裁、监管部门等形成的调解协议具有法律效力，法院可以强制执行。在处理不动产、动产和权利资产过户时，不需要公证，不必典当人到场配合，只需凭法院判决和调解协议，即可具有强制执行效力，不必每案采用冗长繁琐的拍卖执行程序。

在适应金融监管新政的同时，法院也不能失去司法的基本特性，那就是保持审判的相对独立性，坚守公平正义的最后一条防线。因为根据历史经验，并不意味每一项监管政策都是正确和合理合法的，要坚持用公正善良和平衡之术来处理各种纷繁复杂的典当纠纷，比如要正确把握好契约自由与公序良俗、借款者与典当行之间的利益平衡关系等。

在典当纠纷的案由确定、典当合同效力确定、息费以及违约金的收取等问题上，各级法院的裁判千差万别，甚至同一法院的裁判也不尽相同，建议上海高院与银保监管局、典当协会，联合制定比如《关于审理典当纠纷案件若干问题的指导意见》之类的司法文件，统一上海各级法院和仲裁的裁判尺度。

六、加强和完善典当行业监管的建议

（一）典当法规制度建设与创新

我国现行的《典当管理办法》存在许多问题。比如对典当的定位背离

了典当融资的本源法理。从《典当管理办法》第三条可以看出，完全视典当为担保融资，与其他金融机构的担保融资方式无异。这也与中国香港、澳门、台湾等地区所继承的典当习惯法不相符合，以典当之名行担保之实，人为造成许多混乱和不必要的监管与司法难题，纠缠一些无意义的问题浪费时间和资源。又如《典当管理办法》第三条与第四十三条规定（一、二）相互矛盾。按照第三条规定应该是担保融资，却在第四十三条第二款规定在三万元以下允许流质，第一款却又规定三万元以上不允许，前后矛盾。这使得允许流质与现行《民法典·担保编·合同编》中不允许流质的相关条款冲突。

现行《典当管理办法》法律效力层级低，法院进行裁判时不能作为请求权和裁判说理依据，但司法要遵循基本的行政规章，使得法院对典当纠纷的法律关系判决全部错了，全部以担保方式判决，造成人为的裁判困惑，扭曲了市场行为。这也可能是最高法院颁布《关于适用民法典有关担保制度的解释》没有把典当纳入的原因。在典当规则理念上，行政规章要回归典当本源法律关系，使得典当司法纠纷裁判有个正确行政规章参照。人们的各类社会经济活动都是在规则下进行，良好的典当金融秩序是典当金融参与者在正当典当规则下行动的结果。

在我国金融全面开放的背景下，上海应率先创新，可以允许中国港、澳、台地区、国外资本进入上海典当业，或者独资，或者合资，或者允许并购重组上海的典当行，发挥鲶鱼效应，也把传统、规范的典当业理念和规则引入中国内地典当业。

上海借全国人大授权上海人大制定浦东新区法规之际，制定上海版的《典当管理条例》，对本源的典当融资和典当行的法律性质及其关系正本清源。据此对典当行颁发特许营业质的经营牌照，区别于其他类型的非存款类金融机构。根据中国银保监会办公厅《关于加强典当行监督管理的通知》（〔2020〕38号）回归"典当本源"的规定，上海市的行政监管部门要主动创新。司法部门可根据《民法典》第十条，从习惯法中寻找法理和判决校正典当行政规章的根本错误。只有这样基于正当的典当法理,典当的行政监管规章与司法裁判一道才能构成好的营商环境的法律基础。

(二)典当行业监管体制创新

监管体制的创新,要考虑金融发展的两个大背景:第一,要建设一整套符合国际规则的、适合中国国情的法律制度;第二,改革开放已经从要素流动阶段进入了向规则等制度性开放的转变。这意味着典当法律制度和监管体制可能要进行重要的改变。

第一,以典当融资的本源法理监管典当行和典当融资。

第二,设定关键指标,对典当行分级分类考核监管,引导典当行依法合规创新发展业务和与银行的拆解。

第三,与仲裁、典当协会、法院、工商、不动产登记等部门合作协调典当标的物过户、执行、解决纠纷。

第四,地方金融监管局与银保监会合作。

(三)典当行业监管手段创新

第一,在允许外资进入的情况下,上海的银保监局、金融监管局、典当协会等要与中国港、澳、台地区和国外的行业、监管部门加强交流与监管合作。

第二,上海的法院与上海的监管部门、仲裁委合作,加强境外典当判例的查明、引用、判决相互承认与执行的合作,做到在法理统一的基础上,相互支持和协调境内外纠纷解决。

第三,上海的监管部门要重视将境内外学者的研究成果引入监管规章,并吸收采用境外典当同行的有效做法。

第四,考虑转典、典权担保、入股等典当权流转新情况的监管。

参考文献

国家统计局:《中华人民共和国2020年国民经济和社会发展统计公报》,http://www.stats.gov.cn/tjsj/zxfb/202102/t20210227_1814154.html。

宏观经济形势分析报告课题组、刘尚希、石英华、王志刚、张鹏、王宏利、武靖州、苏京春、李承怡、刘帅、张帅、刘天琦、吉嘉:《经济持续回暖,下行压力依然存在——2020年经济运行分析及2021年经济形势展望》,《财政科学》2021年第2期。

胡萍:《抗疫期间助小微 典当担保不缺席》,2020年3月2日《金融时报》。

贾圆媛:《国外与我国台湾地区典当行业监管法律制度的启示》,《法制与社会》2015年第3期。

金瑞庭:《当前国际大宗商品价格走势及2020年展望》,《中国经贸导刊》2020年第6期。

李沙:《简明典当学》,学苑出版社2004年版。

李沙:《中外典当》,学苑出版社2010年版。

李沙:《走进典当行》,学苑出版社2006年版。

李沙,冯树德:《中外典当概览》,新华出版社2000年版。

刘辉:《源头引流,坚持金融服务实体经济》,《现代管理科学》2019年第12期。

彭明生、范从来:《中国金融改革的实践及其深化改革的方向》,《学术月刊》2020年第5期。

许宪春、唐雅、胡远宁:《2020年中国经济形势分析与2021年展望》,《经济学动态》2021年第1期。

原倩:《2020年国际大宗商品价格走势及2021年展望》,《中国经贸导刊》2021年第4期。

赵伟:《传统的翻新:二十世纪八十年代末中国典当业的复苏》,《党史研究与教学》2020年第2期。

赵伟:《从典当到小额质押贷款营业所:1949—1966年上海典当业的变迁》,《中国经济史研究》2018年第3期。

中国人民大学课题组、吴晓求:《"十四五"时期中国金融改革发展监管研究》,《管理世界》2020年第7期。

中国人民大学中国宏观经济分析与预测课题组、刘晓光、刘元春、闫衍:《迈向双循环新发展格局的中国宏观经济——2020—2021年中国宏观经济报告》,《经济理论与经济管理》2021年第1期。

中国人民银行:《中国货币政策执行报告》2020年、2021年各期http://www.pbc.gov.cn/。

课题组:韩汉君、陶昌盛、赵玉春、刘　静、诸晓江、
李小军、雷　晋、詹宇波、邵佳薇
执笔:韩汉君、詹宇波、雷　晋、邵佳薇

ZHUANTI BAOGAO 专题报告

B2 典当行的金融机构属性及典当融资的法律关系特质研究

金融的本质就是预期承诺和兑现未来现金流的一套治理机制,实现未来现金流的根源在于工商企业所生产的商品和服务卖得出去且有盈利,亦即是要企业创造经济增加值。所谓治理机制就是对权利义务和损益分担机制的正当法律法规的制度安排。由此出发,典当行就是连接贴现方和终值方的一个中介金融机构,区别于其他金融的特质是以营业质为特许经营权的非存款类金融机构,不能把典当行借贷看成是民间借贷;典当融资的法律关系性质在于:一是以物质钱,因物取信;二是不是担保质,是占有质、用益质、使用质和归属质;三是典当人可以流质,不赎回是其权利不是义务,不是违约和失信;四是典当物权是一种特别物权,不是用益物权和担保物权。典当融资契约不是担保融资契约,是独立的典当融资契约。

基于这一认识,我们应该从典当融资的本源法律关系出发,结合历史上的典当习惯法和典型判决,完善我国的典当法律制度,制定法律位阶较高的法规制度,如《典当特别法》,或者《典当条例》等,为典当行业的健康稳定发展建设一个健全、规范的制度环境。

一、问题的提出

(一)案情及其普遍性问题:典当法律关系的性质和息费收取

2018年3月15日,范某及其儿子以一套价值2 000万元的房产过户登记为抵押,向原告某典当公司贷款1 000万元,借款期限一个月,约定每月支付利息率为 0.44%,综合费率每月 2.7%;如果超过约定期限未还款,利息和综合费率每月仍然不变,直至债务履行完毕,但要支付本金金额 20%的违约金。后来赎当至 2018 年 8 月 14 日。因借款人未还款,该典当公司遂向当地法院起诉,要求被告人以 1 000 万元为基数支付律师费、20%的违约金和利息与综合服务费①。一审法院认为本案系"典当法律关系"下的"典当合同纠纷",判决被告应该还本付息和承担 20%的违约金,支付律师费,但违约后原告无权收取综合费。原告不服,坚持要被告支付原合同约定的综合费,上诉到上海金融法院。金融法院驳回原告上诉,维持原判②。原告不服,认为收取综合服务费是双方自愿约定,违约后不收是鼓励违约,导致守约成本高,因而申请再审,上诉到上海市高级人民法院。上海高院认为"典当综合费是典当机构在当期内为当户提供服务和管理典当物所收取的费用,典当机构在典当关系存续期间有权按照合同约定收取综合费,典当期限届满之后无权收取综合费",且原告典当公司"未提供能够与其主张之当期届满后综合费形成对价关系的服务事项之证据",因而收取综合费"亦缺乏事实依据",因此驳回再审申请③。

根据 2005 年 2 月颁布实施的《典当管理办法》第三条,典当行是从事典当业务的企业法人,典当借贷"是指当户将其动产、财产权利作为当物质押或者将其房地产作为当物抵押给典当行,交付一定比例费用,取得当金,并在约定期限内支付当金利息、偿还当金、赎回当物的行为"。由此把典当借贷的法律关系定义为担保借贷。典当行以收取利息和综合服务费为其主要收入和盈利来源,第三十七条规定,典当行当金利息"按中国人民银行公布的银行机构 6 个月期法定贷款利率及典当期限折算后执行",第三十八条规定"动产质押典当的月综合费率不得超过当金的 42‰,房地产抵押典当的月综合费率不得超过当金的 27‰;权利质押典当的月综合费率不得

---

① 见上海长宁区人民法院〔2019〕沪 0105 民初 4247 号判决书。
② 见上海金融法院〔2020〕沪 74 民终 269 号。
③ 见上海市高级人民法院民事裁定书〔2020〕沪民申 1761 号。

超过当金的 24‰"。

从《典当管理办法》第三条来看,典当借贷实质是质押或者抵押贷款,抵质押的标的是不动产、动产和权利资产,与担保公司借贷和银行的担保借贷无异。事实上全国的典当公司与借款人确定的借款合同都是以典当合同之名签订实为担保借款合同,是借款的从属合同。法院审理典当纠纷也是依此法律关系性质进行①。

由此,典当借贷的法律关系是否为担保借款法律关系?典当合同是否为一般的融资合同加上典型的担保合同?如果是,或不是,又与其他金融机构的抵质押贷款有何不同的法律关系?

现行《典当管理办法》第三条与第四十三条规定第一二款相互矛盾②,为何三万元以下可以流质,多不退少不补,为何三万元以上要多退少补?同一个行政规章为何没有遵循同一法理?

既然典当行是担保借贷,为何在收取利息的同时还要收取综合服务费?是怎么来的?这是否合理?③这 3 个问题就涉及典当行的金融机构属性和何为真正的典当法律关系性质。

(二)进一步讨论提出的问题:行政监管规章与司法裁判的关系

除了面对上述 3 个问题外,司法裁判还会涉及行政监管规章与司法裁判的关系。多年来我们的民商事审判领域一直秉持着不受政府行为及其

---

① 2020 年 12 月 31 日最高人民法院颁布的《关于适用〈中华人民共和国民法典〉有关担保制度的解释》并没有把典当借贷纳入典型担保和非典型担保的法律解释范围。

② 第四十三条规定"(一)当物估价金额在 3 万元以上的,可以按照《中华人民共和国担保法》的有关规定处理,也可以双方事先约定绝当后由典当行委托拍卖行公开拍卖。拍卖收入在扣除拍卖费用及当金本息后,剩余部分应当退还当户,不足部分向当户追索。(二)绝当物估价金额不足 3 万元的,典当行可以自行变卖或者折价处理,损溢自负。"

③ 关于这个问题的讨论,可参见殷勇主编:《金融审判理论与实务研究》,人民法院出版社 2018 年版,第 483 页;沈志先主编:《金融商事审判精要》,法律出版社 2012 年版,第 414—415 页;王林清著:《民间借贷纠纷:裁判思路与规范指引》(上),法律出版社 2015 年版,第 302—309 页;王林清、杨心忠著:《金融纠纷:裁判思路与裁判规则》,法律出版社 2016 年版,第 489—491 页。

规章制度影响的独立审判原则,但自从《关于规范金融机构资产管理业务的指导意见》(简称"资管新规")和第九次《全国法院民商事审判工作会议纪要》(简称"九民纪要")发布以来,司法审判特别尊重行政规章规定。最高法院刘贵祥特别提出"要辩证处理民商事审判与行政监管的关系","充分尊重监管规定和交易规则,依法支持监管机构有效行使监管职能。要有效应对监管政策变化给民商事审判所带来的挑战,加强与监管部门的协调配合"①。这又带来一个问题:如果《典当管理办法》有些内容规定错了,或者不合理,或者有矛盾,司法裁判该怎么办?上海各级法院对上述息费问题的裁决本质上根源于对典当法律关系性质的理解。事实上,对典当法律关系性质,对于典当人违约后综合费、利息如何收取等问题,法官和法院也一直颇感疑惑②。

为此,本文从如下几个方面展开研究:一是从典当习惯法历史视角考察;二是从金融本质出发,阐释典当行的金融机构性质;三是从法金融学和比较法学出发,研究典当融资的特质;四是讨论典当习惯法在《民法典》各编的关系与位置;五是典当监管与司法协调要解决的若干问题。

二、中国古代土地归属与利用关系和典制的历史考察

在不同的激励约束条件下,人们对土地的归属和利用的不同方式,形

---

① 见刘贵祥:《在全国法院民商事审判工作会议上的讲话》,2019年7月3日。
② 参见沈志先主编:《金融商事审判精要》,法律出版社2012年版,第512—513页,第514页、第518—519页;浦东新区法院在审理典当纠纷案件时,认为"当前典当业务运作方式就与银行抵押贷款颇为相似——企业以房地产或机器设备抵押作为担保向典当借款,典当行收取一定的费用及利息。在表现形式上较为符合银行抵质押贷款的特征,但仍以典当名义运行。在这种状况下,如何正确认识行业行为模式,理清法律关系,成为法院的重要课题"。参见上海市浦东新区人民法院课题组:《非金融机构融资类商事审判实务反思——以浦东新区非金融机构融资类案件的审判情况为视角》,2012年10月上海市法学会经济法学会年会论文。国内法官对典当裁判诸多问题分析较多的是王林清,见王林清著:《民间借贷纠纷:裁判思路与规范指引》,法律出版社2015年版,第246—328页。

成了不同的地产权利结构与交易方式。根据英国封建地产权形成的历史和财产理论,康芒斯和科斯认为人们交易的不是具体的物,而是"物"上的权利与义务。按照巴泽尔的产权分析理论,产权分为经济权利和法律权利①。本文进一步分析认为,从经济权利到法律权利是个权利的界定过程,使得经济权利可诉。在大陆法系国家,权利义务的界定更多是立法者和统治者的意志确定,在普通法系国家则更多是法官和法院裁决。不管大陆法系和普通法系国家,一旦当事人有纠纷上诉,法官和法院都要在"事实"与"价值"之间做出判断裁决,才可形成事实上合法可执行实现的权利。

(一) 中国古代地权是政治结构与生存状态博弈互动的结果

中国古代的土地权利制度不仅要从经济制度和"田制"本身去认识,还要从中国古代的政治制度、官僚制度角度去认识,与现代中国社会有一脉相承的地方。我国古代土地首先是王有,如图2-1所示,皇帝家国不分,土地的最终所有权归属于某个姓氏的王权,即使在封建时代的周朝也是如此。但在中国古代地广而交通和通信不便的情况下,王权要亲自治理广袤的疆土太难了,就要寻找官僚代理人和其他组织。官僚代理人就是各层级王室的派出机构:府(省)州县等。由于中国自殷商周开始一直是氏族血缘关系为基础的社会,在此基础上发展了"礼"制度,除少数历史时期皇帝封王外,郡县以下是以血缘宗族家族关系为基础的自治,但又受皇权的直接影响,形成一种差序格局②。况且皇权统治需要以土地为基础的税赋。因此,中国传统土地第二层土地所有权就是封王、族权,第三层是家庭所有权。在农业靠天吃饭的农耕时代,由于供给不足,中国土地产权的基本单位是"家"和血缘家族(如祠堂有共产对族内姓氏人有生老病死、诉讼和贫

---

① [美]约拉姆·巴泽尔著,费方域译:《产权的经济分析》,上海三联书店1997年版;[美]约拉姆·巴泽尔著,钱勇、曾咏梅译:《国家理论经济权利、法律权利与国家范围》,上海财经大学出版社2006年。

② 具体参见瞿同祖:《中国封建社会》,商务印书馆2015年版;瞿同祖:《中国法律与中国社会》,商务印书馆2011年版;冯尔康:《中国古代的宗族和祠堂》,商务印书馆2013年版;费孝通:《乡土中国》,人民出版社2015年版。

因者参加科举等各种救济制度),土地不是一般意义上的商品,是神圣不可侵犯的祖产,不像封建时期的西欧和英国那样注重个人财产权利。

既然我国传统上的土地是"国有—封王"、"族有—家庭"所有,我国土地是王朝授田——受田制,从井田制到一条鞭法都是如此,我国的土地利用就体现为租佃关系。租佃契约关系涉及两方主体:土地所有者即出租土地的一方为佃主;承租的一方即土地使用权人为佃农。佃主和佃农之间就土地所有权和使用权的长期分配及由此而产生的权利义务达成了一种制度安排。

关于租佃契约的形式,一般有4种选择:第一种是定额租约。佃主每年(季)向佃户收取固定数量的地租。第二种是分成租约。佃主每年(季)向佃户征收固定比例于收获量的地租。第三种是工资制租约。佃主雇工自营向农户支付农业工资。第四种是永佃。在这种租佃关系下,只要佃户按照约定履行了交租义务,便可"不限年月"在地主的土地上耕作,佃户可以随时退佃,但不得自行转佃,地主则不能以转卖土地为借口而强迫佃户退佃,也不得随意"增租夺佃"。在永佃制下,我国古代土地权利分解为田底权和田面权、佃权、地租权,土地典制的发明和发展就是这一系列综合因素的智慧结晶。

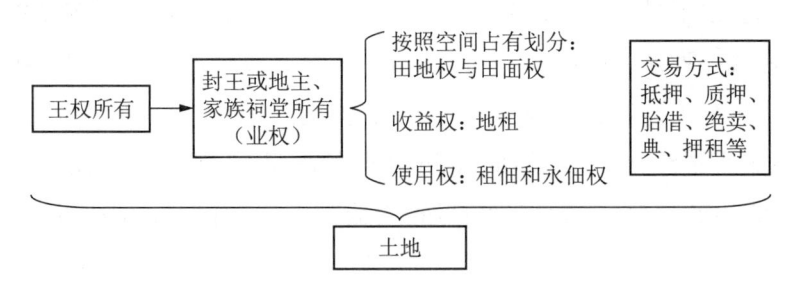

图 2-1 中国古代土地地权结构与交易方式

在一般情况下,王权也就是国家初始以家庭为单位分配土地与承担税赋,除改朝换代和王室刑事处罚外,国家不会轻易行使终极所有权,民间会自发且王室允许自由创设以土地为基础的权利及其交易方式。至明清时期,我国传统的土地权利机构体系,按空间分为田底权和田面权,按时间分为早中晚不同时间段的使用权,按照性质分为占有、使用和收益权利。这些权利的交易方式则有:租、典、抵押、质押、卖、胎借、入股等。有多个权利相互冲突怎么办?按时间优先和按照权利性质优先安排,比如租不拦典,典不拦卖。

(二) 中国传统地权权利结构与交易特质

第一,不同于英国地产权和罗马土地法。一是因为皇权不受任何制约,家国一体,国家最终所有权的行使不受任何制约,国家所有权行使时民间契约不受任何尊重。上一个王朝一旦被推翻,下一个王权根本不承认上一个王朝家国一体的所有权(中华民国对清代产权的承认是个例外)。这种状况一直持续到1949年,国家所有权没有连续性。不像英国国家所有权虽是永久性的、不变的,但因为王权受到多方面制约,地产权上的权利受到绝对保护。罗马法的国家所有权是绝对的,抽象的,一物一权。二是中国传统土地权意义上的所有权有3个层次:国家(一级所有权)和封王、家族(二级所有权)或家庭(三级所有权)。第一级国家所有权不干预时,第二级所有权的行使受到宗族与地域相邻的限制,不能随便卖给族外和地域外的人。第三级所有权在第一级和第二级所有权的压力下,没有独立性,很难受到保护。三是中国传统土地上的权利结构不是罗马法上的占有、使用、收益和处分等4个权能,也不是英国那种多种形式的权利分解,介于两者之间。占有、使用、收益和处分不是权能,是权利,但又不是英国土地法意义上的独立权利。在广袤的乡间,以家庭为单位,对于土地上的权利分解与交易,一旦不吻合帝王的目标函数,很难得到国家法的承认与诉讼救济。

第二,由此衍生出典这种土地权利交易方式与金融工具。中国古代土地上的典权交易方式把土地使用价值与价值分离,不是担保物权和用益物权,是占有质、归属质、收益质、使用质与营业质,具有以物质钱和因物取信、流质和不是担保的特殊质等3个基本特征,也是一种金融风险管理方式。这种独特的质,不是罗马法和英国法那种质,不是多退少补那种担保质。

第三,土地上的出典、承典、转典、找贴是以家庭为单位,因此典具有维护社会稳定和社会保障、代际传承家业的功能,是儒家礼乐仁义思想的具体体现①。典制无近现代公示制度,以转移田产的占有支付对价为可靠手段,在无抽象所有权观念而重视物之使用权能的社会里,是对物的使用价值的转让以及实现物之利用与流通的途径;典的多次找贴既实现了对弱者的救济,也使得富有自耕农以"分期付款"的方式逐渐实现对物之绝卖。典制的较低税率是民间大量选择典而非卖的原因之一,典的找贴、回赎、转典,以较为简便、可靠的方式而实现物的交易利用、流转,体现了中国民众的生存智慧和生存哲学,也蕴含着独特的公平观念和正义理念。

第四,典这种地权交易方式,顺应了唐宋以后不同人力资本与土地要素结合所引起的专业化分工与资源优化配置的时代要求,同时,也顺应了工商业发展而引起的农业专业化生产②。

(三) 典制中的国家官僚法与习惯法

昂格尔区分了3种法律概念:习惯法、官僚法和法治(法律秩序)③,由此形成3种规范性秩序:习惯法形成原生的自发规范秩序,基础是一体

---

① 中国古代土地制度变迁揭示出来的国家、封建地主和自耕农土地占有博弈的局面,反映了土地制度背后蕴含的社会逻辑。一方面在古代社会中,土地是农民重要的生活保障,如果国家对土地兼并失去控制力,大量农民失去耕种土地而沦为地主的附庸,一旦发生重大自然灾害,租佃户无力缴纳地租而沦为流民,必然引发社会动荡;另一方面从生产要素资源配置角度来看,当生产力发展到一定阶段,生产的规模经营才能提高劳动生产率,此时只有通过土地的流转与兼并,才能实现农业生产的规模经营。两个方面的共同作用,这样就构成了中国古代王朝更替背后的微观经济基础,形成了历代王朝"土地兼并—农民起义—土地平均"的循环模式。

② 龙登高,"地权交易与生产要素组合:1650—1950",《经济研究》2009年第9期。

③ R.M.昂格尔著,《现代社会中的法律》,译林出版社2001年版,第45—63、第88—91页。

化的共同信念；官僚法具有公共性和实在性，以国家权力和暴力通过成文法规定资格和权利义务等自上而下强制推定，形成强制秩序。法治是两者的结合，也就是哈耶克所说的内部规则与外部规则形成的秩序①。

中国地权制度双重理解：宏观上土地受制于国家暴力，地权没有表达为法权，表现为变动不居的权力结构，地权的调节机制是政治权力，地权分配的终极来源是超经济的"封、赏、请、射"，不外乎恩赏或者政治待遇，原则上具有可回收性，无法表达为所有权——4个权能的完整权能和普通法系的那种权利形式。在微观上以习惯法为基础而展开，逐渐形成了以契约为核心的管业及其交易秩序。这一秩序是自发和自愿的，后来经济的因素逐渐占据了统治地位。在这种习惯法形成的交易秩序中，管理和交易的是"业"，不是所有权或者任何形态的延伸形态②。由此而形成的官民二元法律结构，一系列五花八门的围绕地权（业）而展开的交易（买卖、租赁、典、顶、退、推、揽、催、赔、流、寄、借……），不外乎是田土上管业地位和管业内容的分割和交换。民间习惯法形成的权利义务结构很难得到国家法有意识的承认与支持，所以，基于罗马法的物权——所有权——债权范式，不能分析中国地权结构及其交易。

将典当置于中国的地权结构及其交易中，可以发现典当从来不是大陆法系和普通法系那种以诉权为基础的权利——义务结构，而是一种以"管业"概念表达的权力——责任结构，因而以现代公民社会的权利义务解读典当制度可能会发生实质性的误读。中国传统社会的地权秩序是一个无私法、无所有权、无王权承认权利的非公民社会中的地权结构及其交易秩序。

因此，典当的民间习惯法并没有完全受到官方的规范，在不同地区的

---

① 弗里德里希·冯·哈耶克著，邓正来、张守东、李静冰译：《法、立法与自由》（第1卷），中国大百科全书出版社2000年版。
② 吴向红、吴向东著：《无权所有：集权奴役社会的地权秩序》，法律出版社2015年版，第8—9页。

约束条件下,典当的习惯法有不少差异①,只是在家族宗法调解裁断不了的情况下,王朝和县令出于税收、社会稳定等考虑,才对典当的习惯法进行规范。因而传统典当相关制度呈现民间组织的有序化自生秩序与传统中国"有产政府"制定的官僚法的双重结构②,在试错和调整中达到多重均衡,从而形成多样组合化可选择的解决方案,民间在权利分割中渐次展开无限的组合交易方式(如图2-2)。

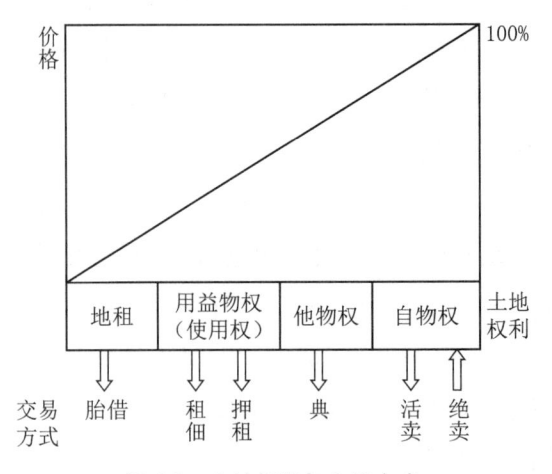

图 2-2 土地权利与交易方式

资料来源:龙登高、林展、彭波:《典与清代地权交易体系》,《中国社会科学》2013年第5期。

(四)典制古为今用的路径依赖:中国传统土地制度与我国现代土地制度同构

一是从家国一体演变为党国党政一体,最终土地所有权仍然是国家,集体所有权为二级所有权,服从于国家所有权,是党政合一的中央集权在

---

① 参见前南京国民政府司法行政部编:《民事习惯调查报告录》,中国政法大学出版社2005年版。
② 季卫东,"从博弈行为和机制设计看中国法律秩序的特征——清华大学法学院讲演记录稿",《比较》第34辑,第180—189页,2008年中信出版社出版。

乡村的代理人。二是由血缘宗族祠堂为村社形成的相对固定的血缘地缘关系,转变为村社集体形成的较为稳定的地缘和血缘关系,仍然是国家授田,以父系家庭为单位,家庭承包经营权是一种成员资格权,土地有社会保障和社会稳定功能;三是土地所有权上的权利由田底权、田面权和地租权依次分解为家庭承包权、承包经营权和收益权,突破了《民法典物权编》的权能分解范式,取消农业税后,土地没有农业税负功能。党和政府的政策决定已经将农村承包经营权定位永佃权,将传统的典权用于承包经营权已经没有历史形成的障碍。基于宅基地使用权、土地承包经营权和生产建设用地使用权,我国典当行可为农村提供金融服务,现在可以从古代习惯法和司法判例中提炼规则。

如果典当行以典当方式介入宅基地使用权及其房屋、承包经营权、林权、滩涂、湖水和海水水域使用权等,既可扩大农村金融的资金来源,又可拓展农村养老,还可为农村产业化发展提供一个新的视野。

三、金融的本质、典当行的金融机构属性和典当法律关系特质

2017年第五次全国金融工作会议后,中共中央、国务院联合印发的《关于服务实体经济防控金融风险深化金融改革的若干意见》(中发〔2017〕23号),首次明确将地方金融组织的监管职能划给地方金融监管部门,这里的地方金融组织具体包括小额贷款公司、融资担保公司、区域性股权市场、典当行、融资租赁公司、商业保理公司、地方资产管理公司、区域内投资公司、农民专业合作社、社会众筹机构、地方各类交易所等11类。这就涉及地方金融监管局如何按照统一的机构性质和业务性质进行监管的问题。为此,本文从金融的本质出发阐述典当行的金融机构属性与典当法律关系特质。

(一)金融的本质

有货币才有金融。通常认为金融就是资金融通,金融功能论也是以融

资为基础发挥作用①。我们认为,从法律角度看,这些观点无法与金融立法、司法及其金融监管有机对接起来,没有看到金融功能发挥作用的正当法律基础。金融是解决现实交易冲突和矛盾的一种手段,实质是交易方以现值方和终值方为核心,基于附着预期②和承诺兑现未来现金流上的权利义务及其损益分担的一套治理机制;金融是配置其他自然资源和社会资源的一种机制,若配置不好,金融资源运用极易出问题③。

第一,如图 2-3,在金融交易中,现值方和终值方交易的标的是预期未来现金流,现值方要向终值方做承诺,终值方为使贴现方的承诺可置信则要进行可置信的威慑,这就形成了交易方的权利义务安排和分配损益承担及其交易规则。会计师事务所、律师事务所、评级机构等都是为交易服务的中介机构。

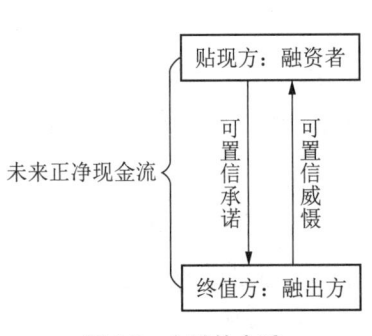

图 2-3 金融的本质

第二,由此形成的不同权利义务安排的金融工具就是一个不同的合约,不同的金融工具有不同的法律关系。对以未来现金流为基础的金融属性、法律属性和会计属性可以进行模块化组合,形成不同的金融工具。金融工具的基本法律关系有股、债、信托、租赁、典当和保险,金融工具的交易也是不同法律关系的权利义务交易,不同金融工具进行交易而导致法律关

---

① 国内外权威教科书都是这么认为,如黄达:《金融学》(精编版),中国人民大学出版社 2003 年版,第 47 页;陈志武:《金融的逻辑》,国际文化出版公司 2009 年版,第 2—3 页;[美]兹维·博迪、罗伯特·C.莫顿著,伊志宏译:《金融学》,中国人民大学出版社 2000 年版,第 3 页。

② 预期可细分为一致性预期、非一致性预期、超预期等许多种,正当金融法律规则对于稳定人的行为预期从而稳定金融市场保障正当金融秩序发挥重要作用。

③ 参见汪其昌:《发现内生于人性和金融本质的法律规则:司法审判视角》,中国金融出版社 2016 年版,第 50—95 页;汪其昌:《金融服务实体经济:法与价值创造、工商企业家和金融企业家》(上),《互联网金融法律评论》,法律出版社 2017 年版,第 11 辑。

系性质的转换和一个金融工具有多个法律关系。金融创新不仅是对未来现金流的创新安排,还是对附着在未来现金流上的权利义务及其交易规则的创新安排。

第三,实现未来现金流的根源在于:(1)工商企业所生产的商品和服务能够卖得出去且有盈利①。(2)自然人或者家庭的收入。家庭或者自然人的收入又根源于企业的收入、盈利,或者税收。这是金融安全和稳定的基石②。

第四,为连接各类金融机构、金融市场交易的资金运动之金融服务,就是支付结算、汇兑、轧差清算、交易所、账户等各类金融基础设施。

第五,连接现值方与终值方的中介的或者说发行各类金融工具的机构就是各类金融机构,如银行、保险公司、租赁公司等,形成了以不同的法律关系持牌经营的特许经营权。不同的金融机构发行各类金融工具的交易就构成了不同的金融市场,如股票市场、外汇市场、债券市场等。

下述典当的金融机构性质和典当融资的法律关系特质,以及与《民法典》中已有法律规范的比较,都从此节展开。

---

① 金融服务实体经济绝对不是简单的融资问题,我认为应该有两个层次:一是指向经济增加值创造;二是一旦达不到此价值目标,就通过法律制度重新安排权利义务与损益分担,由此包括如下5个方面:一是债务性融资向有还本付息能力的企业借贷;二是一旦借贷失败,通过司法等纠纷解决机制按照不同的法律关系及其合同约定重新进行风险分担与权利义务安排处理;三是各类资本性支出和没有稳定现金流的创业企业,应该用各类权益融资;四是最终失败,用破产法进行破产清算和重整分担最后损失;五是投资各类公开金融市场,如股市、大宗商品期货、外汇市场等,反映经济预期、发现风险和价格,用货币选择,这是用金融市场对前述4种服务实体经济方式的治理和公开评价。没有金融与正当法律规则的结合,没有治理效率,金融服务实体经济就是一句空话,也就没有真正的金融安全。

② 发端于美国波及全球的次贷危机,本质就是在全球分工体系中,美国的次贷贷款人在美国锈带一些没有全球竞争力而失败的企业中失业而导致的。参见汪其昌:《金融服务实体经济:法与价值创造、工商企业家和金融企业家》(上下),《互联网金融法律评论》第17—18辑,2017—2018年,法律出版社。

（二）典当行的金融与法律性质：以特许营业质①经营的非存款类金融机构

在我国魏晋南北朝至中华民国时期，典当行一直是民间借贷的金融机构，同时又经营粮食和动产等商品，甚至一度充当货币发行和汇兑。1956年后中国人民银行下属的"小额质押贷款处"管理典当行业，典当行改称"小额质押贷款营业所"，10年之后的1966年随着"小额质押贷款营业所"被撤销，随之典当行在大陆暂时消失。1987年典当行开始恢复，并在全国各地大量设立。因监管缺位和理论上对其机构性质认识不清，乱象丛生（当然，当时的乱象也散布于整个金融行业），于是1995年公安部颁布了《典当业治安管理办法》，1996年，中国人民银行颁发《典当行管理暂行办法》，典当业正式归于央行统一管理。随后央行非银司又认为典当行不是金融机构。因此，对典当行的监管由央行调整至原国家经贸委，2001年8月原国家经贸委制定了《典当行管理办法》，2003年6月典当行的监管职能由原国家经贸委调整为商务部；2005年商务部、公安部联合发布《典当管理办法》，认为典当行是特殊的工商企业，不是金融机构，导致司法处理典当纠纷案时都按照民间借贷处理。2008年后，受国外影子银行理论影响，监管机关把典当行定位为影子银行之一②，仍然忽略了信贷创造特征。本文

---

① 王利明和梁慧星分别主持起草的《民法典》和《物权法》建议稿从营业质角度界定典当，但是没有看到占有质、使用质、收益质和归属质与担保质的不同，对于典当质的学理阐释不清，局限于用基于罗马法的大陆法系理论框架去解释，说不清道不明。参见王利明主编：《中国物权法草案建议稿及说明》，中国法制出版社2001年版，第123—124页，第485—488页；王利明主编：《中国民法典草案建议稿及说明》，中国法制出版社2004年版，第148—149页，第428—429页；梁慧星：《中国民法典草案建议稿附理由：物权编》，法律出版社1999年版；梁慧星：《中国物权法草案建议稿附理由》，社会科学文献出版社2007年版，第641—645页；梁慧星：《中国民法典草案建议稿附理由：条文说明理由立法例物权编》，法律出版社2013年版。

② 参阅孙国峰：《中国影子银行界定及其规模测算——基于信用货币创造的视角》，《中国社会科学》2015年第11期；孙国峰：《货币创造的逻辑形成和历史演进——对传统货币理论的批判》，《经济研究》2019年第4期；孙国峰：《信用货币制度下的货币创造和银行运行》，《经济研究》2001年第2期；殷剑锋、王增武：《影子银行与银行影子》，社会科学文献出版社2013年版；裘翔、周强龙：《影子银行与货币政策传导》，《经济研究》2014年第5期。

从金融的本质特征出发,重新定义和理解典当行的金融机构性质及其息费问题。

1. 典当行机构性质的应然法律与金融定位

从上述金融本质的第一点出发,连接贴现方与终值方不同的中介,根据所发行不同法律关系的金融工具性质形成银行、基金、保理、租赁、证券、保险、担保公司等不同的金融机构。这些不同的金融机构持有不同的牌照,经营不同的业务,形成不同的特许经营权和经营范围。监管机构按照其所经营不同业务的内在规定进行监管,也就是不同的持牌金融机构按照其所从事业务的法律关系性质进行监管。

典当行就是发行典当这一金融工具的金融机构,出典出当者(典当人)就是贴现方,典当权者(典当行)就是终值方,典当行就是连接出典出当者与承典承当的金融中介。典当行经营的金融业务不同于其他金融中介机构,典当行发行的金融工具就是典当产品,典当作为金融工具不同于其他股、债、保理等法律关系的性质,决定了典当行的特许经营权性质,就是营业质。典当行不是民间借贷。

什么是营业质?营业质是质押权中的特例,专门适用典当行管理规则的典当行业质权,指债务人将一定财物(权利资产、动产和不动产等)以转移占有的方式交付典当行以物质钱,支付一定数额的金钱为对价,在典当期限届满后不能清偿债务即不能赎回典当物时,或者典当人不愿意回赎时,该物归债权人——典当行所有,即质物财产所有权(即归属)发生转移,或由债权人以典当物变卖的价值受偿,但多不退少不补,损益自负。

这主要有以下几个特点:营业质权不适用关于流质契约禁止的规定;其设定不以主债权的先行存在为条件;营业质权的实现不以变卖质物或者质物折价为必要条件;营业质权的质权人只能是特许典当行。

典当行实现未来现金流的来源,不同于一般的消费信贷和小微企业贷款的就在于:

(1) 如果典当人赎典赎当,就是典当人赎回的资金及其评估费、保管费等费用、典物的使用收益。

（2）如果典当人流质，就是典当行处置典当物变现后的现金、使用典物的收益。由于典当行不吸收存款和不把典当产品加工后再次卖给其他金融机构和个人，即使流质后亏损、破产倒闭，也不会将风险通过资产负债表蔓延扩散至其他金融机构和个人。

所谓非存款类金融机构，就是典当行不能以任何形式吸收存款，但可以分类分级管理，进入同业拆借市场，或者向银行申请贷款，按照分类分级的等级和资质，规定不同的拆借或者贷款额度，增强其服务中小微企业的贷款能力。这样典当行融资，及其信用创造机制很不同于其他金融机构，不会衍生出系统性金融风险。

2. 司法裁判中的息费等问题的分析与解决

在典当纠纷中，由于法院局限于商务部《典当管理办法》对典当的定义，把典当融资看成担保融资，消解了典当融资的应然习惯法特性，法官根据物权担保原理审理纠纷案件，尤其是对于绝典绝当后息费如何收取没有相关行政规定，从而对典当利息、违约金、综合费等问题争议较大。这是一个全国性的突出问题。

（1）典当行营业收入和盈利来源

按照传统的习惯法，典当行是通过"质"来经营货币借贷业务的非银行类金融机构。它通过筹集股本金，再通过典当放贷将股本金运用出去而获得收益，典质发放贷款不收利息，收取不动产使用的收益，只有当质才放贷收息、评估费、保管费等综合费用。根据习惯法，典当行的营业收入为流质处置收入+典当使用收入+保管费等综合费用，其盈利=总收入-营业成本-风险成本。

根据《典当管理办法》，现代典当行是靠利息和综合费收入为营业收入与盈利来源。扣除股本金成本、营业成本、税收、风险成本外，就是典当行的利润。典当行利润是反映典当行经营管理水平，尤其是风险管理水平的综合性指标，也是典当行赖以生存和发展的基础，否则泥菩萨过江，自身难保,典当行谈不上为社会服务和履行社会责任。亦即是说,典当行要盈利才能达到优化配置社会资源的效果。我们可以把典当行的盈利模式表示为:

典当行利润＝总收入-资金成本-经营成本-风险成本-税务成本

现代典当行的总收入基本就是息费,少量的是处置民品当物的盈余。这些收入要覆盖上述4项成本才能盈利,其中息费是重头。按照中共十八届三中全会精神,要让市场在资源配置中起决定性作用,那么典当的息费自然也是按照市场行情和风险状况来定。按照法院对息费的理解,有两点没有考虑到:一是股本金的机会成本。二是发生风险损失后占有典当行资金不能周转的实际机会成本损失。按照全球社会收益率12%标准(无风险溢价+风险溢价)计算,股本金的年化收益率至少要达到12%。借款人违约没有及时归还贷款,对典当行造成了机会成本损失,况且典当行处理典当品要花费不少时间和费用支出,在现行模式下收取息费完全是正当的。

(2) 关于息费率规定的由来:考虑典当融资的特殊性

1996年人民银行制定《典当行管理暂行办法》时,因为当时的政策规定要求向银行看齐,以担保方式借贷,只能收取不超过银行同期利息,不能提高,同时要考虑到典当行不接受存款放贷,需要支出门面租金、员工工资社保福利、交税等,无正规金融组织的纯粹私人民间借贷,无须支出这些成本。典当行的客户往往是银行不接受的高风险客户,加之当时对典当融资的特性认识不清,以为是担保融资。当时全国典当行业收息标准在5%、6%、7%之间,明显违反法规对于利息的要求。为了符合央行当时利息管理必须符合年化5.31%的标准,又尊重典当行业实际惯例,回避政策冲突,央行将原本典当行收取的利息拆分为利息和综合费二部分。当时的综合费包括典当行的评估费用、尽职调查费用、鉴定费用、保管费用、诉讼催讨费用、拍卖费用等,但实际服务费用,以具体典当标的物的实际可能发生费用分别收取,即不动产的保管成本最高,定为月42‰,动产定为月27‰,权利类定为月24‰。按照这一标准,不动产、动产和权利资产实际收取息费标准为4.64%、3.14%、2.84%,比原来的5%、6%、7%降低了不少!

虽然典当行经历了几次监管部门隶属变化,但此收费标准沿用至今。因为相当长时期内,人们认为典当融资是民间借贷,最高人民法院《关于人民法院审理借贷案件的若干意见》第六条规定"民间借贷的利率可以适当高于银行的利率,各地人民法院可根据本地区的实际情况具体掌握,但最高不得超过银行同类贷款利率的四倍(包含利率本数)。超出此限度的,超出部分的利息不予保护"。按照这一规定,按照《典当管理办法》第二十七条规定的息费率,典当行也没有超过。审理法院一般以央行同期贷款的基准利率确定所谓合理利率。

最近几年由央行确定市场化基准贷款利率,至2021年5月20日,1年期LPR利率[①]为3.85%、5年期LPR利率为4.65%。按照最高法院的规定,典当行可以在LPR基础上上浮。2020年8月,最高人民法院《最高人民法院关于审理民间借贷案件适用法律若干问题的规定》(下称"民间借贷新规"),大幅下调了民间借贷利率司法保护,从此前年利率24%及36%的"两线三区"司法保护上限,改为了4倍一年期贷款市场报价利率(LPR)的标准。2020年11月9日最高人民法院在答复广东省高级人民法院批复中明确表示:经过征求金融监管部门意见,由地方金融监管部门监管的地方小额贷款公司、融资担保公司、区域性股权交易所、典当行、融资租赁公司、商业保理公司、地方资产管理公司等7类地方金融组织,属于经金融监部门批准成立的金融机构,其因从事相关金融业务引发的纠纷,不适用新民间借贷司法解释,利率不再受到4倍LPR上限约束。该批复从2021年1月1日起施行。这就厘清了民间借贷利率与金融机构利率的边界,有助于解决利率市场化潜在的司法冲突。

---

① LPR利率(Loan Prime Rate的简称)是以18家银行共同报价,去掉一个最高值和一个最低值,再取平均值得出的,每月20日更新。这是市场化基准贷款利率。

由上述分析看出,按照应然来说,如果按照典当融资的特性,如果借款人不赎回典当物,按照流质契约,典当行享有营业质权,典当行可以自行处理,自负盈亏,形成了一个自动履约机制,法院完全可以节约司法资源,用不着去裁判息费纠纷。按照实然来说,既然监管部门规定息费率考虑了典当行业特性,就要尊重行业交易惯例,既然抵质押合同是自愿签订的,就要遵守意思自治和契约自由的原则,就应该在违约后,除收取违约金外,按照合同约定继续收取约定的息费。况且,借款人违约后,收取综合服务费的缘由并不是不存在。如果不收,那么就会导致典当人的违约成本低于守约成本,从而形成一个错误的示范导向,引向纷纷违约,扰乱了正当的金融秩序,况且按担保融资的法律特性去处理借款人违约后的担保问题,使得稀缺的司法资源更加紧张。

(3) 关于担保范围问题和违约金的问题

根据《民法典合同编》第五百八十三条、第五百八十四条、第五百八十五条和第五百八十八条规定,当事人一方违约当事人约定违约金又约定定金的,一方违约时,对方可以选择适用违约金或者定金条款。所以法院的调解书和判决书上总是有"本院认为,约定的违约金过分高于造成的损失的,当事人可以请求予以适当减少,考虑到典当行的经营成本和经营风险,典当行收取的逾期违约金可在银行同类贷款利率的四倍的基础上上浮50%按照实际违约天数计算到实际清偿之日止"之类词句。

根据《民法典担保编》第三百八十九条规定,要求担保的范围包括主债权及利息、违约金、损害赔偿金和实现债权的费用。合同另有约定的,按照约定。典当行据此在《××抵押借款合同》和《××质押借款合同》都规定担保的范围为包括但不限于借款本金(当金)、利息、综合费用、违约金、损害赔偿金、实现债权及质权和抵押权的费用、其他相关费用。法院判决在处理担保品变现时,往往是多退少补。

总之,真正按照典当融资特性赋予典当行的特许经营权,而不是按照担保融资处理典当纠纷案件,上述问题都将不存在,可以节约许多稀缺的司法资源。如果按照典当的固有融资特性去处理,根据风险定价原理,折典折当率就应该自然包含违约金的风险成本在内,根据流质契约,典当行享有营业质权,根本用不着浪费有限的司法资源如此规定和审理违约金、息费等问题,从而节约许多成本。

(三)典当作为金融工具的法律关系特质

典和当融资独特之处在于,一是以物(财产)质钱,因物取信;二是一种特殊质权,不是担保质;三是典当融资契约是流质契约①。典当融资过程中自始至终有3个法律关系:一是以物的使用价值和价值支付对价的法律关系,但不是一般债权债务的法律关系,典当人不还钱是权利不是义务;二是典是占有质、使用质和收益质的法律关系,当只有占有质,但典当都不是担保的那种主从法律关系;三是典当人赎回,不是一般债权债务的清偿,绝典绝当后的流质法律关系,是归属质,典当行自负损益,不是债的强制履行和多退少补②。

1. 中国传统中的"典"与"当"融资方式的不同之处

第一,典权的标的为不动产,当的标的为动产。

第二,典权人对典物有占有、使用、收益的权利,是一种用益权利,当是典当行对当物有占有的权利,无用益权,须尽妥善保管之义务,不能出租、质押、抵押、使用当物。

---

① 在制定《物权法》中,无论是赞成还是反对者,都对典当融资特性阐释不清,简单套用大陆法系那套理论分析框架,无法解释清楚法理及其特质。参见柳经纬主编:《共和国60年法学论争实录 民商法卷》,厦门大学出版社2009年版,第239页和第245—246页。台湾学者的意见见黄淳钰:《2008年典权修正草案之评析》,台湾《法学丛刊》2009年第1期。因此本文用法金融学解释。

② 胡宗仁认为典当融资有下列3个法律关系:一是当户与典当行之间形成的借贷法律关系;二是形成抵质押法律关系;三是典当成立时就典当物形成的换价关系和绝典绝当时形成物的买卖关系。见胡宗仁著:《典当业法律制度研究》,中国政法大学出版社2012年版,第76—77页。这种观点是基于担保融资法律关系考虑的。从典当习惯法角度说,典当既不是附担保条件的借贷关系,也不是民间借贷法律关系。当然现在按照《典当管理办法》规定是担保融资。

第三，典期届满，出典人支付原典价，赎回典物；当期届满，当户赎回当物时，既要支付当金，还须支付利息及保管、保险等费用。

第四，典期内由于承典人的过失而导致典物毁损或灭失的，典权人在典价限度内承担赔偿责任；当物发生毁损、灭失时，一般由典当行承担赔偿责任，因不可抗力或意外事件而导致当物毁损、灭失的，由当户自己承担责任。

第五，典权期限较长，可达30年之久，甚至更长；当期较短，一般不超过6个月。

2. 典和当作为融资工具的相同之处

典当融资相同之处，一是以物（财产）质钱，因物取信；二是一种特殊质权，不是担保质，三是典当融资契约是流质契约。

（1）什么是以物质钱，因物取信？

以物质钱的本质是通过转移财产占有的方式分离物（财产）的使用价值和价值。财产是能够满足人的需要的资源与财富，可以是有体物（动产和不动产）、无体物（权利资产），可以以货币价值来衡量，是使用价值与价值的统一。财产权利是"物"上的一组权利束，包括占有、使用、处分、管理、收益等权利[①]。财产权利首先具有排他性。所有权人对资源具有独占排他的权利，其次财产权利具有转让性，财产的转让实质是财产权利的交易。转让性使得对资源的利用更有效率，通过转让，权利人获取交换利益成为可能。在经济生活中，财产权利是一种能产生收益的资本，其价值在很大程度上取决于其使用价值即它能被用来做什么，它所能做的事情越多，它被赋予的价值越大，其价值越大就越能促使人们利用它来从事更多的事

---

① 大陆民法系是所有权之下的4个权能：占有、使用、收益和处分，4个权能受抽象的所有权绝对支配，不具有独立性。增强物的利用性，要把民法的权能分离转变为权利分离，我们的《民法典》以功能主义学习美国商法典的非典型担保，忽略了民法系与普通法系的这个根本区别的基础。有人从土地制度入手提出了这个问题了，参见蔡立东：《从"权能分离"到"权利行使"》，《中国社会科学》2021年第4期。

情。还有就是同样财产权利被不同的人运用产生不同的价值,被具有企业家才能者使用产生的价值更高。因此,财产所有人通常最感兴趣的是如何维持或提高财产权利的价值,这又须通过有效利用其使用价值来实现,人们可以依其所愿自由利用财产。有金钱价值的东西总是能够满足人的某种需要,有使用价值的东西也总能转化为一定的货币价值。在市场经济条件下,财产所有权人通过财产所负载的价值和利益的实现,实现财产拥有的最终目的。尽管基于所有权的大多数收益来源于财产的使用而非转让,但财产的客观价值的实现还是通过转让。转让不仅指买卖交易,还包括赠与和遗赠等。财产所有的最大经济优势是从市场流通中获得利润的可能性。财产的使用价值和价值的分离使得将财产的现实支配权演变成收取对价或者获取融资的价值权成为可能。因此,大多数国家财产法均涉及有关财产交易的两个主要范畴——使用和转让交易。财产的使用是指从财产的保有中获得效用(满足);财产的转让是指从让与特定财产的所有权和转让特定财产以获取利润或赠与他人而享有的效用。从财产权的角度来看,财产使用是个人的静态行为;财产的转让是一个动态的交易。财产的使用使特定财产的经济价值具有正当性,财产的转让使财产的价值得以具体体现。财产的有效和安全转让是市场发展的关键。在现代社会生活中,商业的不断发展,财产的转让已成为获取更多财富的手段,人们不仅在财产的使用中实现其所有利益,还在财产的频繁交易中获取利益。

典当是通过对动产、不动产和权利资产的转让分离财产的使用价值和价值。典当中的典当物就是财产客体,以物质钱是把全部(如动产)或者部分(如不动产)财产权利束转移给典权人收当人,或者说典当行,获得典当物的货币价值(当金),同时把对财产的物权转换为债权,但又不是在"物"上设立权利负担,出典出当人与典当行形成了债权债务关系。赎典赎当,就是典当行获取对价后把财产权利的占有、使用和收益转移给典当户。在典当期和绝典绝当后,典当物的所有财产权利束归属典当行。出典人和当户是否取赎是一种权利而不是义务,典当行对典当户不再享有债权。显然,典当是财产权利的转移,融资就是分离财产(当物)的使用价值和价值,其中的价值是基于物的使用价值和收益的估值,物不是对借贷的担保,而是买卖。传统典当中,典当行的保管和商品销售功能就是典当行对财产权利束中的占有、收益、管理和处分权利的运用。典当物的交易功能就是基于此,典当的用益建立在物的使用价值基础上,典当行支付对价是建立在物的交换价值基础上,以变现物的货币信用价值——债权的实现为目的。这些使得典当融资与担保融资有了完全本质的区分。

所谓因物取信,就是典当行对典当人凭借对"物"的使用价值和价值的估值,支付对价,典当人就可得到款项,典当行不必考察典当人人的信用程度,不必打分评级,也不必评估还款的信用能力。这就大大节约了交易成本,提高了交易效率,典当人信贷可获得性非常强。

(2) 典当的质权特殊在何处?

"质权"按照不同的标准划分,有不同的性质。按照质权的标的物分为动产质权、权利质权和不动产质权,按照所适用法规的属性分为民事质权或商事质权和营业质权,营业质权按照内容分为占有质、收益质、使用质和归属质。

典当行"质权"的标的物包括不动产、动产和权利资产,按照法律属性属于营业质,不是通常的商事质或者说民事质,即不是担保融资的质。民事质和通行的商事质主要是押质,是从属行为,处置时多退少补,典当行的质是营业质。按照内容划分,不动产、动产和权利资产典当融资都是首先是占有质权(这点与一般的民事质和商事质相同),但典既是占有质权,又是收益质权和使用质权(即典当行有使用和获得收益的权利)。如果流质,动产、不动产和权利资产就都是归属质权,即所有权归属典当行,典当行可以通过变卖等方式以质物代偿债务,不必多退少补。由此看来,典当行特殊的"质权"在整个业务过程中是个动态的"质权",不同形式的质权不断转换。质押的担保制度一是为了解决债的实际承诺履行问题的一个威慑;二是为了解决债不能实际履行情形下的违约处理问题,尽最大可能性降低违约损失,存在代偿竞合的问题,典当融资不存在这个问题。

仔细分析《担保法》和《物权法》中关于典当的立法原意及其争论,认为担保融资的质与典当的质有本质的不同。有部分学者混淆了这两种不同的质,比如认为有抵押质押和留置等担保制度就不需要典当这种"质"了,说是有违公平。

(3) 流质契约与典当融资定价

任何金融工具都是一个契约。典当融资工具契约不同于股、债等其他形式的契约就是其流质契约。典当行的营业质权是特许经营权,是以流质契约为基础的。

流质契约是指典当人与典当行于典当合同中约定于债务履行期届满未受清偿时,质物的所有权即转归债权人所有的约定,典当人承担有限责任,不还钱是其权利,而不是义务。典当融资质押契约不是主债务的附属合同,典当融资的契约是典当和借款的两个并行契约,不分主从。

流质契约与典当融资折价方式密不可分。典当行贷款是以典当物的使用价值和价值折价向典当人支付对价,其定价既受金融市场的资金供求关系和竞争程度的影响,又是一种风险定价。

我们可以用期权理论解释典当融资特性及其金融功能的发挥(如图 2-4 和 2-5)。期权分为看涨期权和看跌期权。看涨期权指期权买入方按照一定的价格,在规定的期限内享有向期权卖方购入某种商品或期货合约的权利,但不负担必须买进的义务。看跌期权,指期权买方按照一定的价格,在规定的期限内享有向期权卖方出售商品或期货的权利,但不负担必须卖出的义务。在看跌期权买卖中,买入看跌的投资者是看好价格将会下降,所以买入看跌期权;卖出看跌期权方则预计价格会上升或不会下跌。如果客户赎回典和当就相当于买入一个看涨期权,如果客户不赎回,就相当于卖出一个看跌期权。这个选择权是由借款人决定的,不是典当行。所融资金相当于期权保证金。由此可看到典当融资的利益平衡。这是其他融资方式所没有的。

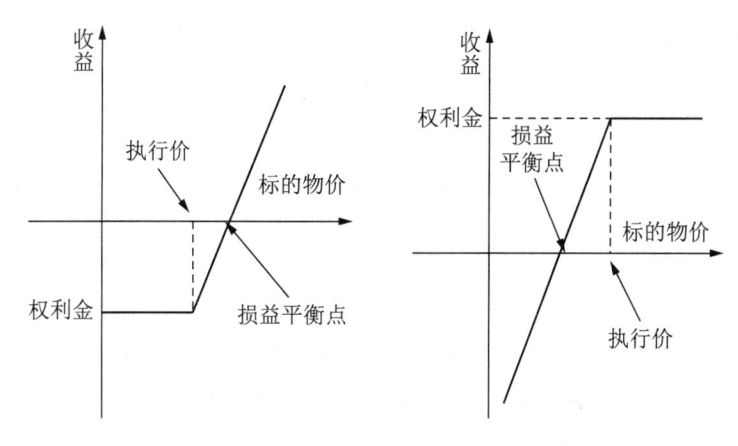

图 2-4　买入看涨期权损益图　　图 2-5　卖出看跌期权损益图

通过这一权利与义务不对等的制度安排,典当双方都可以自身利益最大化。当然其损益平衡点都是双方经过计算、平等签订合同进行的。由此折典折当率也就是一种对标的物的定价机制,更是一种信用实现机制,达到了物尽其用和各自资源优化配置。

这样的流质契约和营业质权,就是客户有赎典和当的权利而不是义务的约定,一旦绝当,简捷和快速地把典当物进行流质和变现,自负盈亏。由此典当行的利润也是一个风险利润,即富贵险中求。这既体现了周瑜打黄盖,一个愿打一个愿挨的契约自由,也体现了交易安全和效率的制度安排①。

我国《典当管理办法》第四十三条(二)项规定 3 万元以下动产可以流质,保留了古代习惯法的惯例。这也就是承认典当合同的流质契约和典当行的营业质权,流质契约不违反合同法。但是这一规定与第三条把典当定义为:"指当户将其动产、财产权利作为当物质押或者将其房地产作为当物

---

① 有人根据传统阶级斗争中的剥削理论,认为典当融资对出典出当人是不公平和不道义的。设想没有这一融资形式能够解决出典出当人的急需和困境吗？尤其是流质契约和营业质权的行使,反而对出典出当人是一种保护,因为其有优先选择权,可以赎回也可以不赎回。如果不赎回,典当行承担了风险和相关处置费用。

抵押给典当行,交付一定比例的费用,取得当金,并在约定期限内支付当金利息,偿还当金,赎回当物的行为"的规定相矛盾,也与第四十三条(一)项规定3万元以上不能流质相冲突。这说明我国的典当行政规定以金额为限有限承认典当融资的流质契约与典当行的营业质权。这一金额限定的方式完全不合理。

(4) 典当人与典当行的权利义务关系①

典当人的权利:对典当物有处分权、设定典当质权、不回赎和回赎权。

典当人的义务:确保标的物无瑕疵、不可抗力导致的典当物灭失回赎权消灭、作绝时回赎权消灭。

典当行的权利:占有、使用和收益;转典;出租;让与;在典物上设定权利负担;留买权;费用偿还请求权。

典当行的义务:保管典当物;返还典当物。

3. 典当融资:统一法学上的正义与金融学上的效率

法学最基本的信念是正义,经济学最基本的信念是效率。对此,在金融领域,我们可以把两者统一起来:无效率无正义。

什么是效率?有帕累托最优效率、卡尔多-希克斯效率(财富最大化)的标准,其实质就是在自由选择的基础上把负外部性成本内部化达到资源优化配置。

什么是正义?法学中按不同的分类标准有N种正义观,但最基本的是亚里士多德分类为分配正义、交换正义和矫正正义。分配正义就是按比例获得你应该获得的那部分,不是你要什么就得到什么。所谓交换正义就是自愿、诚实交易和不欺诈,在每个人没有不公平地减少其他人同样能力的前提下获得所要之物。所谓矫正正义就是克服法律的僵硬和呆板,从形式正义追求实质正义,根据具体情况对个案进行平衡。

---

① 这部分内容主要来自史尚宽:《物权法论》,中国政法大学出版社2000年版,第464—481页。

典当融资特性就是法律上的正义与经济学上效率的统一。典当行要求质物融资,就是为了克服借款人的道德风险(负外部性),既体现了交易安全,又体现了交换正义;根据变化的情况,把是否回赎标的物的权利而不是义务作为选择权交给借款人,典当行享有流质权,自负盈亏,体现了分配正义和矫正正义,从而通过合同自由和意思自治达到有效率利用质物和有效配置稀缺的金融资源。

典当对于交易方而言的价值和作用主要在两个方面:

一是促进典当人与典当行积极交易。典当习惯法制度给典当行吃了一颗定心丸,一旦不回赎出现,法律有和解的制度保障安排,总体上就是针对交易物设定排他性地让典当行优先享有对交易标的的支配权和归属权。典当行在风险可以预测的情形下,可以更好地安排交易,大胆扩大经营。

二是鼓励整个交易方诚实守信。作为金融机构的典当行,其深知同业之间虽有激烈的竞争关系,但是又与典当人存在不可分割的共荣关系。制度假设了一个前提,即典当行与典当人都愿意自觉诚实守信交易,所以,即使有典当人不赎回,最好的结果不是要强制履行,而是如何让步和解减低损失,让典当流质,典当人一次的交易失败不至于典当行致对方于死地,背负违约不好声誉以致元气大伤,鼓励其遵循诚实信用的原则合理解决危机。

典当是一种信用风险分担机制,其为了提高商事交易的可能性,采取针对交易物创设分离物的使用价值和价值的路径,成功构建了一种不同于大陆民法传统担保类似的优先权利顺位制度,并最终以不还钱的非"履行"方式实现债的"清偿"而消灭债务。

从经济"功能"看,国内法传统担保制度构建"备份"履行路径的方法,虽然可最终实现债之目的,但显然提高了债的经济成本,需要债务人提供额外的"履约成本",其偏重于对债权人的权利保护,不利于低成本鼓励交易。典当交易采取了在分解交易标的上的权利义务的路径,降低了债务人债权人的成本,提高了债权人的交易信心,整体更利于促进交易,但典当人在不还钱时,不是遵循实现债的目的的思路,而是债的消灭思路。

典当制度的经济交易成本明显低于功能主义下的担保交易制度,集中体现在降低效力成本和执行成本上,特别在法律效力成本上尤为突出,比如国内法要求担保必须经过组织内部审议程序,就因为该要件就把众多商事交易拒之门外,执行还要走烦琐的司法程序。

四、典当习惯法在现行《民法典》及其司法解释中的位置

典当作为一种独特质权,与用益物权和担保物权的比较中;典当作为一个具有流质特性的金融契约,与非流质契约的比较中,我们可以发现典当具有独特的法律机制和实际生命力以及社会经济意义。中国历史上从清末、中华民国和改革开放后的《物权法》和《民法典》,都是立法者试图用从欧陆移植过来的抵押和质权概念取代典当权,我们不应该"削足适履",应该"造履适足",或者"改履适足"。

(一)典当习惯法与《民法典》第十条

我国制定《物权法》和《民法典》过程中,虽然有学者做过许多努力,但始终没有把典当纳入成文法中。《民法典》第十条规定:"处理民事纠纷,应当依照法律;法律没有规定的,可以适用习惯,但是不得违背公序良俗"。这就从理论上指出了法律渊源包括法律、习惯和法理,还有司法解释、指导性案例。由此为我国大陆立法和司法进行总结提炼典当习惯法指明了方向。

1. 我国大陆司法事实上在很长时期内承认典的习惯法并进行过规范

中华人民共和国成立后,典当权作为成文法制度在大陆地区虽然被废除,以土地为标的的典权也不复有存在的社会制度基础,但以房屋为标的的典权仍大量存在。针对实践中的典权纠纷,最高人民法院作出大量的司法解释加以规范,体现了我国司法实务确认和保护典权的基本立场:都没有把典当视为担保性质,遵从习惯法。虽然现今所看到的最高人民法院有

关典权案件的批复,更是多以"典当"笼统称之,这也反映了在典当学理研究不够对司法实践的影响。

1951年4月16日,最高人民法院华东分院在对福建省人民法院1951年3月20日《呈请解答关于房屋纠纷及诉讼程序等问题》所作批复中,针对承典人未得出典人同意将出典物变卖时所产生的纠纷如何处理作出专门的解释,该批复第(四)项规定:"承典人未得出典人同意,将出典物变卖,应先审究典权契约内容是否公平合理,又是否在设定典权当时,订明如出典人于典权期满后,不于一定期限内备价回赎即可由承典人自由处分,或出典人于典权到期后,长时间不主张权利,是否已抛弃其典权,在实际审理此类案件时,应予以缜密研究。如果典权契约内容,显失公平或承典人变卖出典物,确系违反出典人的本意,自许原出典人依法诉追回赎。"同年9月8日,最高人民法院针对河南省开封市人民法院关于出典的房屋回赎问题的请示再次作出批复。随后最高法院对房屋典当有些系列,简要列示如下:

最高人民法院关于处理房屋典当期满后逾期十年未赎,出典人及其继承人下落不明的案件的批复(1962年09月28日);

最高人民法院关于姜兴基与闫进才房屋典当回赎案的批复(1963年6月11日);

最高人民法院关于雷龙江与雷济川房屋典当关系应予承认的批复(1979年11月5日);

最高人民法院关于对房屋典当回赎案的批复(1980年12月2日);

最高人民法院关于房屋典当回赎问题的批复(1984年12月2日);

最高人民法院关于典当房屋在"文革"期间未能按期回赎,应作时效中止处理的批复(1986年4月11日);

最高人民法院关于典当房屋回赎中几个有关问题的批复(1986年5月27日);

最高人民法院关于典当房屋回赎期限计算问题的批复(1986年5月

27日）；

关于处理私房社会主义改造中房屋典当回赎案件中的两个问题的批复（1988年9月8日）；

最高人民法院关于黄金珠等与张顺芬房屋典当回赎纠纷一案的函（1989年10月17日）；

最高人民法院关于罗超华与王辉明房屋典当纠纷案的函（1991年7月9日）；

最高人民法院关于金德辉诉佳木斯市永恒典当商行房屋典当案件应如何处理问题的复函（1992年3月16日）；

最高人民法院关于谢元福、王琪与黄长明房屋典当纠纷一案适用法律政策问题的复函（1992年6月5日）；

最高人民法院关于郑松宽与郑道瀛、吴惠芳等房屋典当卖断纠纷案如何处理的复函（1992年9月14日）；

最高人民法院关于吴连胜等诉烟台市房地产管理局房屋典当回赎一案如何处理的复函（1993年2月16日）；

关于典当房屋被视为绝卖以后确认产权程序问题的批复（1989年7月24日），等等。

经过"文革"10年的社会动荡之后，最高人民法院继续强调对典权的保护。其对典权问题所作司法解释中，大多是关于典期、典价、回赎及绝卖等问题的规定，涉及典权制度的基本方面，主要有：

（1）关于典期、典价的解释。1988年1月26日，最高人民法院《民通意见》第一百二十条规定："在房屋出典期间或者典期届满时，当事人之间约定延长典期或者增减典价的，应当准许。承典人要求出典人高于原典价回赎的，一般不予支持。以合法流通物作典价的，应当按照回赎时市场零售价格折算。"

（2）关于回赎、绝卖的解释。1979年2月2日，最高人民法院《关于贯彻执行民事政策法律的意见》关于房屋问题的第三项明确规定："劳动人民之间的房屋典当权,除土改中已经解决者不再变动外,应当予以承认,在典期届满时准予回赎。如典当契约已载明过期不赎作为绝卖的,按契约规定处理。如因典当契约未载明回赎期限或过期作为绝卖的,可根据当地规定或参照当地劳动人民的历史习惯,予以合理解决。在处理回赎问题时,应照顾双方的实际需要情况,如果承典人确实无房住,而出典人又不缺房的,可调解延期回赎,也可回赎一部。房屋回赎后,出租或出卖的,原承典人在同等的价格上有优先承租、承买权。如因典价折算发生纠纷时,原则上应按国家规定牌价为准,但是要考虑到双方当事人的经济情况,回赎目的和住房等实际情况,进行协商解决。"1984年9月8日,最高人民法院《关于贯彻执行民事政策法律若干问题的意见》第五十八条第二款规定:"典期届满逾期十年或典契未载明期限经过三十年未赎的,原则上应视为绝卖。"

(3) 关于回赎时效期间的解释。1986年5月27日,最高人民法院在致浙江省高级人民法院《关于房屋典当回赎中几个问题的批复》第3条第1款规定:"关于房屋典当回赎时效期间的计算问题,我们原则上同意你院的意见,即典当契约载明典期的,自期满之次日起计算,契约未载明典期的,自履行契约之次日起计算。如果典期届满,出典人未按契约规定期限提出回赎,是由于不可抗力使其不能行使请求权的,这种受客观原因影响的时间应予扣除,不计入回赎时效期间;如果典期届满,出典人已提出回赎要求,但由于承典人的原因而逾期未能回赎的,这种情况,应自出典人提出回赎之日起重新计算回赎时效。"

(4) 关于典与无期限回赎问题。1984年8月30日《最高人民法院关于贯彻执行民事政策法律若干问题的意见》第五十八条规定"对法律、政策允许范围内的房屋典当关系,应予承认。但土改中已解决的房屋典当关系,不再变动。典期届满逾期十年或典契未载明期限经过三十年未赎的,原则上应视为绝卖"。

(5) 关于回赎的典价问题。1988年1月26日《最高人民法院关于贯彻执行〈中华人民共和国民法通则〉若干问题的意见(试行)》第一百二十条规定"在房屋出典期间或者典期届满时,当事人之间约定延长典期或者增减典价的,应当准许。承典人要求出典人高于原典价回赎的,一般不予支持。以合法流通物作典价的,应当按照回赎时市场零售价格折算"。1989年8月15日《最高人民法院民他字第3号批复》认为"如无其他特殊原因,回赎时一般应按契约规定的典价办理"。这里所说"其他特殊原因"是否有典价压迫情形、赎价明显不公平、不合理的情况或者货币大幅贬值而影响了承典人的正常生活。这体现了回赎时典价从契约、从自愿约定原则和可以有条件找价。

（6）关于以典权作股投资的情况。《最高人民法院关于公私合营中典权入股的房屋应如何处理问题的函》(1990年4月9日)是针对河南省高级人民法院《关于南阳市副食品公司诉夏清淮房屋典当回赎一案的请示报告》而作出的答复。基本内容是:1952年12月,当事人之一夏清淮之妻将房屋6间出典给魏汉三经营茶叶店,典价350元,典期两年半,1956年公私合营时,魏汉三将所典之房以原典价投资入股,该房由南阳市副食品公司管理使用至今。1958年以后,夏清淮多次向有关部门协商赎房未果。1984年8月,夏清淮向南阳市人民法院起诉。经征求有关部门意见并研究认为:根据中共中央1956年1月24日《关于私营企业实行公私合营的时候清产估价中若干具体问题的处理意见的指示》第6条"企业的债权,一般列作投资,作为合营企业的债权"之规定,典当的房屋入股只是债权的转移,产权仍归出典人所有。据此,我们同意你院审判委员会多数同志的意见,即:此案不适用国家房产管理局(65)国房局字105号《关于私房改造中处理典当房屋问题的意见》的规定。夏清淮可以依据有关政策规定,向南阳市副食品公司进行房屋回赎。

根据最高法院的系列司法文件,各地法院遵从典当习惯法理解决了全国各地很多历史遗留问题。

2. 按《民法典》第十条规范典当法律

法律与习惯(法)是直接法源,判例(判决先例)和学说是间接法源。

上述最高人民法院判决、意见、指导原则具有事实上拘束力,可称为是法官法。还可整合古代判例学说和判例,建构典当法释义学,对于现行法加以体系化,稳定法之适用,减轻论证负担,并维护典当法律形成空间,具有重要的意义。

四川省民生典当行与湛治武借款纠纷案就较好地体现了按照典当习惯法判决,没有盲目遵照行政规章判决,体现了遵循正当典当法理司法独立裁判。①

2000年5月17日,湛治武与民生典当行签订一份当票及附件,约定:湛治武以其所有"劳斯莱斯"牌轿车一辆作为质物向民生典当行借款250万元;借款期为一个月,折当率为70%,月利率为0.6%,费率为3.4%。附件载明:如不能按时还款,车由民生典当行自行处理,不足部分由湛治武补足。同日,湛治武将上述车辆及相关证件交与民生典当行。2000年7月24日,湛治武又将身份证原件交与民生典当行。2000年5月17日、5月18日、5月25日,民生典当行分3次向湛治武发放借款共计250万元。典当期满湛治武未付本息,但取回了质物。2000年7月3日、7月24日、12月6日、2001年4月24日,湛治武向民生典当行确认,对其质物由民生典当行处理的承诺不持异议,并配合办理过户手续。

原告民生典当行诉称,湛治武以"劳斯莱斯"牌轿车一辆交付民生典当行作为质物,向其3次借款共计250万元,期满后湛治武未付本息,其质物已为死当。据此,诉请人民法院判令上述质物车辆归民生典当行所有。被告未出庭参加诉讼和进行答辩。

四川省成都市中级人民法院审理认为,(1)当铺营业人民生典当行与借款人湛治武签订当票及附件,以约定的期限和利息向湛治武出借250万元,并以湛治武交付占有的动产"劳斯莱斯"牌轿车一辆为标的而设定质

---

① 资料来源:四川省中级人民法院编:《司法裁判——从技术到规则》,人民法院出版社2006年版,第379—383页,案例编写人:何岗、李源。

权,因质权人限于当铺营业人,且质权因营业行为而发生,故属营业质权。(2)民生典当行与湛治武在当票附件中约定如不能按时支付本息,上述轿车由民生典当行自行处理,而后湛治武又确认对此处理不持异议,并配合办理过户手续。此约定应当理解是对湛治武不按期支付本息,民生典当行便取得上述轿车所有权之约定,即流质约定。由于营业质权属特殊的动产质权,不适用流质约定禁止的规定,所以民生典当行与湛治武可以在设立营业质权时作出上述约定。综上所述,具有典当经营资格的民生典当行与具有完全民事行为能力的湛治武签订的当票及附件,意思表示真实,内容不违反法律、法规对典当的规定,应属有效。据此,判决"劳斯莱斯"牌轿车的所有权归成都市民生典当行所有。

(二)典当质权作为一种特种物权与物权法定

典当权可以入股、质押、转典等,那么典当权是一种什么性质的物权?自清末至今,争论不休。历来有用益物权和担保物权之说[1],史尚宽认为是一种特殊物权,兼具用益物权和担保物权[2]。我认为典当不是担保物权和用益物权,典当是一种特殊的质权物权。特殊在何处?在于是一种占有质、使用质、收益质和归属质,这种质不是抵押、质押的那种典型的担保质,可以流质,是一种独特的质权。我国在《物权法》和《民法典》立法过程中,多次纳入典当权,但最终没有立法规定典当物权。那么,该如何把典当物权纳入《物权编》体系呢?

《民法典》第二百零九条认为物权是"调整因物的归属和利用产生的民事关系"。第一百一十四条规定"物权是权利人依法对特定的物享有直接支配和排他的权利,包括所有权、用益权和担保物权"。依据第二百四十条,所有权包括占有、使用、收益和处分的权利。这里把物权的4个权能规定为法律上的权利。用益物权规定包括土地承包经营权、建设用地使用

---

[1] 见《中国大百科全书法学卷》,中国大百科全书出版社1984年版,第713页。
[2] 史尚宽:《物权法论》,中国政法大学出版社2000年版,第434—435页。

权、宅基地使用权、地役权和居住权5种,担保物权除典型的抵押、质押、流质和保证外,还新增了几种非典型的功能担保物权,如让与担保、所有权保留、融资租赁、保理等①②。总体来讲,较之原来的《物权法》增多了一些。第一百一十五条规定了物的客体包括不动产、动产和法律规定的权利。第一百一十六条确立了物权法定原则,"物权的种类和内容,由法律规定"。

那么,典当权可以纳入其中的物权体系中去吗?本文回答是可以,理由和路径如下:

第一,典当权就是在中国特定历史条件下形成的对物的归属与利用的一种习惯权利。典当权的客体可以是不动产、动产和权利资产,用益物种中的土地承包经营权、建设用地使用权、宅基地使用权等,都可以作为出质的典当物权。典当权中的占有质、使用质、收益质和归属质等,都是典当行对典当物可直接支配和排他的权利,除非典当人在典当到期后赎回。典当权可以通过质押形成担保质。

第二,物权法定中的"法律",不仅包括全国人大及其常务委员会颁布的基本法律,也包括国务院颁发的条例、全国人大和国务院授权颁发的行政法规和授权立法、最高法院的司法解释。根据《民法典》第十条,也完全可以给予习惯法适当的规范地位。通过明确"法律"的内涵完全可以缓和

---

① 严格地讲,租赁融资和保理融资不是担保融资,与典当一样是权利分解后支付物的对价。

② 学习《美国统一商法典》,中国引入了担保功能主义,有人发现不免与中国的现行《民法典》不是那么卯榫相合的问题。上海高院的法官陈克特别注意了非典型担保的交易结构和方式与融资方式吻合的问题,提出要通过如下方式解决非典型担保与典型担保法律适用的统合:合同确定担保功能—公示创设担保权益—自力或公力救济实现担保,相应的法律规制也应更关注于担保权益的确定、创设、实现。参见陈克,《徘徊于实质与形式之间的非典型担保》,2021年6月21日公众号《民商辛说》。兴业银行的丁明认为这不但在规范层面造成了内部"体系矛盾",外部经济效能并不能优化营商环境,甚至效果相反,实则"削足适履"。见丁明:《是"非典型担保"还是"类担保行为":对国内担保制度的体系化理解》,《审判研究》2021年6月。我认为他们两人都没有注意到移植时等底层逻辑的根本差别,一是大陆民法系是权能分解,普通法系是权利分解;二是大陆法系是诚实信用原则,普通法系是衡平法。

严格的物权法定主义①。规定物权法定缓和目的是平衡与协调物权领域的自由与秩序,物尽其用,提高交易效率。

物权分为普通法上物权和特别法上物权,《民法典》上规定的物权为普通法上物权,特别法所规定的具有物权性质的财产权为特别法上物权。有3种方法和路径可以在《民法典》体系中放入典当物权:一是最高人民法院联合相关部门清理明清和民国时期的立法和典当判决、1949年后的多个关于典当的司法解释、通知、答复等司法文件和判决,制定相应典当司法解释予以规范调整。二是将目前的《典当管理办法》升格为国务院或者国务院法制办制定的《典当管理条例》,规定典当质权为特别法物权。三是最高人民法院可以通过指导性和典型判例予以指导规范。四是全国人大授权上海人大对浦东新区立法的,可以单独进行典当地方立法,然后再上升为最高法院的司法文件和指导性判例与典当判例承认。五是全国人大也可以单独制定《典当法》。但是目前比较可行的选择是上述第一至第四条路径。

但是不能根据担保功能主义,依《民法典》第三百八十八条规定"设立担保物权,应当依照本法和其他法律的规定订立担保合同。担保合同包括抵押合同、质押合同和其他具有担保功能的合同。担保合同是主债权债务合同的从合同",把典当权缓和为物权,类型化为担保物权②,因为典当权本身不是担保物权。但如果把典当权质押,可转换为担保物权。

(三)典当质权与担保物权的比较

《民法典》第三百八十六条规定:"担保物权人在债务人不履行到期债务或者发生当事人约定的实现担保物权的情形,依法享有就担保财产优先受偿的权利,但法律另有规定的除外"。这条对担保物权的含义进行了概括的界定。

---

① 事实上,有多个案例通过上述方法,已经缓和了物权法定。
② 杨立新据此条可以软化严格的物权法定主义,把典当权纳入。参见杨立新:《物权法定缓和的绝处逢生与继续完善——〈民法典〉规定"其他具有担保功能的合同概念"价值》,《上海政法学院学报》2021年第1期。笔者认为还是不妥,因为典当不是担保物权。

为担保债务的履行而在特定的财产上设定的权利,统称为担保物权,包括抵押权、质权、留置权。依据本条的规定,担保物权实现的前提有:首先,存在合法的债务;其次,债务人未清偿到期债务或者发生当事人约定的实现担保物权的情形;最后,存在有效的担保物权。具备以上条件时,担保物权人可就担保财产进行拍卖、变卖或折价,然后优先受偿。需要注意的是,本条扩大了担保物权实现的情形,法律增加了"或者发生当事人约定的实现担保物权的情形",这就意味着设立担保物权不限于不履行到期债务的情形,当事人还可以自由约定其他的情形,如双方约定在主债务人违约时可以实现担保物权。

担保物权的法律特征有[①]:

(1)担保物权是定限物权。担保物权是在所有权上设定的权利,具有限制所有权的权能,因此被称之为定限物权。

(2)担保物权具有价值性。担保物权是债权人对属于他人所有,但用于担保的财产所享有的一定权利,说到底,是以将来有可能取得的抵押物、质押物、留置物的交换价值为目的。也就是说,担保物权是以取得标的物的交换价值为其基本内容的,以标的物的交换价值来优先受偿,正是在这个意义上来说,担保物权属于价值权和变价权,具有价值性。所以,在抵押权和质押权中都有关于禁止"流质契约"的规定。以抵押权为例,抵押人和抵押权人不能约定,在抵押权届满,抵押权人没有受到清偿的时候,将抵押物的所有权直接就转移给债权人所有。那样不依市价进行变现的话,就可能产生对抵押人不公平的结果。

(3)物上代位性。这是指担保物权的效力及于担保物的替代物上,担

---

① 参见刘贵祥:《民法典关于担保的几个重大问题》,《法学新边疆》2021年1月19日;林文学等:《〈关于适用民法典有关担保制度的解释〉的理解和适用》,《人民司法》2021年2月10日;关于适用《中华人民共和国民法典》有关担保制度的解释,2020年12月25日最高人民法院审判委员会第1824次会议通过,自2021年1月1日起施行;汪其昌:《发现内生于人性和金融本质的法律规则:司法审判视角》,中国金融出版社2016年版,第147—184页。

保物权人可以就担保物的代替物行使担保物权。在担保物毁损、灭失得到赔偿金时,则该赔偿金就成了担保物的替代物,担保物权人有权就赔偿金行使其权利。之所以如此,是因为担保物权不是以支配标的物的使用价值为目的,而是以支配标的物的交换价值为目的,故标的物本身虽然已经毁损、灭失,在担保物的实体形态发生改变,但代替该标的物交换价值还在时,担保物权就转移到该替代物上。损害赔偿金、保险金反映了抵押物的原有价值,或者说,抵押物的原有价值形态表现为现在的赔偿金,因而现在的赔偿金便为抵押物的价值的替代物,抵押权的效力及于此替代物上。

(4)从属性和不可分性。担保物权的设立,是为了保证被担保的债权能够得以实现,故担保物权的存在,附随于被担保的债权,被担保的债权是主权利,担保物权是从权利。所谓从属性是指担保物权以主债的存在为前提,随主债的转移而转移,并随主债权的消灭而消灭。

担保物权的不可分性,是指债权人在全部债权清偿前,可就担保物的全部行使其权利。它表现在:担保物分割、一部分清偿或消灭,均不影响担保物权的整体性,担保物权仍为担保各部分的债权或剩余债权而存在;债权部分让与时,担保物权并不因此而分割,受让人与让与人按其债权额共有一个担保物权;分期履行的债权,已届履行期的部分未履行时,债权人就全部担保物有优先受偿的权利。

典当质权不同于担保物权的区别有5个方面:

一是担保物权人对其占有的标的物有转质的权利,可将质物转质而设定新的质权;但典当质权人对其占有的质物不得转质(典可以转典)。

二是担保物权应当适用流质契约禁止的规则,但典当质权许可典当行营业人与借款人在设定营业质权时约定流质条款。

三是担保物物权人变价抵质押物取偿仅以其被担保的债权额为限,超过部分应当返还出质人;典当质权人可依流质契约取得质物,故不论其出借的本金和利息多寡,均取得变价质物的全部利益。

四是担保物权是为担保借贷而产生,具有物上代位性,与主债务具有从属性和不可分性。典当质权不是为担保债务的履行而在特定的财产上设定的权利,典当在前,融资在后,不是主债务与从债务的关系,而是分离物的使用价值和价值,也就是以物质钱。一旦出典出当人不能赎回,财产所有权就归典当行。

五是两者实现的方式不同。我国《民法典》规定的担保物物权实现方式包括"质权人可以与出质人协议以质押财产折价","也可以以拍卖、变卖质押财产所得的价款优先受偿",并规定"质押财产折价或者变卖的,应当参照市场价格"①。这一规则是否适用于典当质权的实现?不适应,因为典当是以物质钱和流质契约为基础。如果借款人不赎回,是其权利,不是其义务,典当行可自动取得质物的所有权,对质物处置,无须多退少补。

因此,担保物物权不能与典当质权混为一谈。《民法典担保物权编》和《关于适用〈中华人民共和国民法典〉有关担保制度的解释》中的法理基础不适用典当质权②,典当质权特征不符合担保物权特质,不能消融典当与担保物权的界限,典当融资不是担保物权融资。

（四）典当质权与用益物权比较

《民法典》第三百二十三条规定,用益物权是"对他人所有的不动产或者动产,依法享有占有、使用、和收益的权利"。我国《民法典》规定的用益物权有:依法取得的自然资源有偿使用权;依法取得的海域使用权;依法取得的探矿权、采矿权、取水权和使用水域、滩涂从事养殖、捕捞的权利;土地承包经营权及其对其承包经营的耕地、林地、草地等享有占有、使用和收益的权利;建设用地使用权;宅基地使用权;居住权和地役权。

与所有权、担保物权相比,用益物权具有以下特征:

（1）用益物权以对标的物的使用、收益为主要内容,即注重对物的使用价值,并以对物的占有为前提。这区别于担保物权注重物的交换价值的

---

① 参见民法典物权编第十七章、第十八章。
② 对于所有权保留、让与担保、差额补足、优先劣后等非典型担保与典当的比较以后做专题比较。

特点。

（2）用益物权除地役权外,均为主物权,担保物权为从物权。

（3）用益物权虽然也可以在动产上设立,但是从用益物权的具体类型来看,用益物权主要以不动产为客体,这主要是便于通过登记公示。

（4）用益物权是通过占有直接支配他人的物的权利,用益物权人可以直接支配标的物,不需要他人行为的介入。

我国不少学者把典当权当作是用益物权[1],其实,典当不吻合上述用益物权的定义和特征,因为:

（1）典虽然是占有、使用和收益他人所有的物,典价是对用益支付的对价,其实一则典的标的物还可以是权利资产,不局限于动产和不动产;二则流质后,承典人有物的所有权,是归属质。

（2）当的标的物可以是动产和权利资产,只占有和保管,不能使用获得收益,流质后,承当人具有归属质。

（3）典当同时分离交易物上的使用价值和价值,具有在物上设立权利负担的一面,但又不是多退少补的担保物权,赎回与否是典当人的权利选择。

（4）典当可以找价,用益物权不能[2]。

（5）典当有当票,用益物权没有可以证券化的当票。

（五）典当契约与《民法典·合同编》

典当合同是流质契约,但是各国立法普遍禁止担保合同流质契约条款,我国的法律明文禁止担保合同流质。目前,《合同编》中没有典当合同的位置[3]。

---

[1] 如杨立新:《物权法定缓和的绝处逢生与继续完善——〈民法典〉规定"其他具有担保功能的合同概念"价值》,《上海政法学院学报》2021年第1期。

[2] 参见黄宗智:《法典、习俗与司法实践:清代与民国的比较》,上海书店出版社2003年版,第110页。

[3] 在典当实务和司法裁判中,国内通常把典当融资分为一般借款合同和担保合同两部分。见王林清:《民间借贷纠纷:裁判思路与规范指引》,法律出版社2015年版;林晨、金赛波:《典当纠纷实用案例裁判与述评》（上、下）,法律出版社2018年版。

（1）《民法典合同编》规定的典型合同有买卖合同、赠与合同、借款合同、租赁合同等15种典型合同，新增了保证合同、保理合同、物业服务合同和合伙合同，完善了优先承租权、融资租赁合同、禁止放高利贷借款利率不得违反国家规定等集中典型合同，区分了准合同与一般合同规则，如无因管理和不当得利，但没有立法规范典当合同。

（2）有人认为第四百八十二条有限承认流质契约[①]。该条规定"质权人在债务履行期限届满前，与出质人约定债务人不履行到期债务时质押财产归债权人所有的，只能依法就质押财产优先受偿"。其实，这条规定根本不符合典当融资习惯法中流质契约特质，与《民法典》总则编中第一百五十一条规定的"一方利用对方处于危困状态、缺乏判断能力等情形，致使民事法律行为成立时显失公平"的情形相配合，反而是关于担保是否构成显失公平的认定。

（3）《民法典合同编》根本否认担保合同的流质。《民法典》第四百零一条规定："抵押权人在债务履行期限届满前，与抵押人约定债务人不履行到期债务时抵押财产归债权人所有的，只能依法就抵押财产优先受偿。"第四百二十八条规定："质权人在债务履行期限届满前，与出质人约定债务人不履行到期债务时质押财产归债权人所有的，只能依法就质押财产优先受偿"。根据《九民纪要》第七十一条让与担保条款的规定，在让与担保中，"债权人可以对财产拍卖、变卖、折价偿还债权"，但约定"债务人到期没有清偿债务，财产归债权人所有的"则会被认定该部分无效。在债权人和债务人约定"债务人到期没有清偿债务，财产归债权人所有"的情况下，"债权人请求参照法律关于担保物权的规定对财产拍卖、变卖、折价优先偿还其债权的，人民法院依法予以支持"。《九民纪要》第七十一条的让与担保规定，实际暗含了《民法典》第四百零一条和第四百二十八条的立法精神。所

[①] 最高人民法院民法典贯彻实施工作领导小组主编：《中华人民共和国民法典物权编理解与适用》（下），人民法院出版社2020年版，第1183—1184页。

不同的是,让与担保中,担保物已经转移登记至债权人名下,但该种转移登记也并非是所有权的归属确认。据此《民法典》不承认流质契约。再有,《民法典》第四百零一条和第四百二十八条的请求权主体是"抵押权人"和"质押权人"①。典当是否回赎和流质,完全取决于典当人的意志,典当行无权要求出典人返还典价而回赎典物。

典当人占有的典当物并不是作为支付典当金额价值的担保。因为在典当价返还问题上主动权在典当人,回赎是典当人的权利而非其义务,回赎与否在于典当人。根据前述分析,典当人是获得了一个看涨看跌的选择权。在典当物价值下降而低于原典当价时,典当人可以通过抛弃回赎权使典当权消灭,此时典当行不能收回典当价,只能取得低于原典当价的典当物所有权。即使典当人到期回赎典物而返还典当金额价值,也只是双方相互返还占有的典当价值与典当物,与债务清偿完全是性质不同的两码事。

我国法律绝对禁止流质契约,那么,典当融资合同及其流质契约条款就是否与上述法律规定矛盾,从而格格不入呢？因为不承认典当融资中流质契约条款,典当行就没有营业质权。因此,我们首先要弄清楚,典当合同及其流质契约与担保契约是否一样。典当融资合同根本不同于一般的借款合同及其抵押质押担保融资合同,与前所述有3个不同于一般借款合同及其担保的法律关系：

（1）一般借款合同是债,要还本付息,依附于主合同的抵质押合约附属合同,也就是先有借款的主合同,再有抵押质押从合同,典当融资合同是分离物的使用价值和价值,先有典当后有借款,通过流质契约条款获得资金,质权不从属于借贷债权。

（2）一般借款合同不按照约定还本付息是违约,债权人处置担保物

---

① 《关于适用〈中华人民共和国民法典〉有关担保制度的解释》第三十八至四十二条。

后,对借款人多退少补,典当融资不还本付息不是违约,典当行可行使流质权,典当行处置典当物后,典当行盈亏自负,不存在多退少补。

(3) 一般借款合同有非还本付息不可的义务,典当融资合同是借款人没有赎回还款的义务,是否赎回还款是其选择权利,不赎回不是违约。这种信用及其实现机制根本不同于借款合同及其担保合同。

(4) 债的消灭又清偿、履行等多种方式,《民法典》合同编第五百五十七条规定,"债务已经履行,债权债务终止"。典当融资是典当人回赎与不回赎都是债权债务的终止。

大陆法为确保债的实际履行,实现债的目的,为债的履行构造了两条平行路径:一条原债路径;另一条替代路径,两条路径的目标都是确保债的实际履行,即达到订立债时当事人的内在意志目的。主债权债务合同无效的,担保合同无效,但是法律另有规定的除外。大陆法上"担保功能"在规范层面的价值与作用是构建替代履行的路径实现债的实际履行,其面向债履行的实在性,而非可能性。典当融资的合同设计根本不同于此,完全是第三条路径:以物质钱,典当人有可选择是否还钱的权利,不还钱不是违约,也不是失信。

由此,《民法典·合同编》没有规定典当合同,那么,是否典当合同非法呢? 不是。一是《民法典》第四百六十七条规定"本法或者其他法律没有明文规定的合同,适用本编通则的规定,并可以参照适用本编或者其他法律最相类似合同的规定"。《合同法司法解释(一)》第十条规定:"当事人超越经营范围订立合同,人民法院不因此认定合同无效。违反国家限制经营、特许经营以及法律、行政法规禁止经营规定的除外"。据此结合《民法典》第十条和上文讨论的承认典当物权的3条路径,依据合同自由原则和相对性原则,可确认典当交易习惯对合同编的补充作用,也说明可以把典当商业交易惯例作为商事裁判的法律渊源。这说明从合同法角度承认我国典当融资合同交易的习惯法没有障碍。

事实上,我国《典当管理办法》第四十三条(一)项规定3万元以下动产可以流质,保留了古代习惯法的惯例。这也就是承认典当合同的特殊性和流质契约,以及典当行的营业质权。典当融资合同及其流质契约不违反合同法精神。但是这一规定与第三条把典当定义为:"指当户将其动产、财产权利作为当物质押或者将其房地产作为当物抵押给典当行,交付一定比例的费用,取得当金,并在约定期限内支付当金利息,偿还当金,赎回当物的行为"的规定相矛盾。这说明我国的行政规定以金额为限有限承认典当融资的流质契约与典当行的营业质权。这一金额限定的方式完全不合理,是肆意的。

《典当管理办法》第二十七条规定典当行不得收当的财物,即为禁止流通和限制流通之类,以这些财物为典当标的典当合同无效。这说明依法善意取得的典当标的物,典当融资合同及其流质条款应为有效。

总之,我国《民法典》对物权和合同的分类规定是法律移植中的理论无法解释典当权所致[1],学习欧陆古罗马、法国和德国的分类方法与理论[2],有时自然就不免与老祖宗的典当卯榫不合,削足适履[3]。这种法律冲突,在清末和中华民国时期,引入德国法的物权法体系时,就存在过,当时只好不依那套物权法体系,按照中华习惯法制定单独的典当法律。学者谢振民

---

[1] 中国古代基于土地形成的财产权利类似于英国基于地产权形成的财产权利,可以在一物上形成多个抽象财产权利,按时间和性质并存,可单独拿出来交易,而源于罗马法的大陆民法系物权制度是以抽象的所有权统帅占有、使用、收益和处置等4个权能,拥有所有权就拥有4个权能。

[2] 把物权按照所有、使用、收益和处分等4个权能进行分解,拥有所有权,就拥有其他3个权能。

[3] 徐海容先生认为,典权既不是担保物权,也不是用益物权,而是源于中国农业社会经济的、固有的特种独立物权。见徐海容:《典权性质之检讨》,载何勤华、李秀清主编:《民国法学论文精粹》(第3卷),法律出版社2004年版,第95—103页。史尚宽认为典权具有"特殊的担保性","兼有占有质、用益质、利息质及归属质之性质",但又与外国的不动产质不同;同时,典权是用益物权的主物权,因此,典权兼有用益物权及担保物权两方面的性质。见史尚宽:《物权法论》,中国政法大学出版社2000年版,第111页、第435页。

就指出①：

"我国习惯无不动产质，而有典，二者性质不同。盖不动产质为担保债权，出质人对于原债务仍负责任，苟质物价格低减，不足清偿，出质人仍负清偿之责，而典则否。质权既为担保债权，则于出质人不为清偿时，只能将质物拍卖，就其卖得全额而为清偿之计算，无取得其物所有权之权利，典则用找贴方法，便可取得所有权。二者比较，典之习惯，实远胜于不动产质。因(1)出典人多为经济上之弱者，使其于典物价格低减时，抛弃其回赎权，即免负担，于典物价格高涨时，又找贴之权利，诚我国道德上济弱观念之优点；(2)拍卖手续既繁，而典权人既均多年占有典物，予以找贴，即取得所有权，亦系最便利之方法；故于民法中应规定典权。至典系以移转占有为要件，故又与抵押不同。"

不承认典当权的"质"及其合同特质，也有点与现代物权理念和合同理念的价值相左，也使得在同一主权国家内，中国大陆与中国港、澳、台地区对同一典当法律制度规定不一致。现代物权价值观念是从强调归属到利用的转变，从注重对标的物的现实支配的实体权演变为注重于收取用益之对价和获取融资利益的价值权，也与现代合同追求满足人的需求多样性、交易安全与效率的价值理念相左。中国港、澳、台地区的成文法对典当都遵从传统习惯法原理。在私法上，根据法无禁止即为可行负面清单原则。我们应该把以物质钱、流质契约和营业质权的特许经营权完全赋予给典当行，并且可以纳入现行的《民法典》框架中，否则，典当行与担保公司、银行担保贷款融资无异，完全抹杀了典当行的行业特性。

五、典当的行政规章监管与司法裁判的关系

最近几年以来，以《资管新规》和《九民纪要》为标志，党中央和国务

---

① 谢振民编：《中华民国立法史》，中国政法大学出版社1999年版，第772—773页。

院下发了系列文件,最高法院也下发系列司法文件,重点就是以服务实体经济作为出发点和落脚点,引导和规范金融交易。2018年6月上海市高院《关于落实金融风险防范工作的实施意见》规定:"对不符合金融监管规定和监管精神的金融创新交易模式,或以金融创新为名掩盖金融风险、规避金融监管、进行制度套利的金融违规行为,及时否定其法律效力"。由于立法滞后,法律供给不足,往往以行政规章为先导。显然,这些审判意见直接体现了金融审判对于监管政策的适应和应对,体现了所谓司法的监管化倾向。这在典当金融领域也是如此。典当纠纷司法裁判对典当金融活动有重要公共示范和引导作用。同时典当行与其他非银行机构一道下放为地方金融监管局监管,但是典当金融市场与其他类型金融市场是全国统一的,典当法律规则也要求统一。这就涉及辩证处理典当纠纷审判与行政监管的关系、要统一裁判尺度,确保法律适用标准统一①。

(一)典当行政规章要回归典当本源法理

在典当规则理念上,行政规章要回归典当本源法律关系,使得典当司法纠纷裁判有个正确行政规章参照。人都是在规则下行动,良好的典当金融秩序是典当金融参与者在正当典当规则下行动的结果。典当的正当规则由内部规则和外部规则所组成②。内部规则就是1 000多年来典当习惯法的最大公约数,如上所研究的,核心的基础:(1)典当行是以营业质为特

---

① 上海浦东新区法院已经有不少做法和经验,参见殷勇主编:《金融审判理论与实务研究》,人民法院出版社2018年版,第8—9页,第485—486页。

② 关于内部规则和外部规则理论,参见 F. A. Hayek, Law, Legislation and Liberty: Rule and Order, The University of Chicago Press, 1973; F. A. Hayek, Law, Legislation and Liberty: The Mirage of Social Justice, The University of Chicago Press, 1976; F. A. Hayek, Law, Legislation and Liberty: The Political Oder of a Free People, The University of Chicago Press, 1979。内部规则就是正当规则,就是良法,反映金融内在规定和引导人的正当行为。《中共中央关于全面推进依法治国若干重大问题的决定》指出:"法律是治国之重器,良法是善治之前提。"在典当金融领域也一样,只有良法才能善治。

许经营权的非存款类经营机构。(2)典当融资的法律关系不是担保,而是以物质钱,因物称信,占有质、收益质、使用质和归属质,流质契约,典当人不还钱赎回不是义务,而是权利;典当人流质不违反诚实信用原则。内部规则具有抽象性、普遍性,不是单独为某个人或者某个利益集团制定的,反映的是典当金融的内在特征,外部规则一定要顺应内部规则,就是监管部门和法院通过强制性的规定和创设的具体法律规则反映内部规则和政策目标与意图,以及创新发展。外部规则不能够严重背离内部规则。否则就乱套了。

我国现行《典当管理办法》,一是严重背离了典当融资的本源法理。从第三条可以看出,完全搞成了一个担保融资,与其他金融机构的担保融资方式无异。这也与中国香港、澳门、台湾地区所继承的典当习惯法背道而驰,以典当之名行担保之实,人为造成许多混乱和不必要的监管与司法难题,纠缠一些无意义的问题浪费智力和时间。二是该办法第三条与第四十三条规定(一、二)相互冲突。按照第三条规定应该是担保融资,却在第四十三条第二款规定当物估价金额不足3万元允许流质,这使得允许流质与现行《民法典担保编合同编》中不允许流质的相关条款相冲突。我国的《典当管理办法》法律效力层级低,法院进行裁判时不能作为请求权和裁判说理依据,但司法要遵循基本的行政规章,使得法院对典当纠纷的法律关系判决全部错了,造成人为的裁判困惑[①],扭曲了市场行为。这也可能是最高法院颁布《关于适用民法典有关担保制度的解释》没有把典当纳入的原因。基本的法律关系搞错了,后面许多方面也就错了。

因此,应该至少在国务院或者国务院法制办层级上制定《典当管理条

[①] 参见钱锡青、武彬:《民间融资中典当纠纷的裁判困境与司法路径》,《东方法学》2013年第1期;上海市高级人民法院课题组:《典当纠纷案件审理中的法律适用问题研究》,《法律适用》2013年第6期;林晨、金赛波:《典当纠纷实用案例裁判与述评》(上册),典当法律关系性质部分,法律出版社2018年版;从银保监会办公厅《关于加强典当行监督管理的通知》(〔2020〕38号)(八)规定"回归典当本源"看,新的监管部门已经认识到2005年的《典当管理办法》存在的问题了。

例》,或者上海借全国人大授权上海人大对浦东立法之际,制定上海版的《典当管理条例》,对本源的典当融资和典当行的法律性质及其关系正本清源。据此对典当行颁布特许营业质的经营牌照,区别于其他类型的非存款类金融机构。根据中国银保监会办公厅《关于加强典当行监督管理的通知》(〔2020〕38号),行政监管部门只能接受既定的《典当管理办法》,监管机构的下级要服从上级,但司法部门可根据《民法典》第十条,从习惯法中找法理和判决校正典当行政规章的根本错误。只有这样基于正当的典当法理,典当的行政监管规章与司法裁判一道才能构成好的营商环境的法律基础。

（二）行政监管部门与司法部门要协调解决的几个当务之急

在目前无法改变《典当管理办法》既定规定的情况下,行政监管部门和司法部门要合作解决好不能回赎的情况下的息费收取、绝当处置、当票与担保合同的关系:

（1）为体现典当行机构特性和典当法律关系特殊性,把典当纠纷作为一个独立案由。

（2）典当综合费用包括典当行在实际履行典当合同中产生的各种服务及管理费用。综合费是典当法律关系中所特有的内容,也是典当合同区别于一般借款合同的重要特征。典当人主张典当金发放时已预先扣除典当综合费用,并要求当金按照实际发放的金额认定的,人民法院应不予支持,应该按照典当票所载金额计算;典当行与典当人对典当综合费率有约定的,依法从其约定;典当人于典当期限或者续当期限届满至绝当前赎当的,除须偿还当金本息、综合费用外,还应当根据中国人民银行规定的银行等金融机构逾期贷款罚息水平、典当行制定的费用标准和逾期天数,补交当金利息和有关费用;典当行与典当人约定绝典当后典当人应支付违约金、逾期利息、典当综合费用的,典当行应该可以主张。

（3）逾期不赎也不续的,视为绝典当;绝典当后,典当人丧失回赎当物的权利,典当物所有权归属典当行,典当行有权按照相关法律规范处分绝当物品;典当行不能凭典当人的概括授权(预授权)处置当物,在当期内违反规定出租、使用当物的,按向典当人租用当物处理,租用费按当地市场价计算,可以抵销综合费用、当金利息和当金。

(4) 如果双方约定采用协议折价或者协议拍卖、变卖的方式及时处理绝当物,并就所得价款优先受偿。拍卖、变卖收入在扣除拍卖、变卖费用及当金本息后,如果合同约定是抵质押的,剩余部分应当退还当户,不足部分应当继续向典当人追偿,不足部分应该包括罚息、违约金、违约后的息费。如果合同约定流质的,应该允许典当行行使流质权。

(5) 典当票是确立典当行与当户之间合同权利、义务关系的基本依据,合同的订立、履行、变更和转让、权利义务终止和违约责任的承担,在赎回、续当、收付款项等时,要与担保合同规定条件同时发生才有效。

(6) 根据《民法典》第五百九十一条规定,当事人一方违约后,对方应当采取适当措施防止损失的扩大;没有采取适当措施致使损失扩大的,不得就扩大的损失请求赔偿。据此,典当人不赎回,司法部门可创新简易执行程序,典当行快速流质处理,有利于不使对方损失扩大,徒增不必要成本。当事人因防止损失扩大而支出的合理费用,由违约方负担。这点也适用于违约后的息费收取问题。

(三) 多部门协同解决典当判决执行效率

在典当纠纷调解时,典当协会、司法、仲裁、监管部门等形成的调解协议具有法律效力,法院可以强制执行。在处理不动产、动产和权利资产过户时,不需要公证,不必典当人到场配合,只需凭法院判决和调解协议,即可具有强制执行效力,不必每案采用冗长烦琐的拍卖执行程序[①]。在适应

---

① 有这样一个降低执行成本的案例:申执人为上海市××典当有限公司,被执行人为××,执行法院为宝山法院执行庭。被执行人将自己名下的房产一套典当给申执人,逾期未还典当钱款,且不知去向,申执人以公证文书向宝山法院申请强制执行,因被执行人不知去向未到庭,所以执行庭经第三方评估机构对被执行物的价值评估后,将被执行标的过户给申执人,从而消灭了此笔房产典当的债权债务。凭法院的协助执行通知书,该典当行到宝山房地产登记中心办理了过户手续,之后在二手市场挂牌出售回收了典当款。

金融监管新政的同时,法院也不能失去司法的基本特性,那就是保持审判的相对独立性,坚守公平正义的最后一道防线。因为根据历史经验,并不意味每一项监管政策都是正确和合理合法的,要坚持用公正善良和平衡之术来处理各种纷繁复杂的典当纠纷,比如要正确把握好契约自由与公序良俗、借款者与典当行之间的利益平衡关系等。在典当纠纷的案由确定、典当合同效力确定、息费以及违约金的收取等问题上,各级法院的裁判千差万别,甚至同一法院的裁判也不尽相同,建议上海高院与典当协会和银保监管局合作制定《关于审理典当纠纷案件若干问题的指导意见》之类的司法文件,统一裁判尺度。

六、结论

考虑典当金融的健康发展,我们要在如下两个大背景进行:第一,我们要建设符合国际规则的、适合中国国情的法律制度。第二,我们的改革开放,已经从要素流动阶段进入了向规则等制度性开放的转变。上海要建设为国际金融中心,金融作为一种金融资源具有配置其他自然和社会资源的机制,内在要求上海成为正当金融法律规则下进行金融创新的中心,关注本土传统法律有用资源[1]。这意味着我们的典当金融法律制度在此背景下要发生重要改变[2]。

本文从中国历史、法与金融学以及比较法的角度,重点研究了典当行的金融机构性质、典当法律关系的特质,指出应该在现有《民法典》框架下,抛弃典当是担保物权和担保融资的错误规定,尽快回归典当本源法理,制

---

[1] 参见案,苏力:《法治及其本土资源》(第3版),北京大学出版社2015年版。
[2] 典当并不是只有中国有的融资法律制度,参见 Robert W. Johnson, *Pawnbroking in the U. S.: A Profile of Customers*, 1998, Geogetown University Washington D.C.; Prbhu Gate, *Informal Finance: Some Findings from Asia*, Oxford University, 1992;徐清军:《英国典当业报告》,载天津典当网:"国外典当资讯";[美]伦德尔·卡尔德著,严忠志译:《融资美国梦:消费信贷文化史》,上海人民出版社2007年版,第114—115页。

定法律效力层级高的《典当管理条例》或者《典当法》，引导典当行从事正当典当业务，同时银保监会与司法部门要从典当正当法理出发协调要处理好多个突出的典当纠纷问题，协调各有关部门共同发文，便于典当行执行不动产、动产和权利资产过户处置。

执笔：汪其昌

B3 利率市场化改革、市场化利率演进与典当业息费率性质

1996年起，我国开始实行利率市场化改革，至2003年初步完成外汇利率和货币市场利率的市场化，再到2013年基本完成先贷款利率后存款利率市场化。此后，利率市场化进入全面开放阶段，到2015年存款利率全面放开。2019年8月，中国人民银行决定改革完善贷款市场报价利率（Loan Prime Rate，LPR）形成机制，从而，我国的利率市场化实现货币市场利率和商业银行存贷款利率并轨的最终完善。在当前阶段中，我国正逐步实现市场利率和政策利率并轨，信贷、拆借、债券市场定价趋于合理，资源配置效率得到稳步提升。同时，改革过程中所遇到的诸多挑战及应对措施给未来的市场治理提供了借鉴思路，为未来进一步提高市场效率奠定基石。

利率市场化对我国经济结构调整与优化金融环境具有重大意义。随着利率市场化不断深化，实体经济融资难问题得到了一定程度的解决，要素分配合理性得到提升。在金融环境方面，商业银行的盈利模式逐步完成现代化转型，货币政策传导机制逐步完善，央行利率调控更为有力。随着利率市场化逐步深化，民间借贷利率趋于有效，平稳性显著提升。民间借贷作为非正规金融活动，是国内融资市场的重要组成部分。国内外经验表明，一个成熟、有效的利率市场有助于非正规金融活动的有序开展，助力实体经济发展。

利率市场化对我国典当行业的健康发展有重要影响。目前，利率定价逐步由政策指导转向由市场决定，典当行业息费率中的利率部分相应地完成了随行就市的转变，有助于解决小微企业融资难的问题，从而更好地服

务实体经济。同时,典当行业承担着当物鉴定、保管的职责,息费中的综合服务费部分具有特定的成本结构,而与市场资金价格无关。在实际业务开展过程中,典当行通常将综合费用与利息加总,以一个整体的息费率合并计收,这无疑混同两者的性质,不利于客观公正地分析利率市场化对典当行业长期发展的影响,也不利于明确认识典当行业综合服务费的客观现实性。本文将分析近年来典当行业整体息费率趋势,并阐明利息与综合费用的本质差异,提出行业发展建议。

一、2013年至今的利率市场化进程

我国利率市场化是继商品市场渐进式"双轨制"改革之后,金融要素市场化改革的重要举措。由于资本存在不同层级的流动性和风险偏好,异质资本对宏观经济产生的影响不同,利率的市场化改革主要通过分层级、分领域渐进式改革。从20世纪90年代起,我国利率市场化分别经历了顶层设计、同业拆解利率市场化、货币政策改革、存贷款利率市场化、货币市场及债券市场大发展等几大阶段。上述内容均已在《2013年上海典当业发展报告》的专题报告中予以展开,本文仅就2013年至今我国在利率市场化过程中所取得的成就和遇到的问题进行讨论。

(一)数量型货币政策工具向价格型货币政策工具的转变初步完成

在我国利率市场化的最终深化阶段中,央行货币政策操作工具的变化无疑具有最重要的顶层设计特征。在当前阶段,央行由以往的采用数量型货币政策工具逐步转变为使用价格型货币政策工具。一方面,这反映出由于我国经济发展进入新的阶段,央行以新的货币政策机制适应国情;另一方面也显示出"货币政策—金融市场—实体经济"的传导路径已逐渐通畅,利率作为货币政策的重要抓手将大有可为。

从转变货币政策机制的角度看,货币政策工具的转变顺应了经济发展规律,有利于央行更好地调控宏观经济运行。随着2014年以来我国国际

收支趋于平衡,以往央行通过外汇占款渠道被动向银行体系投放基础货币、以货币发行量为中介目标的机制不再具备延续的条件。同时,我国的货币市场、债券市场在利率市场化过程中均已得到了较为充分的发展,以存款准备金率为代表的数量型货币政策在企业融资渠道越发多样化的情况下,难以实现对实体经济中特定部门进行针对性的货币投放,此时亟须一种新类型的货币政策工具以适应新的经济发展形势。为了配合经济保持稳定增长的同时避免流动性过剩、通胀高企,央行逐步增加公开市场操作、中期借贷便利、抵押补充贷款等工具的使用,通过直接影响利率价格以影响货币市场、债券市场,最终作用于实体经济。在该框架下,货币政策的自主性、可控性、主动性较以往有了很大程度的提升。

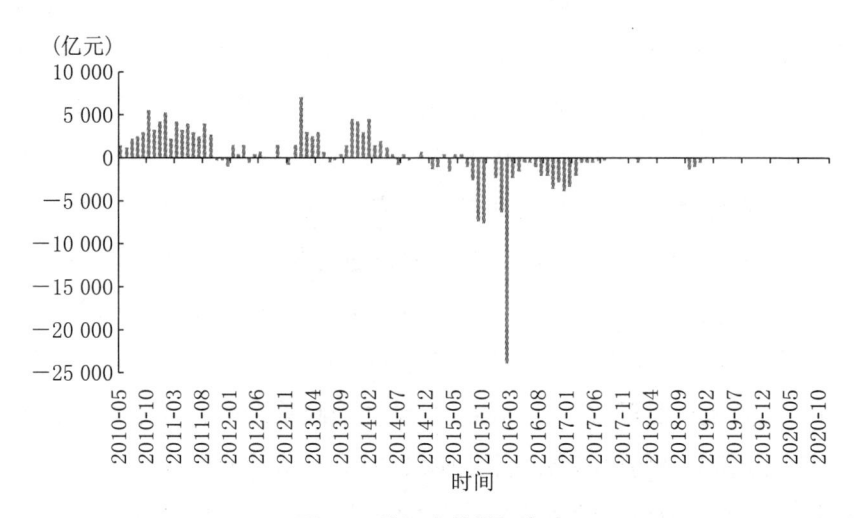

图 3-1 外汇占款增加变动

资料来源:Wind。

从传导路径上看,价格型货币政策工具的使用体现出我国货币政策传导逐步顺畅,货币、债券、信贷市场的发展进入新的阶段。在利率市场化的前3个阶段(1996—2015年),我国基本完成了货币、债券市场的设立,但是,利率从债券市场向信贷市场的传导由于市场利率和政策利率的割裂而颇为不畅。因此,利率并轨以及寻求有效的政策中介目标是利率市场化最终深化阶段最重要的目标。为此,我国自 2013 年开始实行三步走:第一步是建立市场化利率体系,确定政策利率目标并确保其对于宏观经济因素反应敏感并且具有可操作性;第二步是逐步放开存贷款利率的浮动限制①,使实际存贷款利率能够在政策利率的基础上实现自由浮动,从而更好地对标市场利率;第三步是培育关键政策利率与市场基础利率,完善利率走廊机制,最终形成以从政策目标利率引导市场基础利率,以市场基础利率和资金供求关系共同决定金融机构存贷款利率的利率形成机制以及利率市场体系。随着上述改革的进行,目前我国已基本建立起完整、通畅的货币政策传导路径,以利率为中介目标的调控机制呈现常态化趋势。

(二)央行资产负债表调控配套机制日趋完善

央行资产负债表的调整是在常规货币政策之外,短时间、高强度的市场干预行为。其具有显著的危机介入效果,但同时也伴随着市场结构扭曲、商品及劳动力市场不能及时出清、提升通胀预期等副作用。

随着我国对外开放的逐步深化,我国经济发展受发达经济体的影响日益增加。2008 年全球金融危机之后,全球主要央行开始了大规模扩张资产负债表,向市场注入资金用来购买国债、资产支持证券和信用债,以压低长端利率,保证债券市场流动性,并防止系统性金融风险向实体经济传导。在这个背景下,我国央行面临着维持国内宏观经济稳定发展,确保币值稳定,并同时保持货币政策独立性的问题。为此,在利率市场化的最终深化阶段,我国央行积极探索资产负债表调控配套机制,并在货币稳定、银行体系流动性管理上取得了良好的效果。

国外经验表明,央行在重大历史事件发生时为实现经济平稳发展而调整其资产负债表,往往可以起到积极的作用,但也常常伴随着巨大的副作

---

① 2013 年 7 月,央行全面放开金融机构贷款利率管制;2015 年 10 月,央行不再对商业银行设置存款利率浮动上限。

用。从历史上看,美联储的相对资产规模①在1930年、1944年、2008年发生了巨大扩张。这3个时点分别对应大萧条、第二次世界大战结束和全球金融危机,但扩张的原因各不相同:大萧条开始时,美联储资产负债表规模下降8.5%,而此时美国名义GDP下降11%以上,造成相对资产规模被动扩张;第二次世界大战结束后,由于前期战争因素高企的名义GDP增速从近20%自然回落至10.5%,美联储资产负债表的相对规模再一次进入被动扩张区间;2008年全球金融海啸期间,美联储常规的利率工具无法在零利率下限附近起作用,因此必须采取扩张资产负债表等非常规货币政策。与前两次被动扩表不同,2008年的扩表系美联储主动介入、并且延续时间长,至今依然看不到退出迹象。本轮扩表一方面在短期内强烈刺激了美国经济的复苏,使全球避免了20世纪30年代大萧条的重演;另一方面,也导致了几个明显的副作用:首先,其所购买的长端政府债券、资产支持证券和信用债扭曲了市场配置,造成市场对缩表可能造成的长端利率上行、融资环境收紧形成预期,加剧了金融市场波动;其次,货币的大量投放最终体现在资产价格的上涨,虽然美国核心通胀率并未呈现出明显的上扬态势,但以股票和房地产为代表的资产呈现出一定的价格泡沫②,如图3-2、图3-3所示。

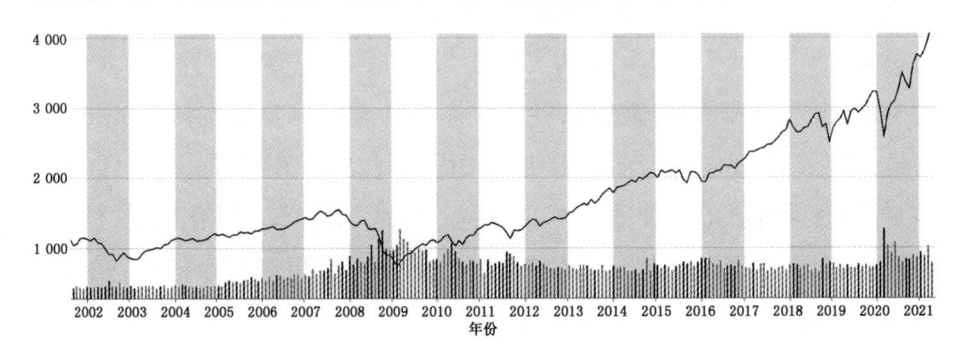

图 3-2 美国标准 500 指数

数据来源:雅虎财经。

---

① 采用IMF研究框架,以央行资产负债的绝对规模除以名义GDP构建相对资产规模。
② 标准普尔指数从2008年末至2020年末上涨315%;Shiller房价指数目前已超过次贷危机房地产泡沫时期。

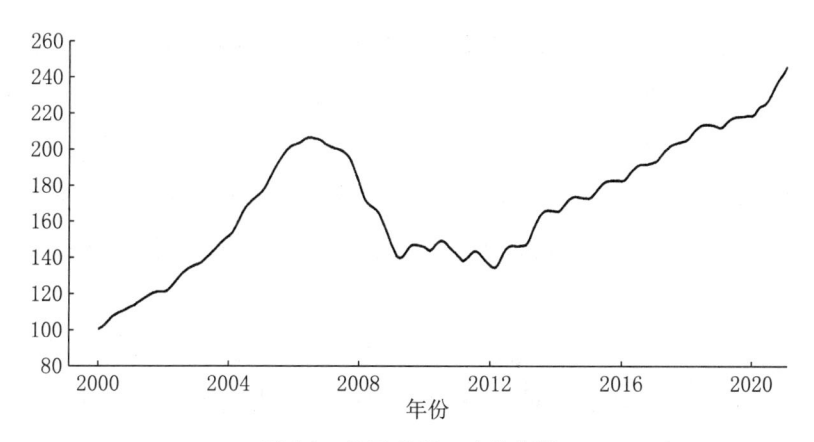

图 3-3 美国 Shiller 房价指数

数据来源：Standard & Poor。

以美联储为代表的全球主要央行的扩表行为对我国央行的资产负债表调控机制有借鉴作用,但我国与西方国家在经济发展、货币政策传导路径上大相径庭,我国央行在制订资产负债表调控机制时并非盲目照搬西方经验。首先,从经济发展上看,2008 年的全球金融危机以及之后的欧债危机对我国的冲击有限,我国实际 GDP 依然保持中高速稳定增长。而在新冠肺炎疫情冲击过程中,我国疫情得到了有力的控制,经济率先复苏。由于我国受外部冲击影响小、时间短,央行并无必要采取主动扩表;其次,我国现阶段货币政策的传导路径、政策工具的有效性与美国差异较大,在常规货币政策效果良好、政策空间较大的情况下,我国常规货币政策已能充分实现调控目标①。

基于上述差异,我国央行在资产负债表调控的实际操作方面呈现出渐进式的摸索,并形成了一系列相应的配套政策工具。从 2002 年至 2014 年,我国央行资产负债表的扩张主要是由于外汇占款增加,但是由于法定存款准备金率的提高,银行流动性并未得到放松,货币政策实际上趋于收紧。

---

① 2019 年第三季度《中国人民银行货币政策执行报告》指出:中国实施常态货币政策,法定存款准备金率作为常规货币政策工具发挥了重要作用。

2015年之后,外汇占款一度下降较快,于是央行采取中期借贷便利、抵押补充贷款等工具弥补资金缺口,同时下调法定存款准备金率。在这一阶段,虽然央行资产负债表规模减小,但银行体系流动性依然保持合理充裕,货币条件总体保持稳定。综上所述,在近年来的实践中,我国经济在央行资产负债表调控及相关配套政策的实施下实现了平稳发展,金融市场总体稳健。

由于我国央行在过去的实践中并未采取西方模式下大规模主动扩表,货币政策尚有较大余地。同时,配套政策的实践为我国货币当局的资产负债表操作积累了丰富的经验,为应对未来可能面临的挑战提供了有价值的参考。

(三)利率走廊机制逐步成熟

在我国利率市场化进程中,价格型货币政策工具的中介目标是收益率曲线,而调控收益率曲线最主要的工具便是利率走廊。通常,国际上通行的价格型货币政策工具通过如下链条传递央行的价格信息:首先,央行通过对商业银行设定自己的存贷利率,构筑起银行间市场短端利率的合理波动区间,该区间称为"利率走廊"。尔后,介于利率走廊上下限之间的短期利率影响中长期利率债[①]收益率,进而带动相应期限信用债定价。最后,信用债价格进一步传导至信贷市场的贷款价格,作用于实体经济。由此可见,利率走廊机制是影响短期利率最直接的操作工具。

利率走廊机制与传统的公开市场操作有很大的不同。在利率走廊机制下,央行只需要保持自己的存贷款利差不变,仅需变动存贷款利率的上下限即可实现对银行间拆借利率的调节与控制。相比之下,传统的公开市场操作由于涉及国债的买卖,具有成本高、流程长、效果间接、不透明的特点。

从国外经验上看,通过利率走廊调节收益率曲线是发达经济体主要的

---

① 利率债指政策性金融债,包括国家开发银行、中国农业发展银行、中国进出口银行发行的债券。政策性金融债被认为具有国家信用,且市场流动性大于同期限国债,因此常被用来表征中长期限收益率。

常规货币政策手段,并在过去的实践中卓有成效。加拿大央行自1999年后推行利率走廊调控模式,该国设定的利率走廊的上限为央行隔夜再贷款利率,下限是在存款利率,上下限的重点为央行隔夜目标率。自加拿大实施利率走廊调控后,其隔夜回购利率波动率显著降低,公开市场业务规模持续下降。对整个金融系统而言,启用利率走廊机制令加拿大的金融系统稳定性上升,调控操作复杂度显著降低,货币政策的有效性得到了充分发挥。无独有偶,美联储自2008年底以来,降低了公开市场操作频度,转而尝试利率走廊的调控模式。美联储转向利率走廊模式是由于金融危机期间银行的超额准备金大幅上升,通过公开市场操作很难有效影响资金市场。在传统工具失效的情况下,利率走廊机制可以起到将利率政策与准备金规模分离的作用,美联储这一政策机制的转变在金融危机期间提高了货币政策传导效率,降低了货币当局调控的复杂度,为应对危机作出了巨大的贡献。因此,国外在推行利率走廊机制时的背景与其金融市场发展阶段以及特定的宏观经济情况有关,向利率走廊机制过渡也是金融市场发展的必经之路。

随着利率市场化改革进一步深化,我国自2014年起尝试探索利率走廊机制,并在过去几年中取得了良好的效果。2014年5月,时任中国人民银行行长的周小川表示,在我国货币政策框架从数量型向价格型转变过程中,短期利率的调控方式将采取"利率走廊模式"。随后我国央行开始进一步扩大常备借贷便利(SLF)和再贷款等操作,标志着我国正式进入利率走廊探索阶段。2015年一季度货币政策执行报告明确提出"探索常备借贷便利利率发挥利率走廊上限的功能",利率走廊机制的探索稳步推进。在随后几年中,常备借贷便利操作呈现常态化、稳定化,我国逐步形成了以常备借贷便利利率为上限,超额准备金利率为下限的利率走廊。与此同时,银行间存款类机构7天回购利率(DR007)由于(1)弹性增强[①];(2)在利率走

[①] 2016年三季度《货币政策执行报告》提到,DR007利率弹性有所增强,既体现经济基本面以及季节性变化规律,又合理反映流动性风险溢价。

廊上下限之间浮动①,(3)展现出良好的市场性、稳定性、基础性和传导性(潘璠,2019),从而成了业界与学界公认的短期基准利率。至此,利率走廊机制初步建成,货币政策传导机制的第一环完成了市场化改革,利率市场化迈出了坚实的一步。

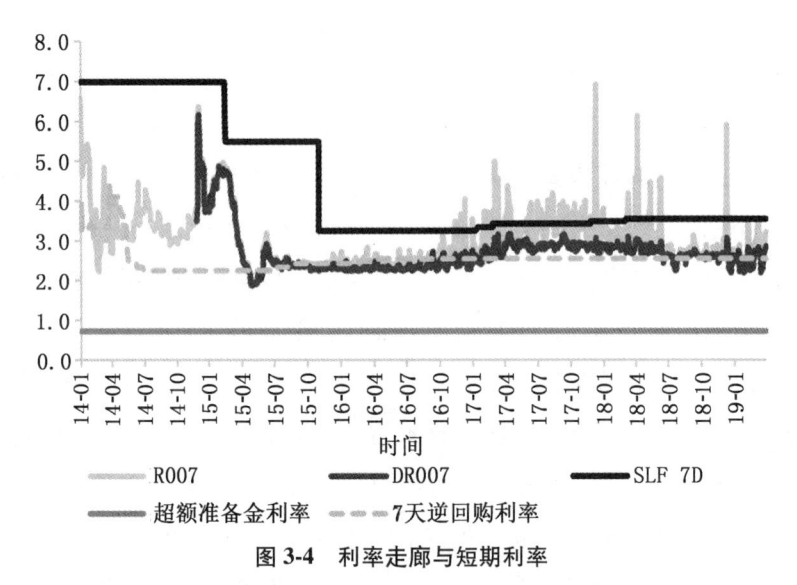

图 3-4 利率走廊与短期利率

数据来源:Wind,国泰君安证券。

(四) 市场报价利率代替贷款基准利率成为定价锚

将企业贷款利率和市场利率挂钩是我国利率市场化进程中最为关键的一环。长期以来,在我国信贷市场上一直以贷款基准利率作为锚,该利率即所谓的政策利率,而利率市场化的一个重要目标便是要令市场定价代替行政定价,在信贷市场发挥主导作用。在此背景下,我国有序推进了市场报价利率改革,实现信贷市场平稳过渡。

我国推进市场报价利率改革,一方面是由于贷款利率双轨问题亟待解

---

① 2018 年 12 月,中国人民银行行长易纲在《中国货币政策框架:支持实体经济,处理好内部均衡和外部均衡的平衡》的主旨演讲中指出,DR007 在上下限之间浮动,意味着中国已基本建立起利率走廊。

决;另一方面是由于近年来国内外形势为推进贷款利率市场化提供了难得的时间窗。

首先,贷款利率的双轨制问题长期存在,市场报价利率改革意义重大。在贷款市场报价利率(LPR)改革之前,银行进行贷款业务时主要参考贷款基准利率,银行会根据借款期限、企业资质、增信措施来确定浮动比例。由于利率的浮动范围存在限制,实际中贷款利率受隐形下限的约束。市场化的利率调控和货币政策传导的效率因此被降低,当市场利率下行时,企业贷款利率往往依然维持原有位置。此时如果直接降低贷款基准利率,则又可能传递过强的政策信号,刺激助长资产泡沫,同时,新的隐形下限依然无法打破。因此实现贷款利率并轨,推动贷款利率市场化便是解决上述问题的关键。

其次,在近年来国内外形势下,推进贷款利率市场化刻不容缓。从宏观经济情况看,中国经济增速换挡,尤其是新冠肺炎疫情发生后,经济发展进一步承压。此时通过贷款利率市场化改革,可以进一步疏通货币政策向贷款利率传导的通道,为降低实体经济融资成本提供有力支持。从市场利率走势看,近年来央行逐步探索使用了创新型货币政策工具,保持货币市场和债券市场利率的平稳运行,稳定的市场为改革创造了良好的金融环境。从银行的承受能力看,2018年以来银保监会与中国人民银行对影子银行、P2P等加强监管,银行负债成本下降、息差回升,银行经营环境的宽松使得通过市场化改革降低实体经济融资利率成为可能。从国际环境看,自2008年全球金融危机后,全球经济下行压力加大,突如其来的新冠肺炎疫情更是令外部环境雪上加霜。发达经济体普遍实行宽松的货币政策,我国贷款利率水平存在下行空间。从社会舆论看,党中央、国务院多次提出支持实体经济、降低贷款利率水平,全社会对于银行在竞争市场中降低利率水平形成共识。上述内外部环境为我国推进贷款利率市场化改革提供了有利的时间窗,为我国顺利实行贷款报价利率创造了机会。

在具体实施市场报价利率改革的过程中,我国采取了分阶段实施的方案。

2013年10月,LPR集中报价和公布机制正式运行,至此我国进入市场报价利率改革的第一阶段。该机制要求每天由10家报价行自主报出其对有优质客户的贷款利率,经全国银行间同业拆借中心进行加权计算出LPR。该阶段的LPR在实际运行中存在诸多问题:一是由于各家报价行主要参考贷款基准利率,导致LPR利率与贷款基准利率同向同幅波动,原有利率锚效应依然稳固。二是报价行数量少并全部都是全国性银行,代表性不足。三是期限品种不全,只有一年期一个品种。四是报价频率过高,报价行重视程度不足。五是运用不足,部分报价行对LPR的运用流于形式,往往先确定实际贷款利率,后倒算LPR加减点。

为了解决上述问题,中国人民银行在2019年8月17日发布公告,宣布改革完善LPR形成机制,市场报价利率改革进入第二阶段。在该阶段,央行采用了新的报价原则、新的形成方式、新的期限品种、新的报价行和新的报价频率,具体而言:第一,央行要求报价行首次报价前提交报价模板,构建报价模型,经中国人民银行同意后正式施行,新的报价原则重点考核报价的科学性和真实性。第二,报价方式改为了各行根据自身最优客户贷款利率,在MLF利率基础上加点的形式。将LPR与MLF利率挂钩,可形成由央行间接调控的市场化参考基准,也更好地反映市场供求情况。第三,LPR在原有一年期一个期限品种基础上,增加5年期以上的期限品种,为银行发放住房抵押贷款等长期贷款的利率定价提供参考。第四,央行增加了LPR报价行的数量和类型,提高了报价的代表性。第五,央行对LPR的报价频率进行了优化,由原来的每日报价改为每月报价。此后,2019年12月28日,央行发布公告,要求各金融机构应主要参考LPR进行贷款定价,并且自2020年1月1日起,不得新发放参考贷款基准利率定价的贷款。至此,我国完成了市场报价利率代替贷款基准利率成为定价锚的关键一步。

二、市场化利率对优化金融环境、调整经济结构意义重大

我国的利率市场化是一个由顶层设计牵头、各项配套改革相继跟进、市场参与主体全面深化的过程。在这个过程中,金融市场以及实体经济所受的影响是衡量利率市场化成败的关键。本部分将围绕利率市场化对优化金融环境、调整经济结构进行剖析。

(一)市场化利率演进令商业银行竞争加剧

利率市场化最初、也最直接作用于商业银行,而商业银行通过金融市场,将这种影响进一步传递到实体经济。因此,观察利率市场化过程中商业银行的变化是考察利率市场化对金融环境、实体经济影响最有效的途径。在过去几年的实践中,商业银行的变化呈现出以下几点规律:(1)存贷利差缩小且利润增速下降;(2)贷款行业、客户结构发生调整;(3)信用风险、利率风险和流动性风险上升。

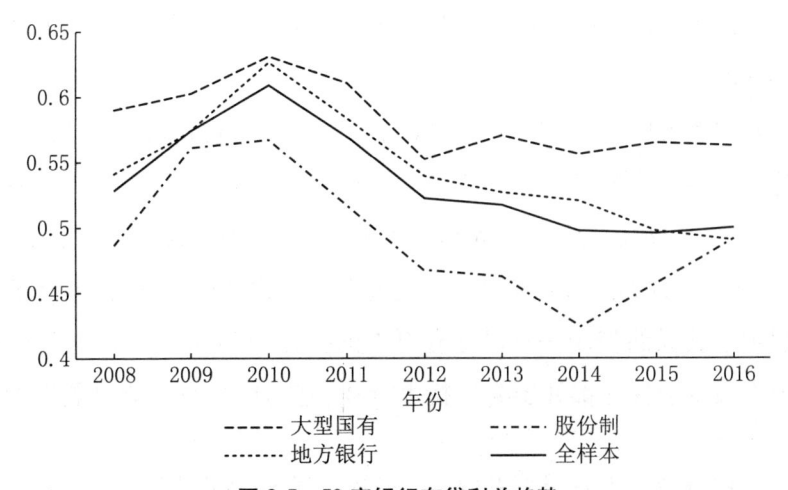

图 3-5 50家银行存贷利差趋势

数据来源:王晨曦、董月新、张旭(2019)。

随着利率市场化改革的推进,商业银行存贷利差缩小、利润增速下降。

王晨曦、董月新、张旭(2019)发现近年来银行存贷利差呈现缩窄态势。该研究进一步将50个商业银行的存贷利差对利率市场化指数[1]进行回归,得出利率市场化导致了存贷利差下降的结论。除此之外,各家银行年报显示,银行营业收入增速与净利润增速都随着利率市场化的推进呈现出不同程度的下降趋势。例如:2012年时,25家上市银行中只有2家的净利润增速在10%以下,而到了2016年,有20家银行的净利润增速低于10%,国有五大行净利润增长接近停滞。由此可见,利率市场化对银行赖以为生的存贷利差作用明显,并最终体现在了盈利能力上。长期以来,银行作为我国企业主要的融资渠道,依靠固定的存贷款息差盈利[2]。在这个背景下,利率市场化在银行业引入了竞争机制,使银行可以通过提高存款利率揽存,降低贷款利率拓展信贷业务,这是我国银行业的新机遇。但与此同时,竞争压力也迫使银行无法继续维持曾经的存贷息差,垄断利润不复存在,银行旧业务模式面临挑战。中国银行国际金融研究所对工、农、中、建四大行进行研究后发现,利率市场化最终的效应会使四大行的利息净收入下降将近一半。未来,如何适应利率市场化带来的竞争业态,是银行所面对的一个重要课题。

  随着利率市场化推进所导致的收入结构变化,银行贷款行业结构和客户结构持续调整。长期以来,我国信贷市场长期以来偏好国有企业,这一方面导致各大银行争相低价抢夺存量国企客户;另一方面造成民营企业融资难、融资贵,资本要素无法得到充分有效的配置。在这种情况下,利率市场化的推进起到了破局的作用——银行有更大的操作空间向中小微企业投放贷款。中小微企业往往都处于高新技术行业,它们比严重产能过剩行业[3]具

---

[1] 安辉、张芳(2017)提出利用DEA方法构建的利率市场化进程测度(IRLI)。
[2] 据王宇、李宏瑾(2019)统计,中国上市银行在2019年的贷款占生息资产的50%左右,存款占计息负债75%左右,利差是银行主要来源。
[3] 2013年10月,国务院发布《关于化解产能严重过剩矛盾的指导意见》,将钢铁、水泥、电解铝、平板玻璃、船舶确定为产能严重过剩行业。

有更高的生产效率,向这些企业发放更多的贷款,改善了银行的信贷行业分布,提高了资产配置效率。

利率市场化增加了信贷资产的信用风险、利率风险和流动性风险,对银行的风控提出了更高的要求。如上文所述,在利率市场化改革之前,银行长期得益于固定大客户所带来的垄断利润,而这一趋势在竞争业态加剧的情况下不能持续。利率市场化对于银行展业方面施加的压力产生了两种可能的结果:其一是银行放松信贷标准造成信贷质量下降,信用风险上升;其二是资产负债成本和久期的匹配难度上升,利率风险和流动性风险增大。银监会利率市场化改革研究小组(2012)认为,我国银行在资源配置、成本管理、风险控制等方面仍相对较弱,利率市场化令这些短板持续受到考验。近年来,随着经济下行压力加大,银行所面临的各类风险有增无减,如何有效防范、化解这些风险体现了一家银行经营能力。

综上所述,利率市场化对我国银行业既是机遇,又是挑战。随着存款保险制度的推出和金融机构破产退出机制的完善,优胜劣汰后的银行将呈现出更高的资产配置,能力更健全的风险控制能力,并为货币政策传导、服务实体经济提供更大的能量。

(二)货币政策传导机制日趋完善

利率市场化包含两方面的价格市场化:一是金融机构的利率水平;二是央行的利率管理方式。其中,金融机构的利率水平是由央行通过调整货币政策的方式引导而产生。因此,理顺货币政策传导机制,加强货币政策有效性,是今后利率市场化工作的重点。

从经济学理论上看,货币政策影响实体经济的渠道大致分为利率渠道、汇率渠道、资产组合渠道及信贷渠道。从重要性的角度而言,目前实际经济运行中主要考虑利率渠道和信贷渠道。利率渠道源自凯恩斯主义的宏观经济理论,该理论认为:货币政策首先影响的是名义利率,当短期价格水平维持不变时,实际利率随名义利率同向变动;其次,投资与消费根据实际利率变动而相继调整,最终改变总产出。早期的利率渠道强调了实际利率的重要性,而在20世纪80年代后引入了理性预期机制后,利率渠道进一步演变为:只有未被预期到的货币政策才会影响实际利率和经济活动,而被公众预期到的货币政策不会影响实际产出,只会改变价格水平。信贷渠道则是指由于市场摩擦和信息不对称,货币政策影响银行信用派生,进而改变借贷双方的匹配效率。随着伯南克等人于1996年、1999年提出金融加速器机制,信贷渠道成为了认识货币政策传导机制的重要理论。需要指出的是,利率渠道和信贷渠道并不是完全割裂,正如伯南克和格特勒(1995)所述,信贷渠道是利率渠道的扩大与补充。

我国目前已逐步实现价格型调控逐步代替数量型调控,本质上这是货币政策传导机制的优化过程。数量型调控强调总量控制,体现了以信贷渠道为代表的非新古典货币传导机制,在该调控框架下,信贷投放由于配给及定价问题往往效率低下。价格型调控则强调微观主体自主调整,体现了以利率渠道为代表的新古典货币传导机制,这种调控模式将资源配置的职责更多地交给市场完成。我国金融市场起步较晚且货币政策受计划经济思想影响严重,长期以来我国货币政策采取数量型调控。因此,我国货币政策传导对信贷中介的依赖程度较高,并且信贷价格在一定程度上受到扭曲。随着利率市场化改革的深化,数量型调控的弱点对经济平稳发展形成掣肘,向价格型调控转型成为发展的必由之路。国内学者对两种调控方式进行了实证研究,王宇、李宏瑾(2019)发现,利率渠道在货币政策传导过程中起到了基准性作用,利率机制的进一步完善,将使价格这一市场经济核心在资源配置中起决定性作用;信贷渠道在我国货币政策传导中依然发挥着非常重要的作用,信息不完全所导致的信贷配给仍是我国现阶段信贷市场的主要特征。可以预见的是,在一个发育健全、信息充分的金融体系中,作为对传统新古典利率渠道的补充,信贷渠道的作用将日益下降。同时,随着深化推进包括利率在内的金融要素市场化改革进程,切实开展包括金融机构市场准入、退出、业务管制放开等深层次配套改革,货币政策传导将更为顺畅,调控有效性将得到提升。

(三）利率市场化对调整我国宏观经济结构意义重大

从世界各国的发展轨迹看,一国在经济发展的初期往往表现为粗放型增长,而在发展到达一定程度后,提高资源利用效率将成为新的动力,经济增长模式转变为集约型增长。集约型增长要求经济转型、产业结构调整升级,而这离不开金融业相应的转变。从我国发展的实际情况而言,随着改革进入深水区,传统高能耗低产出的领域将逐步被高新技术产业所代替,新老业态的切换无疑对利率市场化改革提出了迫切要求,也为金融业加快转型带来了机遇。

利率市场化将进一步协助我国从政府主导型增长转向由市场机制发挥决定作用的增长模式。在曾经的计划体制下,融资利率以及投资计划都是由政府作为主要决策方制定的,这种模式具有以下弱点:(1)各级统计数据具有客观因素及主观因素造成的失真,从而容易使计划决策低效;(2)行政命令式的统筹安排降低了劳动积极性,造成资金使用过程中的浪费;(3)计算商品、劳动、货币市场的一般均衡对计算要求很高,且统筹安排的结果并不会比市场自发分配更优。随着我国经济发展中加大非公有制占比,投资决策权逐步下放至自负盈亏的国有企业以及方兴未艾的民营企业。在这种情况下,通过利率市场化放开名义利率管制,将使投资决策的自由度进一步打开,市场将完全代替行政计划成为资源配置的决定性力量,全社会的资金使用效率、劳动积极性将得到进一步提升。

同时,利率市场化将有助于我国的增长动力从外需向内需转型,更好地实现双循环。自从2001年我国加入WTO之后,外贸成为我国经济增长的主要引擎。但2008年国际金融危机以后,全球市场收缩,世界经济陷入持续低迷,国际经济大循环动能弱化。近年来这种势头更为加剧,西方主要国家民粹主义盛行、贸易保护主义抬头,经济全球化遭遇逆流。加之新冠肺炎疫情影响广泛深远,逆全球化趋势更加明显。在这个背景下,党的十九届五中全会提出,要加快构建以国内大循环为主体、国内国际双循环相互促进的新发展格局。增长动力由外需向内需转型,解决之道之一是纠正价格管制下的资源配置扭曲,而利率市场化便是纠正资本价格扭曲的方法。如果利率不能及时、充分地反映资本供求变化,就可能激励微观主体过渡投资,也难以通过优化投资结构推动产业转型升级;如果基础利率仍然受到管制,则必定会导致金融产品无法合理定价,金融市场的价格发现功能无法得到发挥。在金融市场扭曲的情况下,产能过剩、资产泡沫将不可避免。

另外,利率市场化将有助于我国完成从投资驱动转变为消费驱动的转型。研究表明,我国的资本形成对 GDP 的贡献率超过 50%,与之相对应的是我国居民部门消费率过低,这给我国经济和社会带来了严峻的考验:首先,投资过热导致了重复、过度建设,形成浪费;其次,地方政府债务率逐年攀升,存在一定的偿债风险;再次,过高的投资率挤出了居民部门的消费,居民福利水平并未随经济增长而同步提升。造成这种失衡的原因很多,而利率市场化是解决这个问题的有效手段之一。从日韩经验看,利率市场化极大程度上遏制了无效投资,缓解了投资对消费的挤出效应。国内学者以中国数据进行动态随机一般均衡模拟后也得出了类似的观点:促使市场利率波动由货币政策主导,有利于央行通过货币政策稳定市场利率波动,也有利于经济结构的缓慢调整、平抑总产出波动。

三、利率市场化背景下民间借贷利率趋于合理

(一)民间借贷活动的发展历程及现状

从长期来看,我国的民间借贷大多活跃于农村地区,为农业发展和农民生活的改善提供了资金支持。近年来,随着小微企业逐渐壮大,民间借贷的范围也逐渐从农村转向城市,由农业转向商业和制造业。在此背景下,梳理民间借贷活动的发展历程及现状,有助于更好地审视我国近年来非正规金融活动的发展,为更好地服务传统金融所无法触及的融资需求提供参考依据,也为真正实现普惠金融打下坚实基础。

从发展历程上看,我国民间借贷发展大致可以分为以下6个阶段:

第一个阶段是绝对禁止时期(1978年以前)。由于计划体制下不存在市场的配置作用,政府不得不依靠垄断的金融行业进行强制性资本积累,在该时期民间借贷近乎停滞发展。

第二个阶段是监管较为宽松时期(1979—1995年)。随着改革开放拉开序幕,非国有经济呈现蓬勃发展的态势,在此背景下金融模式呈现多元化发展,民间借贷崭露头角。在这一时期民间借贷规模有限、集中区域较小,大多建立在血缘、地缘和业缘等基础上,同时民间借贷作为新生事物,呈现出无序性和松散性。

第三个阶段是监管严格甚至取缔时期(1995—2004年)。由于错综复杂的民间借贷关系不断扩张,参与人群规模及复杂度增加,民间借贷的风险爆发概率不断上升。在接连爆发民间借贷违约事件后,监管层进而出台了《关于惩治破坏金融秩序犯罪的决定》,采取更为严格的监管措施。在这一阶段民间借贷活动再次被抑制。

第四个阶段为监管逐步放开时期(2004—2010年)。这一时期,在我国高储蓄率的支撑下正规金融机构的流动性过剩问题日趋突出。为了解决该矛盾,放宽民间资本参与金融活动的准入门槛成为主要改革方向。2008年原银监会与央行联合发布《关于小额贷款公司试点的指导意见》,意味着民间借贷从此有法可依。2010年国务院印发《关于鼓励和引导民间投资健康发展的若干意见》,正式宣布加大民间资本参与设立金融机构力度,放宽金融领域的准入限制。在这一时期,民营资本在金融领域逐步发展壮大,成为我国金融体系的重要组成部分。

第五个阶段为互联网崛起时期(2011—2015年)。由于互联网+浪潮的到来,民间借贷与互联网金融的融合使民间借贷(主要是小贷公司和P2P平台)呈现爆发式增长。在这一时期,信息技术令借贷的信息成本、获客成本大为下降,而金融创新(主要是贷款资产ABS出表)使融资约束被打破,民间借贷以远超预计的速度发展。

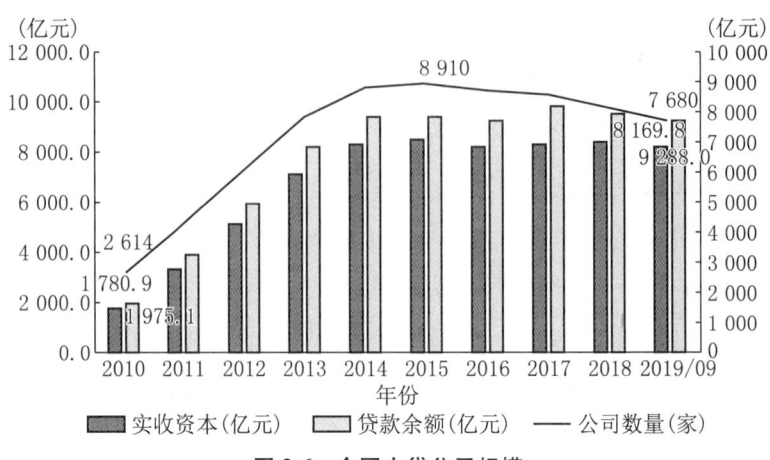

图 3-6 全国小贷公司规模

数据来源：中国人民大学中国普惠金融研究院。

第六个阶段为规范发展时期（2016年至今）。由于P2P平台无序的区域扩张并增加了经营杠杆，行业内放高利贷、信息侵权、暴力催收、非法经营、平台跑路等现象层出不穷。行业、地方、国家层面相关部门密集出台了一系列规范文件并加强监管，其中最引人注目的便是《网络小额贷款业务管理暂行办法》。该办法明确了监管范围，强调合规发展，并限制了垄断和杠杆，为行业未来合理发展指明了方向。2021年1月15日，央行副行长陈雨露宣布，P2P平台数量已从高峰时期的5 000多家全部清零。至此，P2P平台过度发展的浪潮退去，民间借贷完成洗牌出清，进入有序平稳发展时期。

（二）2000年后民间借贷利率演变路径

我国民间借贷活动大致可以从两个维度进行区分：按业务性质分、按区域分。这两种划分存在一定的关联性，传统的民间借贷利率和跨区域互联网金融差异较大，前者局限于线下局部区域展业，而后者由于线上展业，对前者业务模式形成冲击。因此，分析民间借贷利率演变路径也应对这两种业务模式分别进行研究。

对于业务呈现出显著区域特征的传统民间借贷而言，其利率呈现出地域异质性,并且长期而言这部分借贷利率随着我国整体利率水平下降而同向变动。就我国商品经济较为发达的温州地区而言,刘义圣(2007)对改革开放后温州民间借贷利率水平进行考察,发现民间借贷利率整体呈现下降趋势,并且同政策利率的利差在逐步缩小。周磊进(2008)发现了同样的规律并指出,货币市场的流动性、股票市场、房地产市场表现是造成温州民间借贷利率趋势性变化的原因。而在西部农业区域,霍学喜、屈小博(2005)根据问卷调查数据发现,2000—2003年,农户间借贷中绝大部分利率为零,只有一小部分收取较高的利率。就全国层面而言,2008年央行对30个省市的民间金融进行全面调查后发现,全国范围内民间金融利率有下降趋势,随着对民间金融的放松,这一趋势将逐步增强。2010年以后,随着市场利率的下行,民间借贷利率进一步下行。根据温州指数①,2012年末至今温州市民间借贷利率从24%附近下降至18%附近。

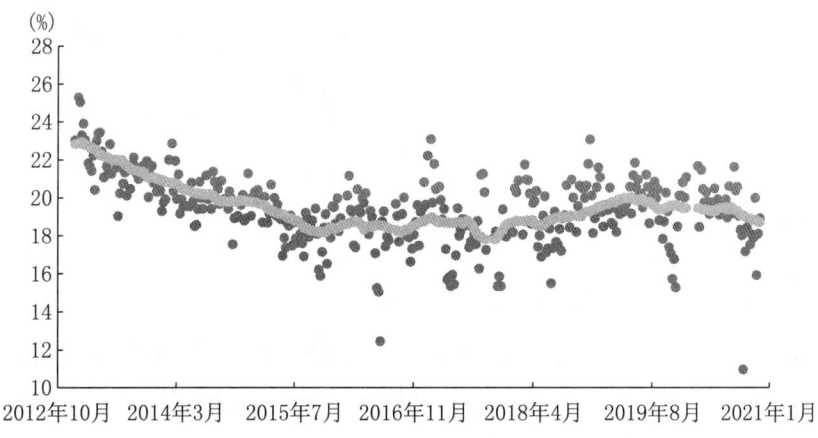

图3-7 温州民间融资综合利率指数:1个月利率

数据来源:温州市人民政府金融工作办公室。

对于2011—2015年蓬勃发展,之后逐渐式微的网贷业务,其综合利率

---

① 温州指数由温州市金融办于2013年1月1日起发布,用来表征温州地区不同类型民间借贷机构所发放的不同期限贷款的利率。

从2014年的20%以上开始下降,到2016年之后基本维持在10%附近。同时,我们可以看到,网贷利率较线下民间借贷利率低5—10个百分点,这是网贷业务跨地区展业以及行业充分竞争所导致的。由于网贷行业资产端的低利率拉低了平台盈利能力,加上前期无序扩张及优质标的稀缺,2018年之后网贷行业呈现大面积亏损,前期积累的问题逐步爆发。为此,监管层停止审批新成立网贷公司,并着手推进存量平台的清退转型。最终,网贷行业成了历史。

图 3-8 网贷行业综合利率走势

资料来源:王帆(2020)。

(三)民间借贷利率法律法规的变化

民间借贷利率的整体下行除了与国内利率下行、行业竞争加剧有关,更为重要的原因是近年来相关法律法规对高利贷行为的限制。

2002年1月,央行下发并开始施行的《中国人民银行关于取缔地下钱庄及打击高利贷行为的通知》第二条中规定:"民间个人借贷利率由借贷双方协商确定,但双方协商的利率不得超过中国人民银行公布的金融机构同期、同档次贷款利率(不含浮动)的4倍。超过上述标准的,应界定为高利借贷行为。"根据当时的银行贷款利率,高于24%的民间借贷即高利贷。虽然央行已经明确监管红线,但民间高利贷行为依然猖獗。相关资料显示,直到 2011 上半年，温州地区的民间借贷利率依然高达 40%，这为酿成"温州民间借贷危机"埋下了伏笔。2011 年下半年，由于无力清偿债务，温州市的企业出现大面积倒闭、逃债行为。这场危机让国家决心整顿治理民间借贷，国务院在 2012 年批复设立"温州市金融综合改革试验区"，旨在规范民间借贷行为、建立健全民间融资的监测体系。当地民间借贷利率在此后一年内逐步回到司法保护的区间内。

2015 年 8 月，最高人民法院发布《关于审理民间借贷案件适用法律若干问题的规定》，该文件与 2017 年底银保监会发布的《关于规范整顿"现金贷"业务的通知》一起，为民间借贷划定了以 24% 和 36% 为基准的"两线三区"的标准。在该标准下，年化利率在 24% 以内的债务属于自然债务，债权人的权益受司法保护；年化利率超过 36% 的债务，36% 以上部分属于无效债务，这部分利息不受司法保护，且已支付部分可追索要回；年化利率超过 24%，低于 36% 的债务，超过 24% 的部分不予以保护，但如果债务人已支付这部分利息，则属于自愿给付性质，法院不支持追索要回。这两个规定为限制高利贷划定了红线，为该时期 P2P 整治创造了执法环境。

2020 年 8 月，《最高人民法院关于审理民间借贷案件适用法律若干问题的规定》正式发布。该规定取消了原本的"两线三区"，取而代之的是以 4 倍 LPR 作为民间借贷利率的司法保护上限。该规定令司法保护的利率红线由固定值转变为浮动，符合利率市场化条件下的监管创新。但是也有市场人士表示，原本 24% 的司法保护上限被下调至 15% 附近，这使得民间金融的获利空间大幅度下降，市场规模或将缩小，并且部分高风险客户群体将由此无法完成融资。

就上述问题，最高人民法院于 2020 年 12 月发布《关于新民间借贷司法解释使用范围问题的批复》，明确了"由地方金融监管部门监管的小额贷款公司、融资担保公司、区域性股权市场、典当行、融资租赁公司、商业保理公司、地方资产管理公司等七类地方金融组织，属于经金融监管部门批准设立的金融机构，其因从事相关金融业务引发的纠纷，不适用新民间借贷司法解释"。新民间借贷司法解释的作用效果仍有待观察。

(四)决定民间借贷利率水平的理论机制

由于民间借贷存在业务隐蔽性强、借贷利率高、利率期限结构倒挂等特点,众多学者对于民间借贷利率的形成机制及影响利率水平的因素做了研究。研究发现:(1)供给及需求特征决定了民间借贷的高利率;(2)正规金融的利率及信贷投放量解释了民间借贷利率波动性;(3)市场竞争加剧可以降低民间借贷利率;(4)民间借贷利率受经济生态环境(经济基础、社会文化和习俗、法治制度等)的影响;(5)风险、成本、市场结构和预期因素共同造成了民间借贷利率期限结构倒挂。

第一,民间借贷活动较正规金融受市场供需影响更大。从供给端看,资金供给方主要考虑机会成本、交易成本和风险成本。首先,资金的机会成本与经济繁荣程度、资本市场收益有关。例如,20世纪90年代初期,宏观经济增速高企,民间借贷随之繁荣,当时的民间借贷利率较1990年代后期高很多。而当2007年股市繁荣时,温州资金拆借市场利率也达到了40%以上。其次,借贷过程中的信息不对称所造成的交易成本。通常,借贷双方关系越亲密,拥有的私人信息就越多,利率越低,这也就造成了亲源、乡源借贷利率比民间金融中介机构利率更低。再次,风险成本衡量的是政策风险、宏观经济风险和借款人的信用风险,民间借贷通常需要面对更高的风险,因此风险成本较正规金融更高。

从需求端看,资金需求方选择民间借贷,主要取决于自身信用资质与特定借款需求。首先,信用资质优良的客户往往会选择低利率的正规金融进行融资,而信用资质越低的客户倾向于接受高利率的民间借贷。其次,民间借贷的需求也和借款人的特殊需求偏好有关。例如,当借款人存在快速放款、多次抵押等正规金融无法轻易满足的需求,他们更倾向于诉诸民间借贷。

第二,民间借贷利率受正规金融的影响。首先,货币政策是影响正规金融程度最大、作用最直接的因素,民间借贷利率与货币政策关系紧密。

周明磊等(2010)通过对温州民间借贷利率与正规金融间的关系进行变结构向量自回归分析后发现:(1)存款准备金率对民间借贷利率的最终杠杆影响最大,其余手段作用微小。(2)发出货币政策转向信号的关键政策对民间借贷利率影响显著。其次,民间借贷与正规金融活动形成替代。具体而言,当正规金融机构信贷供给减少,或者在正规金融部门存在寻租成本时,民间借贷需求增加,此时民间借贷利率就会升高。

第三,民间借贷的市场结构加剧无序竞争,压低利率。央行温州中心支行于2010年调查后发现,民间借贷缺乏准入门槛,大量民间金融组织都涌入该市场,导致温州成为了全国范围内民间借贷资金的集散地。另外,民间借贷市场具有透明度高的特点,各方博弈直接降低了民间借贷利率,压缩了市场参与者的利润。

第四,经济生态环境是影响民间借贷利率的隐性推手。在经济活动活跃地区,一方面社会闲置资金充裕,有意愿进行借贷活动,形成资金供给;另一方面,民营经济的发展存在融资需求缺口,需要民间借贷去填补。这就造成了经济活动活跃地区民间借贷更为普遍,利率更为反映实际供需。同时,研究表明经济生态环境中的文化因素对民间借贷利率有着潜移默化的影响。叶茜茜(2011)发现,受永嘉学派影响,温州人的投融资意识特别强,其在金融牌照限制的情况下,以集群的模式来克服无法做大的劣势。在这个背景下,温州发展成为民间金融市场的代表性城市无疑有着先天的合理性。

第五,民间借贷利率呈现短期利率高于长期利率的奇怪现象,这是由多种因素所共同决定的。在近年来民间借贷市场中,最早发现这一现象的是央行温州市中心支行(2011),丁聘聘、邱瑾(2012)对此给出的解释是:(1)6个月至12个月的民间借贷资金更有可能用于生产,因此风险溢价较低。(2)短期借贷资金到期后,衔接再投资存在一定的成本。(3)由于资金提供方存在议价优势,民间借贷市场出现了第二类价格歧视,即"薄利多销原则"。(4)根据"市场分割理论",短期借贷和长期借贷分属两个市场,不存在套利行为,因此价差无法弥补,收益率曲线无法回归升水。(5)根据"偏好习性理论",借贷双方预期长期利率将下行。

(五)民间借贷利率发展历史及演变规律

1. 国外民间借贷利率的演化过程

借贷行为作为一种原始金融活动,自远古时期开始便相伴于人类文明的发展一起演进。历史上,借贷行为都是从民间开始,之后逐步得到官方所认可,并以法律法规形式进行规范的。因此,探究世界范围内民间借贷的演变过程,有利于我们更好地认知我国民间借贷的发展阶段和未来趋势。

从已有文字记载中,我们了解到,最早的规范民间借贷利率的文件是公元前19世纪古巴比伦的《汉穆拉比法典》。法典中对于谷物放贷的利率上限换算下来为33%,而如果是货币放贷,则为20%。美索不达米亚平原的这种信贷做法沿用了1 000多年,直到公元前539年,波斯政府巴比伦。至此,经济活动转移到地中海,尤其是希腊。希腊在公元前5世纪至前3世纪为工商界提供的贷款利率大多在12%—38%,而给个人的贷款则利率更高。之后的古罗马时期民间借贷的情况也大致与之相类似。

随着西方进入中世纪,民间借贷利率呈现出更多的争论。公元325年,基督教第一次会议通过了一条教规,禁止神职人员从事高利贷。该教规的合法性源自《圣经·申命纪》《圣经·先知书》和《圣经·新约》,并得到了当时社会的普遍认可。到了公元800年,这一禁忌写入《查理曼法典》,限定范围从教会内部扩大至所有人。自此,西方在法律层面上禁止了高利贷行为,社会舆论、人们的道德准则也因此倾向于反对高利贷。这种宽范围的禁忌直接影响了贸易和金融业的发展,影响了商业贷款的结构和利率。

然而,该禁忌在具体实施上并没有得到很好落实,借贷者采取了一系列的规避手段,例如:将利息的性质定义为对损失或费用的偿还(即延期偿付的罚金)等。同时,中世纪的经济发展催生了金融活动的大规模发展,存款金融、汇票、当铺的展业都对当时的借贷利率上限进行着冲击。

到了16世纪,战争和贸易催生了大规模信贷,神学家被迫修订教义。马丁·卢瑟(1483—1536)认为基督教徒可以自由出借自己的钱。约翰·加尔文(1509—1564)认为在不伤害兄弟的时候,高利贷应被允许。随着知名神职人员对传统教义提出异议,商业信贷利率的限制逐渐被打破。到了18世纪,社会舆论认为:民法有权让高利合法化,并重申以惯常利率向富人收取高利并不是一种罪孽。于是,更多的信贷形式被允许,宗教法庭裁定:法律允许的所有利息为任何人所收取。

通过对上述演变历程的回顾,我们发现,西方对高利贷的顾虑,本质上和今天没有区别:反对离谱的利率。另外,西方民间借贷利率演进过程中的关注点以及实际演化路径和我国也颇为类似,民间借贷的本质在空间上没有太大的区别,也没有随时间发生太大的变化。

2. 我国民间借贷利率的发展历史及演变规律

我国具有悠久的历史,长期以来一直以农业为主,直到近现代工商业才有了大规模的发展。与之相对应的是,历史上我国传统的信贷一般都是从私人或者当铺那里获得个人消费贷款的形式,用于生产目的的信贷十分罕见。民间借贷利率便是在这样的国情下,随着我国生产关系的演进而长期缓慢地演变着。

我国民间借贷利率的一个重要特征是虽然政府规定了最高利率和贷款期限,但这种规定常常得不到有效执行,实际贷款利率很高。例如:唐代私人贷款的法定上限从公元600年至728年的72%,下降至728年之后的48%。实际上,在整个唐代时期,大部分贷款的利率在每年72%—120%。又如:在宋代,法定年利率被定为48%—60%,但实际的借贷契约规定的利率依然维持在唐代水平。民间借贷通常采取特定形式的计息手段来规避法定利率上限,常见的有"印子钱"(每期偿还等额本金,利息按最初本金及法定利率计算)和砍头息(贴现形式发放贷款)。这些计息手段令民间借贷的高利率在我国历史上延续了很长一段时间。

我国民间借贷利率在近400年的历史中逐步下降,这是由于我国资本主义萌芽诞生、工商业发展拉开序幕,以及受西方资本渗透的影响。据记载,明清两代法定年利率从36%下跌至20%,而实际民间借贷利率从14世纪的36%—60%,下跌至19世纪末9.6%—10.8%(山西票号收取的利息)。导致这种长周期利率下降趋势的本质原因是我国在明、清两代商品货币经济得到了较快的发展,供求与竞争成为了降低民间借贷利率的主要推动力。江南地区是明、清以来商品货币经济较为发达的地区,民间借贷资本的供给也较为充裕。乾隆年间,湖南典当资本是"一岁之出入,不及两江十之一二。"①这里民间借贷资本之间的竞争,从明代就已开始,故利息率较低。乾隆年间,湖南布政使说:"江南典息较楚省颇轻,其满当日月亦较楚省宽缓。"②嘉庆年间,陕西巡抚也说:"他省质物者,月出息不过二分,秦独三分。"③这也主要是指江南地区。除了我国商品经济发展这一本质原因外,鸦片战争以来金融领域西方资本的渗透是民间借贷利率下降的直接原因。在我国开放通商口岸后,欧洲银行大量进入上海。当时欧洲的投资人认为中国的借贷利率非常高,于是大量资金涌入中国,沿海城市的票号、钱庄以及民间借贷的利率被迫降低。从更深层次意义上讲,这种自外向内的推动,使我国古代的高利贷传统向近代社会的经济债转变。综上所述,我国近几百年来民间借贷利率的下降趋势主要是由客观经济发展转变、西方资本渗透两部分所导致的。

我国民间借贷利率在历史上也同样呈现出地区差异性。进入19世纪后,虽然沿海地区的利率大幅下降,但是内陆地区民间借贷的利率依然保持高位。20世纪二三十年代,内陆地区贷款合作社收取高达30%的利率,而农村抵押贷款则需要承担至少20%的利率成本。这也从另一个侧面表明,传统小农经济下的民间借贷依然维持着亘古以来的传统:民

---

① 《湖南省例成案》户律卷三十三。
② 《湖南省例成案》同上卷。
③ 中华民国《陕西通志稿》卷三十四。

间借贷在形式上以谷物借贷为主,且利率较高。随着我国整体经济发展水平上升以及信息传递的有效性不断提升,民间借贷在区域间的差异也在逐步缩小。

纵观近代以来我国民间借贷利率的发展,我们发现以下规律:长期来看,工商业发展、市场竞争促进了民间借贷利率的有效性;信息成本下降一方面使地区间利率差别缩小;另一方面也令民间借贷利率很难再大幅度突破法定利率上限。这些规律对于民间借贷利率现在和未来的发展都将是成立的,现代化、规范化将是民间借贷演进的长期基调。

四、利率市场化背景下的典当业息费率

典当行提供融资服务,除了收取当金利息,同时还要收取综合费用。其中,当金利率定价逐步由政策指导转向由市场决定,典当行业息费率中的利率部分相应地完成了随行就市的转变,有助于解决小微企业融资难的问题,从而更好地服务实体经济。同时,典当行业承担着当物鉴定、保管等职责,息费中的综合费用部分具有特定的成本结构,而与市场资金价格无关。在实际业务开展过程中,典当行通常将综合费用与利息加总,以一个整体的息费率合并计收,这无疑混同两者的性质,不利于客观公正地分析利率市场化对典当行业长期发展的影响,也不利于明确认识典当行业综合服务费的客观现实性。本文将分析近年来典当行业整体息费率趋势,并阐明利息与综合费用的本质差异,提出行业发展建议。

(一)息费率整体下行,行业呈现萎缩态势

2005年《典当行管理办法》规定,典当业务中涉及的收费包括利息和综合费用。当金利率部分按银行机构6个月法定贷款利率及典当期限折算后定价,综合费用包括各种服务及管理费,且按典当标的差异分别制定了上限。在实际业务开展过程中,典当行业通常将利息与综合费用加总计算出息费率,以此作为典当业务收入的利润考核指标。

根据上海典当行业协会提供的数据,自2009年至今,上海典当行业的息费率整体呈现下行态势。图3-9表明,上海典当业的月息费率从2009年的2.67%下降至2020年的1.52%,下降幅度达到43%。形成这一现象的主要原因是:(1)宏观经济增速换挡,政策基调着眼于降低小微企业融资成本。(2)利率市场化使息费中的利息部分定价更为有效,对政策利率展现出很强的随行就市。(3)正规金融机构业务下沉,民间借贷呈现出新业态、新模式,从而对典当行业产生外部冲击。(4)行业内部竞争加剧。

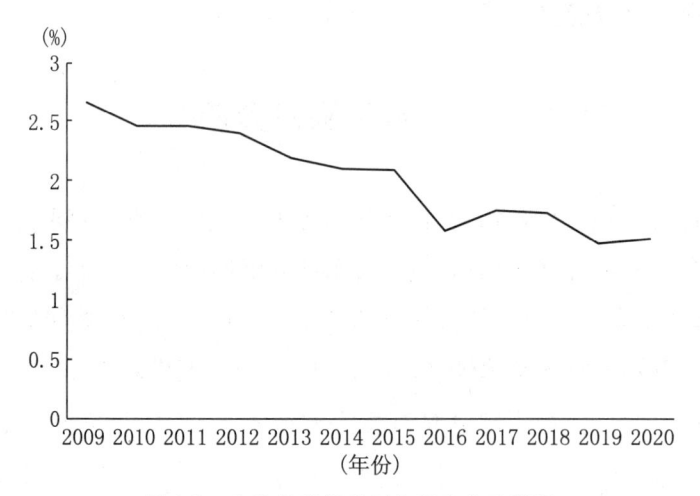

图3-9 上海典当行业月息费率变动情况

数据来源:上海典当行业协会。

为了观察整体息费率与民间借贷利率之间的关系,我们以温州地区民间借贷总和利率指数(简称"温州指数")作为参照进行比较。温州地区民间借贷较为发达,温州指数是目前最能体现我国民间借贷利率走势的代理变量。因此,通过比较上海典当行业息费率与温州指数,我们得以近似分离出息费中的利息部分与综合费用部分。图3-10显示,自2013年以来,表征民间借贷利率的温州指数整体在18%—22%的水平上维持稳定,而典当息费率则大幅度下降,尤其是2019年、2020年,整体息费率与民间借贷利率几乎持平。

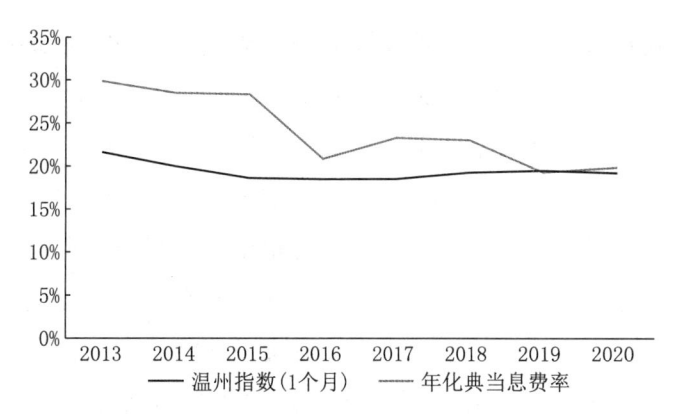

B3 利率市场化改革、市场化利率演进与典当业息费率性质

图3-10 年化典当息费率与温州指数(一个月)

数据来源:上海典当行业协会、温州市人民政府金融工作办公室。

典当业务具有特定的当物保管、鉴定、评估、定价、处置等成本,综合费用覆盖了这部分成本并与利息一道构成了典当息费,因此,理论上,由两个部分构成的典当息费率,应高于民间借贷利率。但是,近年来两者快速趋同甚至呈现倒挂形态,说明息费结构中综合费用所占比重下降,利息部分在补贴综合费用部分。该因素造成了典当行业的正常利润受到较大程度的侵蚀,行业规模也因此持续下降。截至2020年末,上海典当金额总额已低于2010年水平(图3-11)。

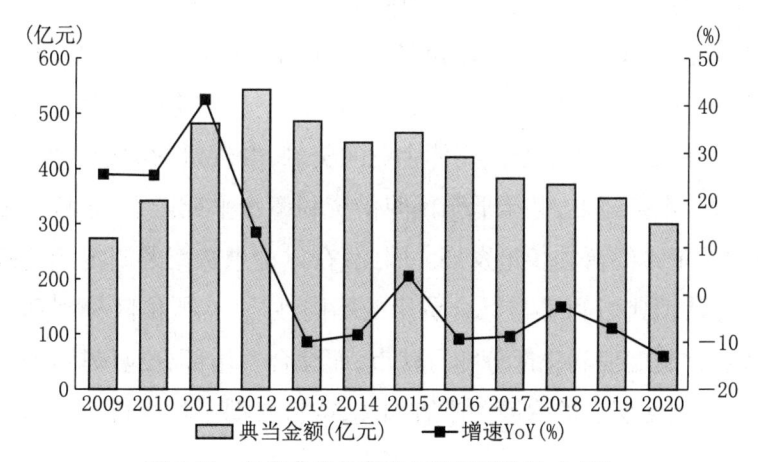

图3-11 年化典当息费率与温州指数(1个月)

数据来源:上海典当行业协会。

（二）利息与综合费用性质迥异，区分两者或有利于行业健康发展

在实际业务开展过程中，现行法律对收取利息与综合费用的认定存在模糊，给行业发展带来一定的不利影响。首先，部分的诉讼判决将典当业务中综合费用的预先扣除定性为预先扣息，因此认定典当行违反民间借贷规定。其次，现行《典当管理办法》并未规定绝当后可以收取综合费用，绝当后的综合费用并不属于典当行的合法收入，这就造成当期外息费收入低于合同约定水平，恶意违约事件激增。再次，社会舆论及法律界倾向于将息费率直接与民间借贷利率上限进行比较，这种将利息与综合费用简单加总混淆了两者性质，影响行业展业。

事实上，典当行业的利息与综合费用性质差异巨大。典当利息是当金的资金价格，是指典当行向客户发放当金后，按约定利率向客户计收的孳息。法定孳息是因法律关系所获得的收益，即以有体物或无形财产供他人用益而获得收入，从而产生用益法律关系。综合费用包括各种服务及管理费用，具体是指典当行在经营中因当户和当物而发生的服务费用、鉴定费用、评估费用、咨询费用、管理费用、手续费、保管费用、保险费用等费用的总称。综合费用是典当企业业务经营过程中所付出的服务、管理的对价，这部分费用与本金的占有、使用以及收益等权益无关。

在宏观经济增速换挡、利率市场化改革持续推进的背景下，典当行息费率不断走低，压缩了典当行的利润空间。息费率的降低符合当下经济运行的需要，有利于缓解中小微实体企业融资难，融资贵的问题。但是，息费率下降过快、水平过低，甚至低至民间借贷利率水平或以下，必将严重影响典当行业的正常经营和长远发展。因此，在讨论息费率及制定相关政策方面，应充分认识典当利息与综合费用的不同性质，并严格区分利息与综合费用，按现行制度使利息部分随行就市，而综合费用部分应保持合理稳定，并得到法规制度层面的保障。唯有如此，或将有助于典当行业走出目前的困境。

在未来行业发展的过程中，明确利息与综合费用的界限，细化法律法规对于两者的认定将有助于避免息费纠纷。在此基础上,行业正常业务规则将得到保障,典当行业健康稳健发展可期。

参考文献

安辉、张芳:《创新驱动,利率市场化与银行业效率提升》,《改革》2017年第3期。

丁聘聘、邱瑾:《民间借贷利率期限结构之谜——基于温州民间借贷利率监测数据的解释》,《财贸经济》2012年第10期。

方行:《清代前期农村高利贷资本问题》,《经济研究》1984年第4期。

谷新生:《论典当"息费并收"》,互联网资料。

韩汉君、吴贤达主编:《2013年上海典当业发展报告》,上海社会科学院出版社2014年版。

潘璠:《关于DR007短期基准性的实证研究》,《中国货币市场》2019年第9期。

王晨曦、董月新、张旭:《利率市场化下商业银行存贷款利差趋势分析》,《金融》2019年第3期。

王帆:《非正规金融市场利率的波动性特性研究》,西安电子科技大学,2020年。

王宇、李宏瑾:《经济转型中的利率市场化改革》,商务印书馆2019年版。

悉尼·霍默、理查德·西勒:《利率史》,中信出版社2010年版。

叶茜茜:《影响民间金融利率波动因素分析——以温州为例》,《经济学家》2011年第5期。

银监会利率市场化改革研究小组:《利率市场化改革与商业银行风险管理研究》,《金融监管研究》2012年第12期。

于光远:《开拓我国债学的研究》,《经济研究》1990年第3期。

张成思:《货币政策传导机制:理论发展与现实选择》,《金融评论》

2011年第1期。

张成思:《货币政策传导机制研究新前沿——全球新型金融危机视角下的理论述评》,《国际经济评论》2010年第5期。

张庆亮、张前程:《中国民间金融利率研究的文献综述》,《经济学动态》2010年第3期。

中国金融四十人论坛、上海新金融研究院:《中国金融改革报告2015》,中国金融出版社2015年版。

中国人民银行温州市中心支行课题组:《温州民间借贷利率变动影响因素及其监测体系重构研究》,《浙江金融》2011年第1期。

周明磊、任荣明:《正规金融与民间借贷利率间相互关系的时间序列分析》,《统计与决策》2010年第1期。

执笔:张逸辰

B4　典当业的税务管理

根据《国民经济行业分类》(GB/T 4754—2017)关于金融业的业务范围,典当业归属金融业中货币金融服务,是指以实物、财产权利质押或抵押的放款活动。

2018年5月之前一段时期,典当行业的行政监管部门是国家商务部。依照2005年颁布、至今仍在施行的《典当管理办法》[①],新设典当公司首先需要向商务部申请《典当经营许可证》,获得该许可证后,还要在10日内向所在地县级人民政府公安机关申请该行业的《特种行业许可证》,才能正式开始营业。

2018年5月14日,商务部发出通知,将制定典当行业务经营和监管规则职责划给中国银行保险监督管理委员会,自4月20日起,有关职责由银保监会履行。2020年5月,中国银保监会办公厅印发《关于加强典当行监督管理的通知》,该《通知》规定,各地方金融监管部门应当协调市场监管部门,告知办理登记注册的典当行需要在领取营业执照后30日内向地方金融监管部门申请《典当经营许可证》,并书面承诺在取得许可证前不从事典当业务活动。

因此,随着监管关系的明确,典当行恢复了非银行金融机构的性质。

典当行业的业务范围主要包括房地产业务、财产权利业务和动产业务等三大类,其中动产业务所指动产具体包含民品、机动车和生产资料。典当业主要缴纳的税种包括流转税、所得税、财产税、行为税等四大类。具体

[①]《典当管理办法》于2005年2月9日颁布,自2005年4月1日起施行。

包含增值税、企业所得税、房产税、契税、印花税、城市维护建设税、教育费附加。由于典当业的特殊性,贷款业务收入构成了企业的主要税源,房地产业务构成了典当企业的主要业务,基于此,本文重点分析增值税、企业所得税和房产税。

一、典当业的增值税管理

根据《典当管理办法》,典当公司可以从事的业务包括:动产质押典当业务;财产权利质押典当业务;房地产(外省、自治区、直辖市的房地产或者未取得商品房预售许可证的在建工程除外)抵押典当业务;限额内绝当物品的变卖;鉴定评估及咨询服务;商务部依法批准的其他典当业务。

(一)利息收入

典当业应就利息收入缴纳增值税,小规模税率全部是3%,一般纳税人利息收入是6%,绝当物品增值税率是13%。按照增值税额的7%和3%缴纳城建税和教育费附加。结合《典当管理办法》的相关规定,典当当金的利率需要按照中国人民银行公布的银行机构6个月期法定贷款利率折算后执行。

"营改增"后,财政部、国家税务总局通过的《全面推开营业税改征增值税试点的通知》(财税〔2016〕36号)明确规定:"贷款,是指将资金贷给他人使用而取得利息收入的业务活动。"对该类业务收入应按"贷款服务"缴纳增值税,且典当公司发生的利息支出不得作为增值税进项税额在纳税链条中抵扣。

需要注意的是,根据规定"证券公司、保险公司、金融租赁公司、证券基金管理公司、证券投资基金以及其他经人民银行、银监会、证监会、保监会批准成立且经营金融保险业务的机构发放贷款后,自结息日起90天内发生的应收未收利息按现行规定缴纳增值税,自结息日起90天后发生的应收未收利息暂不缴纳增值税,待实际收到利息时按规定缴纳增值税。"①由于典当业不适用上述条款,按照《营业税改征增值税试点实施办法》第四十五条规定,典当业的利息收入应该按照合同约定的收取利息时间缴纳增值税。由于典当公司的特殊性质,其不属于银行类金融机构,无法享受金融行业同业往来免征增值税的优惠政策。

(二)综合费用收入

除了利息收入以外,典当公司的主要收入来源还包含综合费用收入。《典当管理办法》规定:"动产质押典当的月综合费率不得超过当金的42‰;房地产抵押典当的月综合费率不得超过当金的27‰;财产权利质押典当的月综合费率不得超过当金的24‰;当期不足5日的,按5日收取有关费用。"

典当公司的综合费用收入主要由管理服务收入构成,其与典当业的贷款业务有着密切的联系,可以视为贷款服务的"价位费用"缴纳增值税。根据早前《财政部 国家税务总局关于全面推开营业税改征增值税试点的通知》(财税〔2016〕36号)中关于"纳税人接受贷款服务向贷款方支付的与该笔贷款直接相关的投融资顾问费、手续费、咨询费等费用,其进项税额不得从销项税额中抵扣"的相关规定,当户支付的综合费用不能作为增值税进项税额进行扣除。

(三)绝当物品销售收入

绝当是指典当业的当物典当期届满,或者续当期届满后,当户未在规定期限内赎回或续当。此时,当户典当的当物可以称为"绝当物品"。

1. 典当业处理绝当物品适用规定

典当业应当按照下列规定处理绝当物品:

(1)当物估价金额在3万元以上的,可以按照《中华人民共和国担保

---

① 国家税务总局:《财政部、国家税务总局关于明确金融、房地产开发、教育辅助服务等增值税政策的通知》,财税〔2016〕140号。

法》的有关规定处理,也可以双方事先约定绝当后由典当行委托拍卖行公开拍卖。拍卖收入在扣除拍卖费用及当金本息后,剩余部分应当退还当户,不足部分向当户追索。

(2) 绝当物估价金额不足3万元的,典当行可以自行变卖或者折价处理,损益自负。

(3) 对国家限制流通的绝当物,应当根据有关法律、法规,报有关管理部门批准后处理或者交售指定单位。

(4) 典当行在营业场所以外设立绝当物品销售点应当报省级商务主管部门备案,并自觉接受当地商务主管部门监督检查。

(5) 典当行处分绝当物品中的上市公司股份应当取得当户的同意和配合,典当行不得自行变卖、折价处理或者委托拍卖行公开拍卖绝当物品中的上市公司股份。

2. 典当业销售绝当物品分类处理

对于典当业销售绝当物品,需视物品的具体属性分类处理:

(1) 当物是货物

当物是货物时,视当户偿债的方式确认纳税义务:如果当户与典当行协议以物抵债,则当户应于货物所有权转移的当天,按照双方约定的抵偿金额计算缴纳增值税。当典当行将绝当物品再对外销售时,根据《财政部、国家税务总局关于部分货物适用增值税低税率和简易办法征收增值税政策的通知》(财税〔2009〕9号)、《财政部、国家税务总局关于简并增值税征收率政策的通知》(财税〔2014〕57号)规定,可以适用简易计税办法按3%的征收率计算缴纳增值税。如果典当行将所有权仍属于当户的货物对外销售,或委托拍卖行对外销售,则应由当户按照实际销售额计算缴纳增值税,典当行只对销售款享受优先受偿权,不征增值税。

(2) 当物是股份等权利凭证

如果是上市公司股票、基金份额等金融商品的,应按"金融商品转让"计算缴纳增值税,若是非上市公司股票或股权,不征增值税。

（3）当物是房产

若双方协议以房产抵偿债务的,则由债务人按照"销售不动产"计算缴纳增值税和土地增值税等。典当行再对外销售时,仍需按照"销售不动产"缴纳增值税。若委托拍卖行拍卖、变卖的,鉴于不动产所有权直接由债务人转让给买受人,因此由债务人按照"销售不动产"计算缴纳增值税。

（四）鉴定评估及咨询服务

鉴定评估服务及咨询服务分别按照"鉴证咨询服务（鉴证服务）"和"鉴证咨询服务（咨询服务）"计算缴纳增值税。

二、典当业的所得税管理

企业所得税方面,原典当行业被认定为其他金融业,现归类为其他服务业性质,按照25%的税率缴纳企业所得税。新开办的典当公司分支机构根据不同情况,大多回总机构统一核算,汇总缴纳。

（一）银行业贷款损失准备等政策不适用于典当公司

目前,金融企业在企业所得税准备金扣除、费用扣除、利息收入确认等方面适用的特定行业政策,汇总如表4-1。

表4-1 金融企业适用的行业政策汇总

政策规定	适用对象	文件依据
银行业金融机构依据《存款保险条例》的有关规定、按照不超过万分之一点六的存款保险费率,计算交纳的存款保险保费,准予在企业所得税税前扣除	在我国境内设立的商业银行、农村合作银行、农村信用合作社等吸收存款的银行业金融机构	财税〔2016〕106号
金融企业按规定提取的贷款损失准备金,可按下列公式于企业所得税税前扣除:准予当年税前扣除的贷款损失准备金＝本年末准予提取贷款损失准备金的贷款资产余额×1%－截至上年末已在税前扣除的贷款损失准备金的余额	政策性银行、商业银行、财务公司、城乡信用社和金融租赁公司等金融企业	财税〔2015〕9号

续表

政策规定	适用对象	文件依据
金融企业根据《贷款风险分类指导原则》(银发〔2001〕416号),对其涉农贷款和中小企业贷款进行风险分类后,按照规定比例计提的贷款损失准备金,准予在计算应纳税所得额时扣除	经政府有关部门批准成立的可以从事贷款业务的企业,包括银行、财务公司、信托公司等金融机构	财税〔2015〕3号、国家税务总局公告2015年第25号
金融企业按规定发放的贷款,属于未逾期贷款(含展期),应根据先收利息后收本金的原则,按贷款合同确认的利率和结算利息的期限计算利息,并于债务人应付利息的日期确认收入的实现;属于逾期贷款,其逾期后发生的应收利息,应于实际收到的日期,或者虽未实际收到,但会计上确认为利息收入的日期,确认收入的实现	经政府有关部门批准成立的可以从事贷款业务的企业,包括银行、财务公司、信托公司等金融机构	国家税务总局公告2010年第23号

资料来源:高金平:《典当公司的税收处理》,《注册税务师》2017年第10期,第45—50页。

依据《国家税务总局关于企业所得税若干问题的公告》(国家税务总局公告2011年第34号)规定,"金融企业应为经政府有关部门批准成立的可以从事贷款业务的企业,包括银行、财务公司、信托公司等金融机构。"

对于获得银监会颁发《中华人民共和国金融许可证》允许从事贷款业务的金融企业可适用上述政策。典当公司属于非银行金融机构,不适用上述政策规定。

(二) 典当公司不适用核定征收

根据《国家税务总局关于企业所得税核定征收若干问题的通知》(国税函〔2009〕377号)规定,银行、信用社、小额贷款公司、保险公司、证券公司、期货公司、信托投资公司、金融资产管理公司、融资租赁公司、担保公司、财务公司、典当公司等金融企业属于国税发〔2008〕30号文件所称的"特定纳税人",不适用核定征收方式。

(三)绝当的企业所得税处理

对于绝当中,以当物抵偿债务的行为,当户应就其所得部分金额视同销售,按照纳税要求,依法缴纳增值税、企业所得税,此时可以将偿债金额大于本息的部分划分给当户。如果典当行自愿放弃追偿偿债金额小于本息的部分,则可以根据《国家税务总局关于发布〈企业资产损失所得税税前扣除管理办法〉的公告》(国家税务总局公告 2011 年第 25 号)的相关规定,在计算缴纳企业所得税之前扣除。

税务机关征收企业所得税时,如果出现典当公司与个人之间通过违法手段恶意转移贷款,例如典当公司先与员工签订合同,员工再与实际当户签订合同,以此形式发放贷款,这样操作的后果是公司可以利用员工账户获取资金转移的高额利息,同时,资金的账外运转人为操作的可能性强、随意性大,必然会给典当公司带来企业所得税的纳税风险,给个人带来个人所得税的纳税风险。

三、典当业的房产税管理

(一)房屋典当的一般规定

根据《典当管理办法》的规定,房屋典当是指当户将其房地产作为当物抵押给典当行,交付一定比例费用,取得当金,并在约定期限内支付当金利息、偿还当金、赎回当物的行为。典当期限由双方约定,最长不得超过 6 个月。根据办法中的相关规定,典当行在当期内不得出租、质押、抵押和使用当物。对房屋典当双方而言,其行为属于房地产抵押典当或借款业务,房屋仍有原产权人占有或使用,房屋典当期间,房产税仍由产权所有人即当户按房产余值申报缴纳房产税①。

---

① 中华人民共和国中央人民政府门户网站:《典当管理办法》http://www.gov.cn/bumenfuwu/2006-11/20/content_2600372_4.htm。

与之相关的房屋出典是指承典人通过支付房屋典价,从而能够占有或使用出典人的房屋,在典期届满时,返还典价赎回房屋或者不回赎而丧失房屋所有权的行为。根据《房产税暂行条例》的相关规定,房产税由产权所有人缴纳。产权出典的,由承典人缴纳,即纳税义务人为承典人。《财政部、国家税务总局关于房产税城镇土地使用税有关问题的通知》(财税〔2009〕128号)规定,产权出典的房产由承典人依照房产余值缴纳房产税[①]。

(二)典当公司处置固化资产

由于实体经济的持续下行,外部信用风险升级,典当公司贷款业务逾期及不良情况增加,为了控制风险,典当公司积极采取各项追偿措施,其中以资抵债成为典当公司主要的风控手段之一,目前公司追偿的抵债资产主要为房产,而同时被固化的生息资产将削弱典当公司资产的流动性,严重影响了公司的盈利能力,因此典当公司必将采取积极措施处置固化资产。

根据财税〔2016〕36号文的规定,2016年4月30日的"营改增"前后房产税的纳税政策不同。销售"营改增"前取得的不动产,纳税人可以选择简易计税办法。销售"营改增"之后取得的不动产,适用一般计税方法,在"营改增"后,根据取得方式及处置方式不同,典当公司出售抵债资产所承担的税负也不同[②]:

(1)若个人客户将不动产抵偿给典当公司,典当公司按照11%缴纳增

[①] 中华人民共和国中央人民政府:《中华人民共和国房产税暂行条例》,http://www.gov.cn/banshi/2005-08/19/content_24823.htm。

[②] "简易计税方法",以取得的全部价款和价外费用减去该项不动产购置原价或者取得不动产时的作价后的余额为销售额,按照5%的征收率计算应纳税额。在不动产所在地预缴税款后,向机构所在地主管税务机关进行纳税申报。

"一般计税方法",以取得的全部价款和价外费用为销售额,按照11%的征收率计算应纳税额。以取得的全部价款和价外费用减去该项不动产购置原价或者取得不动产时的作价后的余额,按照5%的预征率在不动产所在地预缴税款后,向机构所在地主管税务机关进行纳税申报。

值税,但比较难取得相应的增值税专用发票,且无法抵扣进项税额。因此营改增后典当公司处置抵债资产所承担的税负将随抵债资产处置价款的提高而提高。

(2)若企业客户将不动产抵偿给典当公司,典当公司能够取得相应的增值税专用发票,且在典当公司处置抵债资产的价格低于典当公司取得抵债资产价格的情况下,典当公司在营改增后所承担的相应税负才会有所降低,否则典当公司所承担的税负将随抵债资产处置价款的提高而提高。

(3)若企业客户将不动产抵偿给典当公司,典当公司按照11%缴纳增值税,但不能取得相应的增值税专用发票,且无相应可以抵扣的进项税额,"营改增"后典当公司处置抵债资产所承担的税负将随抵债资产处置价款的提高而提高。

此外,通常情况下,客户已经发生经营困难,客户抵偿过程中产生的应纳增值税也可能由典当公司承担,因此营改增后典当公司处置抵债资产的所承担的税负将大幅提高,需要典当公司提前制定相关的应对措施。

(三)房地产典当业务的相关问题防范

当前房地产纠纷多体现在登记程序不规范,因此房地产典当业务可从下列两个方面加以规制:第一,主管部门制定操作细则。由于房地产典当中当物为房屋而非一般动产,典当合同签订后还需就房地产进行抵押登记以确保典当行权利,典当行因未对房屋进行抵押登记导致抵押房屋无法对当金优先受偿,最终造成损失。通过主管部门制定操作细则梳理业务流程,同时把细则下发到各个典当行,让典当行及工作人员能够熟悉房地产典当业务流程,既能在一定程度上普及业务知识,又降低诉讼产生概率。第二,加强从业人员培训。房地产典当业务涉及文件手续繁多,借贷数额巨大,典当行自身有必要加强从业人员的规范化培训,尤其涉及房地产典当业务的操作时更应注意相关规定,避免因操作疏忽而导致典当行损失。

四、上海典当业的经营税收情况分析

（一）典当业的经营情况与营运风险

1. 上海典当业 2020 年发展现状

2020 年，上海市典当业中企业为 238 家，其中新设典当企业 2 家，1 家处于清算状态、1 家处于歇业状态。全市典当业注册资本金（按 238 家企业计算）为 66.62 亿元，比去年 65.46 亿元，上升 1.77%[①]。

在上海市典当业的业务中，房地产业务所占比重最大，稳定在 60% 左右；其次是民品和财产权利，机动车和生产资料所占比较少 2019—2020 年的数据显示，上海市典当业的主要业务类型如下表 4-2 所示。近 2 年主要从事房地产业务的企业数量基本稳定在 50% 左右，由此可见，针对房地产的业务收入确实是典当行业的主要收入来源。由于典当公司的费率较高，只有高利润的企业才能承担如此高的费率，因此房地产企业自然就成了典当公司主要的营销方向，一般占到典当公司贷款总额的 50% 以上。

表 4-2　上海市典当业各类业务的企业数情况

业务分类＼企业分类	2020 年度（按 238 家计算）企业数（家）	所占比例（%）	2019 年度（按 240 家计算）企业数（家）	所占比例（%）
房地产	126	52.9	123	51.7
生产资料	13	5.5	10	4.2
财产权利	43	18.1	54	22.7
机动车	37	15.5	44	18.5
民品	122	51.3	129	54.2

数据来源：上海典当行业协会。

随着时代转变，我国金融业多元化发展，典当业发展增速逐渐放缓。

---

① 数据来源：上海典当行业协会。

如表4-3所示，2020年上海市完成典当总额301.37亿元，比2019年的346.65亿元，下降13.06%；典当业务笔数总计182 130笔（新当48 193笔，续当133 937笔），比2019年214 934笔，下降15.26%；总费收入5.16亿元，比2019年6.04亿元，下降14.54%；应交税金0.39亿元，比2019年0.5亿元，下降22.04%①。

表4-3　2020年主要经营指标情况

	2020年	2019年	同比增减比例（%）
典当笔数（笔）	182 130	214 934	-15.26
典当总额（万元）	3 013 694	3 466 479	-13.06
总费收入（万元）	51 602	60 381	-14.54
典当余额（万元）	582 566	547 331	6.44
应交税金（万元）	3 919	5 027	-22.04

数据来源：上海典当行业协会。

上海市近5年来典当总额持续降低，如图4-1所示，2020年下降绝对值达到历史最高，为45.28亿元，5年累计下降达到28.38%，接近1/3的幅

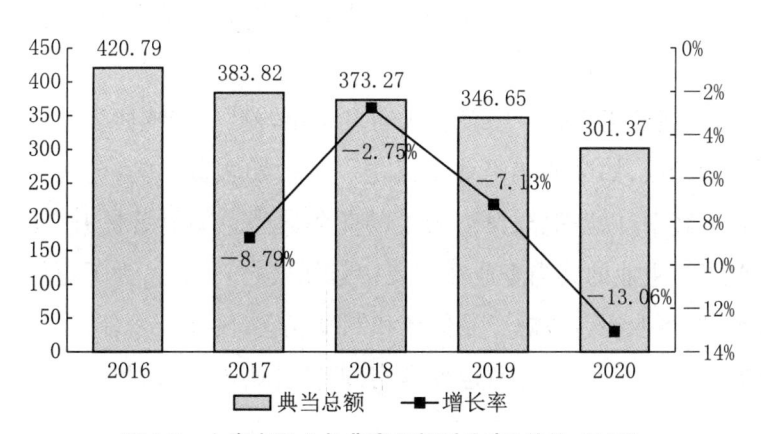

图4-1　上海市近5年典当总额对比表（单位：亿元）

数据来源：上海典当行业协会。

---

① 资料来源：《上海典当行业2020年统计分析报告》。

度。一方面由于典当行业自身经营存在管理不善、决策失误、机制不顺的风险;另一方面,典当行业面临近年来的经济下行压力以及2020年新型冠状肺炎疫情的打击,典当行业进入"寒冬期"。

2. 上海典当业面临的营运风险

典当行业的经营困境由小型典当企业向中大型典当企业蔓延的趋势,典当企业的经营环境不容乐观。要度过典当行业的发展危机,需要妥善处理以下3个自身的经营风险:

第一,典当业的财务风险高。典当业的收益率高,必然会吸引众多企业进入该行业,但企业在享受高收益的同时,也需要抵御较高的风险。典当业容易发生呆账、坏账,这将直接导致小型典当企业破产倒闭。由于国家调控房地产行业,使得典当业务中的房地产业务存在较大的滞后性风险,间接导致了典当业的收益下降,影响典当业整体的所得税数额。

第二,典当业合同纠纷较多。典当公司进入行业的壁垒较高,相关审批手续繁多,市场准入严格,审批时间少则一年,多则两三年。导致的后果是,许多企业采用借壳、分公司的方式开设,由此而带来法律合同纠纷,严重者甚至诉诸法庭,不仅增加了税务机关的税收征管风险,也为典当业的平稳发展带来了冲击。

第三,典当业正面临着经营模式的多元化转型。传统典当业的经营模式不断转型升级,如今的典当业不仅是一种短期融资工具,更是一种新型理财方式。其中,以房地产典当为主的业务典当总额显著提升,使一些以房地产典当为主业的典当企业在发展中势如破竹。同时,为了更好地贴合政策规定,典当业还需考虑产品创新和制度完善,例如开发新产品、权利质押等。典当业的多元化转型也使税务部门对典当行业的征管提出了新要求。

(二)典当业的税收征管情况

1."营改增"前的税收征管情况

"营改增"前,典当业所沿用的是财政部过去下发的《金融企业会计制度》，它的经营范围及性质不同于银行，主要经营业务包含家用电器、金银首饰、有价证券、交通工具、古玩字画、高档服装、闲置设备、文体用具、劳保用品及商品的抵押贷款。典当业所从事的贷款业务金额小、范围零散、质押贷款物较为复杂，核算管理较为麻烦，容易造成会计科目设置不统一、核算不明了、记账规则不一致，给税收征管造成很大阻力。具体表现在以下两方面：一方面给正常的税收稽查带来不便，正常的税收稽查督管难以到位，影响税收及时入库；另一方面由于科目处理混乱，质押物品没有归类设置科目，无法准确反映企业在正常年度的盈亏，导致企业所得税的缴纳无法按时按量。

在营业税方面，营业税条例规定，金融行业纳税人提供该行业的应税劳务所获得的营业额，称为营业税的应纳税所得额。企业的利息收入按照权责发生制进行核算。倘若按照收付实现制，则容易造成税款滞后交纳，同时对死当部分，还会漏掉营业税这个环节，只征增值税，造成税款的流失。

在企业所得税方面，金融业收入实现认定也是按权责发生制来确认，即企业按收付实现制来核算其收入，而典当业记账不规则也容易造成其所反映的应纳税所得额不实，少报利润造成税款的流失。

在票据管理方面，典当业的票据管理不够完善。"营改增"前，典当业除了当票受人民银行监管外，其他票证管理机制尚不完善。20世纪90年代，由于经营范围相对简单，经营规模不大，放贷金额不多，所从事其他附属服务也不多。进入21世纪，典当行的规模和经营范围不断扩大，也涉及楼房典当等业务。由于缺乏专业的评估、保管、保险服务，导致当物的评估与票证的监管不到位，此时，唯有在票证环节上完善税收征管，才能减少税款的流失。

2."营改增"后的税收征管现状分析

"营改增"后，随着相关制度、规定的出台，典当行业的发展逐渐走上正轨。典当公司的主要客户群体分布在房地产、批发零售及加工制造业，占到公司客户贷款总额的70%—90%,其中批发零售以及加工制造业以增值税作为其主要的流转税税种①。作为中小企业的重要融资渠道,虽然典当业属于非银行的金融机构,却能够补充银行的融资职能。目前,越来越多的融资渠道、融资平台、融资形式出现在市场中,可以预计今后典当业的典当总额和税收收入仍会保持平稳增长的态势。"营改增"后,典当行业的税收征管也更加完善。从征税机关角度看,税务机关提升了纳税服务水平与税收征管效率。具体表现在以下3个方面:

(1) 税收风险管控更为严格

税务机关管控典当行业的税务风险总体上包含两方面:一个是业务真实性;另一个是成本费用。首先,业务真实性方面,税务机关要确保典当公司所发生的业务真实存在,包括当物评估价格、贷款金额、当户信息等是否具有真实性,合适纳税申报的真伪。其次,成本费用方面,税务机关则要判断典当公司的账上列支的各项支出是否满足会计要求与纳税征管要求。重点关注典当公司的发票开具情况,是否存在成本费用乱摊的问题。

(2) 纳税服务水平不断优化

近年来,我国典当业深入推进供给侧结构性改革,企业与税务机关全力配合,税务部门纳税服务水平不断优化,营造出更好的典当业营商环境。税务机关针对不同的典当业类型实行差异化管理,将企业按主要业务性质划分为房地产、民品动产、财产权利等三大类,对不同类型的典当企业纳税人,提供多样全面的纳税辅导,协助企业依法纳税。同时,税务机关重点关注典当大户,保证税源的正常均速发展。

(3) 税收信息化水平不断提高

我国税务机关目前针对典当行业的特异性,提高电子监管水平,借用大数据等信息平台实现税收数据的实时监控与智能分析。通过各类税收

---

① 岳莉莉:《徽商典当》,合肥市典当行业协会,2016年第3期。

风险的管控平台,系统自动分析后台税收数据,第一时间对涉税风险的企业做出反应。主要体现在:收集所有典当公司的业务明细数据,分析行业存在的发展趋势和普遍问题,评估典当业务的风险等级并做出应对措施推荐,通过一系列的监控,实现典当业税源的有效管理。在信息收集与处理方面,税收征管对典当企业的各类票据实行信息化管理,控制发票的领、销动作处于有序的监管之下。

(三)典当业纳税管理现状与困境

1. 典当业的纳税管理现状

(1)典当业的税收遵从度提升

从纳税人本身来看,典当企业能够增加涉税风险意识,主动规避纳税风险,税收遵从度明显提升。由于传统典当行在封建社会中象征着压迫与剥削,人们对典当行的社会包容度较低。且如今,典当行向当户缴纳的利息和综合费率,导致企业或个人错误的以为"典当"就是"高利贷",这也是近代典当行生意冷清的原因之一。通过政府部门的广泛宣传,人们逐渐理解,典当融资成本中的利息和综合费率是具有合理性的,典当行业本身也承担着纳税负担。典当业的税收遵从度提升,不仅提升了典当行的社会影响力,使其更好地发挥了金融服务职能,而且还树立了当代典当业的新形象。

(2)纳税风险管理进一步规范和优化

随着典当行业的发展进步,许多典当企业配备了专业的评估鉴别团队,对当物的价值、使用年限进行科学评估,防范经营风险。典当企业自身税收风险意识也有所提高,主动聘请专业税务人员,进行纳税申报。及时向税务机关反馈出现的问题,如涉及税务变更、申请税控盘、发票领取与使用、增值税申报与开出发票、进项认证等事项,在合理范围内进行税收筹划,防范涉税风险。

2. 典当业纳税管理面临的困境

由于典当业存在上述经营风险,典当业面临的纳税管理困境主要有以下4点：

（1）典当业的经营业务种类复杂、增加涉税风险

由于不同的典当公司经营规模、业务范围、发展路径都不尽相同。有经营多种业务，实现多元化发展路径的大型典当公司；也有注重综合业务，例如"房地产抵押""过桥贷款"等业务的中小型典当公司；还有依靠拍卖、中介等单一业务的典当公司；更有个体经营商的小微典当商行。多种类型的典当公司共存，使典当公司没有统一的纳税规则参考，增加了企业的涉税风险。

（2）增值税税源小

经过"营改增"的税制改革后，典当业的税收结构已经发生了重大转变。如今，绝当物品的销售收入呈下降趋势。典当业所缴纳的增值税明显下降，相较于典当业所缴纳的企业所得税，增值税税额占比极低。因此，企业的增值税应纳税额容易进入税务机关的监管"盲区"，逃脱税务机关的风险控制、纳税评估和税务检查。

（3）典当业的增值税抵扣项有限

"营改增"后，典当业的流转税税收负担增大，企业经营成本增加。根据"营改增"的相关规定，典当公司提供的应税服务按6%的增值税税率计算销项税额，但不能抵扣购进服务的进项。而典当公司的贷款业务属于轻资产业务，可抵扣的进项税来源极其有限，抵税效应较小，因此在营改增后公司流转税税负提高0.74%。

（4）财务管理方面有待规范

典当业存在发票开具错误和使用不当的问题，例如发票伪造、发票顺序不连贯、发票和会计账簿金额或科目不一致、开票时间与业务发生时间不一致等问题。另外，虽然商务部授权典当业购买专用发票，并未限制购买数量，但是典当业当票与续当票的票号使用顺序并无严格实行税务监控，容易造成公司伪造典当业务当票的行为，使典当公司收入申报不合实际。

五、新发展阶段典当业提升纳税管理的措施

（一）进一步明确典当业的法律规定，做好税收管理的基础工作

1. 明确综合费用规则，有利于降低经营过程中的纳税风险

司法实践中法院对于综合费用预收是否符合规范尚存争议，《典当管理办法》中明确禁止利息预扣，而未禁止综合费用预收，因此综合费用的预收事实上不违反法律规定。典当行业的融资成本比较高，典当行需要承担当金无法收回的风险，若当金利息及综合费用均无法预先扣取，一旦发生绝当，典当行赖以实现债权的渠道仅存当物本身，而当物本身的变卖、折价亦存在市场风险，典当行很有可能在一笔绝当的典当关系中获取极低收益，这样一来会打击典当行经营的信心；而综合费用的预扣能确保其预期收益，降低经营过程的纳税风险，从而激发经营者的运营信心。因此，在未来典当行业法规制度修订中，应该明确如何认定绝当后典当行综合费用，以全面降低经营过程中的纳税风险。

2. 完善绝当规则，提升税收征管效率

根据《典当管理办法》，"3万元以内的绝当物适用流质契约规则，出当时评估价3万元以上的绝当物不适用流质契约，只能优先受偿"[①]。该项规定不仅缺乏灵活性，未考虑到不同地区之间的经济差异和人民生活习惯差异；而且该办法没有与时俱进地调整，自2005年《办法》颁布以来，评估价格上限不变。

因此建议，提高典当评估额上限，同时允许各地政府结合本地实际情况在合理范围内调整具体数额，并定期进行动态调整，必要时进行重新评估与修改。采用这种方式能够大大便利税收征管。

---

① 中华人民共和国中央人民政府门户网站：《典当管理办法》，http://www.gov.cn/bumenfuwu/2006-11/20/content_2600372_4.htm。

（二）进一步明确典当业的纳税范围，享受金融业的税收优惠政策

在行业定位方面，美国、英国等都将典当业定性为消费信贷机构，肯定了典当业的金融属性，并且相关法律规范对此加以确认。故我国也应明确典当行的金融属性，这样有利于典当法律规范、政策的制定和实施，也有利于典当业的长远发展。

1. 明确典当业的金融属性，有利于典当业的征收管理

典当业在形式上是进行抵押、质押为媒介的借贷生息交易，在本质上是以金融属性为核心，兼具商业性质。

在经营范围方面，典当业发达的国家倾向于开展多元化的业务模式，例如美国典当行除了基础的典当业务，美国允许典当行采取多元化的业务，如寄售，绝当物品的销售等。我国也应当基于实际国情，确定典当业主要服务对象为广大中小企业、个体户等，通过对其提供融资，对典当业的经营范围进行适当扩展和创新。通过政策的放开与完善，丰富典当业的业务模式，为典当公司提供充足的收入来源，减少了典当公司的税收负担，有利于提升典当公司的税收遵从度，从而减少了典当公司逃税、避税的可能性，为税收征管提供了便利性。

2. 修改《典当管理办法》，有利于优化典当业的纳税管理

一是建议修改《典当管理办法》第二十六条的规定，允许典当行开放动产抵押典当业务。目前，我国的典当行只能用动产进行质押，但是我国中小微企业只能用一般民品出当，例如工厂机器、生产设备等，这类当品一经质押，便会转移占有，不仅给典当行增加设备养护维修成本，又会影响当户对设备的正常使用。由于银行允许动产抵押，建议典当业采取动产抵押业务，既可扩大典当行的经营范围，形成利润增长点，又能扩大中小企业、个体户以物为担保的融资渠道。

二是建议修改《典当管理办法》第二十六条的规定，对于非绝当物品，应该允许典当公司经营销售、旧货收购、旧货寄售业务。目前典当业只允许动产质押，需对当物进行一系列的价格评估、鉴定，因此能积累较为丰富

的当物估值经验,便于后续开展旧货零售与寄售。一方面帮助二手物品实现市场流通,充分实现资源利用效率最大化;另一方面能拓展典当业经营业务的形式,扩充收入来源渠道。

三是建议允许典当业开设保管箱服务。保管箱业务属于典当业的融资衍生业务,指的是典当行通过保管非典当的动产,履行保管责任,提高典当业空置库房的利用率,同时向非典当动产所有人收取一定费用的业务。通过开设典当业的保管箱业务,帮助典当业进军保管箱市场,也会给典当业的典当主业带来一定的商业机会。

(三) 加强行业自律建设,优化纳税管理机制

我国典当业属于金融领域中小众行业,从监管机制和监管机构方面都有待进一步加强重视。典当行业协会要主动履行法定职能,对典当公司进行监管与规范,不断完善典当业的内部规章制度、奖惩机制等,加强对典当行经营的管理和规范。如协助进行行业统计、信息分析、业务操作的信息反馈,典当行准入的专家评审、典当行年审等工作。为此,建议提高典当业行业协会的法律地位,将行业自律的职能赋予行业协会。典当协会除协助监管部门做日常监管外,在维护典当市场正常竞争、为企业反映诉求和建议、加快行业的立法进程、建立行业规范方面应发挥更多的积极作用。

1. 加强宣传辅导,提高使用发票的自觉性

典当行业开具的税务发票是收取当金收入时的重要凭证。常见的典当票只是作为一种合同契约性质的款项收讫凭证,并不属于税务发票。对于典当公司取得的当金收入,必须按照服务业务开具统一发票;对于销售绝当物品所得收入,必须开具商业发票。此外,为使纳税企业更加了解税务发票的使用目的,规范发票适用流程,税务机关需要普及纳税辅导与发票宣传,全面提高纳税人的发票使用自觉性。

2. 加强部门协作,实现信息共享

针对重点大型典当企业所发生的典当业务,或者是中小企业的大额交易业务,税务机关需要特别关注。税务机关要通过后台大数据及金税三期

系统进行及时监控,同时也要保持和典当大户的密切联系,跟典当行业协会做好沟通联系,三方配合,紧密联系,才能共同搞好税收征纳工作。

3.利用网络平台,构建典当业的"互联网+税务"

鼓励典当行业开设线上融资网店,建立互联网交易平台,让第三方平台成为交易中介、或是第三方公司成为融资借款人,在海量买方与卖方之间,更高效地匹配资金。将融资网店的后台数据直接传送税务机关典当行的大数据中心,方便税务征管对典当企业的收入来源及数额实时在线统计,也便于利用数据对典当行的非法业务进行监督。同时可借助于网络建立纳税人不良征信数据库,搜集典当企业纳税记录,运用大数据控制典当的税务风险。

参考文献

高金平:《典当公司的税收处理》,《注册税务师》2017年第10期。

谷新生:《关于典当业性质确立的探讨》,《金融理论与教学》2020年第1期。

胡汛:《我国典当业监管完善的法律思考》,山东科技大学硕士学位论文,2019年。

兰晓默:《典当企业税收风险管控的初步探索》,《中国税务》2017年第5期。

刘兴艳:《宏观调控背景下典当行业健康发展战略研究》,《中国国际财经》(中英文)2017年第9期。

卢奇:《我国典当营业制度研究》,厦门大学硕士学位论文,2019年。

孙延平、张晓航:《浅谈典当业的税收征管》,《福建税务》1998年第12期。

王刚、李佳芮:《我国典当业发展现状、面临挑战与政策建议》,《金融与经济》2015年第1期。

杨彦波:《我国典当业风险的法律防控研究》,兰州大学硕士学位论文,

2019年。

周黎明:《金融抑制、政府规制与我国的民间融资——以典当行业为例》,《浙江学刊》2016年第2期。

执笔:陈明艺

B5 新发展格局下典当业营商环境优化研究

典当行是我国最古老的金融机构之一,在历史长河中留下了不可磨灭的印迹。发展到今天,在各类现代金融机构及互联网金融产业竞相发展的格局中,典当行业仍能保持其一席之地,足以证明典当这一金融模式的生命力和社会价值。2018年,典当行再次确立其金融属性,开始新的发展征程。典当行业一波三折的发展历程、渐趋边缘化的金融地位让业界及关心典当命运的社会各界人士不得不思考:典当业如何能在当前的新发展格局中再次焕发生命力、重现辉煌。优化典当业营商环境则是社会各界人士最为关注并寄予厚望的措施之一。

2020年5月,在经过2年的调研与酝酿之后,中国银保监会下发了《关于加强典当行监督管理的通知》。这是典当行业转归银保监会以来首次发布的监管规定。在新冠肺炎疫情全球肆虐、实体经济遭受重创的背景下,《通知》一方面旨在进一步规范典当行经营行为,加强监督管理,促进典当行业规范发展;另一方面旨在通过"实施简政放权,优化营商环境",以"减轻企业负担、方便当票领取、出台扶持政策、提供融资支持、发挥协会作用"等措施,促进典当行业健康发展。

作为全国营商环境建设的首位城市,上海近年来在优化营商环境方面的努力卓有成效,使得典当行业所处的整体环境随之优化。而上海整体金融环境的不断优化也有益于典当行业的转型发展。但是具体到行业自身的发展,切实围绕简政放权精神,优化典当行业营商环境,还需要一系列更具针对性、更具体的细节性措施。本研究将通过梳理典当业营商环境变迁的历程,分析典当业营商环境变迁过程中所呈现的主要问题,结合当前典当业发展所面临的新格局,探索进一步优化上海典当业营商环境的政策与路径。

一、上海典当业发展所面临的新格局

新冠肺炎疫情暴发以来,国际国内经济面临重大挑战,世界各国纷纷出台各类政策、实施相应措施,力保经济发展,稳定社会环境。中国政府也不例外,不仅明确了要加快构建"以国内大循环为主体,国内国际双循环相互促进"的新发展格局,还不遗余力地深化"放管服"改革,优化营商环境,力图最大限度地激发市场主体活力,保民生、促发展。作为金融行业中的中小企业,典当行的发展需要积极关注后疫情时代的新发展格局,尤其是金融业发展的新格局,并在这一新发展格局中找准定位,苦练内功,提升自身竞争力。

(一)后疫情时代的新发展格局

新冠肺炎疫情的爆发导致世界经济遭遇重挫,全球市场萎缩,一些行业甚至遭受毁灭性打击,中小微企业尤其首当其冲。全球政治、经济发展呈现出前所未有的复杂格局。

在此背景下,党中央做出了要"加快形成以国内大循环为主体、国内国际双循环相互促进的新发展格局"的重大战略部署。这意味着打造新发展格局,应当牢牢把握国内大循环这个"主体",以我为主的同时充分利用国内、国际两个市场、两种资源,加快培育参与国际合作和竞争的新优势,进一步向深化改革、扩大开放要动力。

为确保企业在这一新发展格局中准确定位,集中力量促生产、发展自身的竞争优势,中央政府出台了大量政策措施,尤其是不断激励并督促各级政府、各部门为市场主体营造更优的营商环境。中国政府对营商环境建设的重视程度可谓前所未有。2021年4月,国务院颁布了《关于服务"六稳""六保" 进一步做好"放管服"改革有关工作的意见》。该《意见》指出,进一步深化"放管服"改革,打造市场化、法治化、国际化营商环境,是做好"六稳"工作、落实"六保"任务的重要抓手。而进一步优化营商环境,需要加快转变政府职能,着力清理对市场主体的不合理限制,实施更加有效监管,持续优化政务服务,有效激发市场主体活力,推动经济社会持续健康发展。

与此同时,金融行业也在努力围绕国家新发展格局,结合各地实际情况确立工作思路、积极施策。2021年4月,上海召开金融工作会议,指出下一阶段上海的金融工作要坚持服务国家战略、服务新发展格局、服务高质量发展和高品质生活;要围绕服务科技创新和实体经济做好金融服务,更好地服务经济和城市数字化转型;要持续推动开放创新,增强全球资源配置功能等。

服务于新发展格局、服务于高质量发展和高品质生活、服务实体经济,应该说这些都是典当行业未来发展所需要重点关注的方向。

(二)上海整体营商环境不断优化

2019年10月,国务院发布了《优化营商环境条例》,指出营商环境是企业等市场主体在市场经济活动中所涉及的体制机制性因素和条件,是伴随企业经营活动的整个过程包括企业开办、运营以及破产的各类环境因素及条件的总和。近年来,中国政府不遗余力地出台各类政策措施优化营商环境,取得了举世瞩目的成绩。在世界银行发布的《营商环境报告》中,中国的排名连年提升。

上海一直是世界银行考察中国营商环境建设的主要样本城市之一。2020年以前的报告选取上海和北京两个城市作为样本,其中上海占比55%。2021年的报告又增加了广州和深圳两个城市,上海的占比仍然高达35%,权重在4个城市中最高。可以说,上海营商环境的优化是中国营商环境指数排名不断提升的重要原因。

自2017年上海召开营商环境提升大会以来,市区两级政府开始深入开展营商环境优化的探索与实践。从最初上海营商环境改革的1.0版本到2018年的2.0版本,再到2020年的3.0版本以及2021年的4.0版,上海以制度创新为核心,以政府流程再造为抓手,以增强企业获得感为标准,结合"大调研"研究出台了多项改革措施。在最新上海优化营商环境4.0版,即《上海市加强改革系统集成 持续深化国际一流营商环境建设行动方案》中,上海围绕优化政务环境、提升企业全生命周期管理服务、营造公平竞争市场环境等五方面提出31项任务,共207条举措。

2021年5月,中央党校电子政务研究中心发布了《省级政府和重点城市一体化政务服务能力调查评估报告(2021)》。结果显示,上海以95.38的得分在省级政府整体指数排名中位列全国第一。

2021年5月,中科营商环境大数据研究院发布的《中国营商环境指数蓝皮书(2021)》显示,上海在省级和市级营商环境排行榜上均名列榜首。

(三)上海典当行业金融地位的边缘化

在国家层面确立新发展格局、上海层面整体营商环境不断提升,金融业发展方向进一步明确的背景下,相对于其他地区的典当业同行来说,上海典当行业的发展具有更优的整体营商环境,在政务环境尤其是政府办事效率、业务便利性等方面具有优势,在整体市场环境方面也具有相对优势。应该说,这些是上海典当行业发展的有利因素。

但是上海典当行业发展面临的不利因素在于,上海是金融发展的中心和高地,金融机构林立、金融功能强大,典当行业的金融功能不可避免地在一定程度上受到抑制。在整体融资渠道更加丰富、融资选择较多的情况下,一般的中小企业或者个人如果有其他更便利的融资渠道,就不会想到到典当行来融资。因此,某种程度上讲,上海典当行业的金融地位随着金融中心建设的不断深入反而有一定的被边缘化趋势。

一个行业的地位是由其功能所决定的。因此对于上海典当企业而言,需要在上海整体营商环境不断优化、金融中心建设持续深入的背景下,不断确认其自身定位,通过服务于新发展格局,以自身的社会功能和作为为行业争取更大的发展空间,争取行业营商环境的优化,为努力打造联通国内国际双循环的绿色金融枢纽做出贡献。

二、典当业营商环境变迁过程

在具体讨论上海典当业营商环境的优化路径之前,有必要对典当业营商环境变迁的历程进行简单的梳理,以更好地理解上海典当业目前金融地位不断边缘化、金融功能得不到有效发挥的历史原因,进而为思考营商环境优化的方向和政策路径奠定基础。

伴随国际国内政治经济环境的不断变迁,典当业的经营环境、市场环境、政策环境、法治环境等都发生着巨大变化。这种巨大变化的背后是典当业行业定位以及行业管理办法的不断变迁。

(一)典当的行业定位几经变迁

1. 作为"非银行金融机构"的典当行

1993—2000年,典当行业在业务上归属于中国人民银行管理。在此阶段,典当行被定位为"非银行金融机构"。

20世纪80年代,在经济体制改革全面启动、改革开放不断深入的背景下,内地第一家典当行——四川成都华茂典当商行于1987年12月正式成立,标志着我国消亡了30余年的典当业开始复苏,并迅速带动了全国典当行业的恢复与发展。1988年10月,上海恒源典当的诞生则标志着典当业在中国最大城市的复出。

典当业恢复营业之初并没有明确的主管部门,地方政府多头审批,监管混乱,导致了行业的恶性竞争,严重扰乱了地方金融秩序和社会稳定。1993年8月,经国务院将典当行的监管职责划归中国人民银行,明确典当行属"非银行金融机构",并颁布了《关于加强典当行管理的通知》。

2. 作为"特殊工商企业"的典当行

典当行的发展历程中,有两个阶段是作为"特殊工商企业"而存在的。

(1) 2000年6月—2003年6月,典当行在业务上归属于国家经贸委。

(2) 2003年6月—2018年5月,典当行隶属于国家商务部。

2000年6月,因金融体制改革和人行职能转换,典当行的金融机构定位发生了改变,被重新定位为"特殊工商企业",并移交给国家经贸委监管。在隶属于国家经贸委的3年时间里,典当行的业务范围有了较大的拓展,整体营商环境较为宽松。

2003年6月,由于国家机构改革,国家经贸委撤销,典当业的监管职责又被划归国家商务部。在隶属于国家商务部的15年时间里,典当行的生存空间得到进一步拓展,营商环境相对宽松。

3. 作为"类金融机构"的典当行

2018年5月,商务部发布《关于融资租赁公司、商业保理公司和典当行管理职责调整有关事宜的通知》,明确已将制定融资租赁公司、商业保理公司、典当行业务经营和监管规则职责划给中国银行保险监督管理委员会。至此,典当行重回金融系统,被重新定位为"类金融机构"。

回归金融系统就意味着要接受金融机构的监管。2017年下半年的金融工作会议明确指出,一切金融机构及行为都要纳入监管体系。这是深化金融监管体制改革的重大措施。典当面临的监管环境趋于更加严格。

典当行的行业归属几经变迁,行业定位也几经转换,行业地位呈现边缘化趋势。尤其是近年来各类金融机构、金融科技蓬勃发展,典当行的失落愈加明显。频繁更换主管部门的背后,实际上是对典当业功能和地位认知的不明确,甚至是不重视,也因此导致相关的制度建设滞后于实际典当业务发展的需求。

(二) 典当的管理办法几经变迁

典当业恢复经营以来,典当业的主管部门几经变迁,每个发展阶段也都出台了相应的管理办法。不同阶段的管理办法在制定理念和关注重点上都有所差别,对典当行的经营范围、业务模式等也都有具体不同的要求。

1996年4月,在接管典当行近3年后,人民银行总行制定颁布了《典当行管理暂行办法》,并在随后依法对典当行进行了清理整顿,有效地规范了典当行为。

2001年8月,国家经贸委颁发了新的《典当行管理办法》。该办法对于典当行的发展具有重要意义。一是打破了传统意义上典当行仅做民品的框框,允许典当行开办房地产抵押业务。二是允许典当行从商业银行贷款。三是允许在省内开设分支机构。这些政策上的突破拓展了典当行的经营范围,扩展了其资金来源,极大地促进了典当业的健康有序发展。

在颁布新的管理办法的同时,2001年9月国家经贸委和公安部联合对全国典当业进行了一次全面的清理整顿。对人民银行移交的1 100家典当企业,经贸委保留了其中890家合格企业,撤销了220家不合格企业。在治理整顿的同时,新典当行开始大量进入。2001年底至2002年底的2年时间里,全国新批典当行264家,新批分支机构19家。典当行数量达到1 154家,分支机构19家,注册资金总额75亿元,从业人员1万余人。典当行进入了一个快速发展时期。

2005年2月,商务部会同公安部在原经贸委"老办法"的基础上,联合颁布了新的"典当管理办法"。该办法在加强规范的同时,又进一步拓展了典当行的生存空间,明确典当行可以从事财产权利典当业务,允许典当行跨省设立分支机构,允许机动车典当办理质押登记手续。新的典当政策有效保障了典当行的市场地位,促进了典当业的平稳健康发展。

2020年5月,经过2年时间的酝酿,银保监会颁布了《关于加强典当行监督管理的通知》,强调要"实施简政放权,优化营商环境",从"减轻企业负担、方便当票领取、出台扶持政策、提供融资支持、发挥协会作用"等方面促进典当行业健康、规范发展。具体的实施细则及其政策效果还在进一步显现中。

总体上看,典当行作为金融企业而存在的时期,对典当行的规范化要求更加严格,经营范围和内容上也有更多的限制。而在作为特殊工商企业而存在的时期,尽管存在规范化的要求,总体上典当行的业务范围、资金来源等都获得了较大的拓展,典当行的整体发展也较为快速。

（三）典当监管通知中与营商环境相关的主要内容

2020年出台的《关于加强典当行监督管理的通知》（以下简称《通知》）引发了业内广泛关注。《通知》中涉及营商环境的内容较为丰富。虽然一些精神的落地实施还有待时日,但我们仍然可以从中窥测出在简政放权精神指引下未来典当行业营商环境的整体变化趋势。

1. 先证后照,优化审批服务

《通知》影响典当行业经营活动的一个重要内容就是实行"先证后照",落实从前置审批到后置审批的转变。

2017年5月,国务院发布《关于进一步削减工商登记前置审批事项的决定》,明确将典当行及其分支机构的审批改为后置审批,并加快推进配套制度改革和相关制度建设。对此,《通知》在证照衔接方面作了明确规定,即协调市场监管部门在办理登记注册环节告知典当行在领取营业执照后30日内申请许可证,并书面承诺在取得许可证前不从事典当业务活动。《通知》要求地方金融监管部门在典当经营许可证发放、变更工作中要增强服务意识,寓管于服,优化改进审批服务,提高审批效率,因地制宜实施"一窗受理",切实减轻申请人负担。

2. 完善准入和退出管理

在完善准入管理方面,《通知》明确表示要支持社会信誉良好、经营管理规范、资本实力雄厚、财务状况稳健、具备持续盈利能力的市场主体设立典当行、开展典当业务;不再对典当行增加注册资本设置前置条件;鼓励已设立的典当行增加注册资本,增强抵御风险和服务实体经济能力。

在完善退出管理方面,主要是加大对"失联"企业、"空壳"企业的处置力度。《通知》从细化认定标准、加强信息公示角度,指导地方金融监管部门加大对"失联"企业、"空壳"企业的处置力度,实现减量增质,推动行业高质量发展。

3. 息费率规定有新变化

适应贷款市场报价利率（LPR）改革，《通知》规定典当当金利率按贷款市场报价利率（LPR）及浮动范围执行，不再按中国人民银行公布的银行机构6个月期法定贷款利率及典当期限折算后执行。综合费用方面，要求典当行根据实际提供的服务向当户收取综合费用，且不得超过现行《典当管理办法》规定的费率上限。

关于典当行的息费率问题，最高法院于2020年12月29日"关于新民间借贷司法解释适用范围"问题批复广东高院，明确由地方金融监管部门监管的典当公司、小额贷款公司、融资担保公司等，属于经金融监管部门批准设立的金融机构。这意味着从司法层面承认了持牌典当公司的金融机构身份，也明确了利率水平不再受民间借贷4倍LPR的限制。只要典当行合法合规经营，司法部门就不会按民间借贷来处理相关案件。

4. 企业综合性负担有所减轻

关于年审，各地方金融监管部门每年选取1/3的典当行进行年审，3年内实现年审全覆盖，减轻了典当行的年审负担。同时，年审期限延长为6个月，起止时间为次年4月1日—9月30日。

关于当票领取，各地方金融监管部门将本着"安全、便民"原则，结合本地实际做好当票发放工作，方便典当行当票领取。

在相关扶持政策方面，《通知》鼓励各地出台风险补偿、奖励、贴息等政策，扶持典当行业发展，引导典当行更好地为中小微企业及居民个人提供融资服务。

此外，典当经营许可证的有效期限由6年延长至10年，也是影响典当业经营的一个比较重要的变化。

三、优化上海典当业营商环境所面临的主要问题

当前，全国各地区各部门都高度重视营商环境建设，营商环境建设方

面的法律法规"立改废释"工作已全面展开。国家对营商环境的关注源于对市场经济主体活力的关注，本质上是希望通过改善各类市场主体的生存和发展环境，激发市场的活力和创造力，促进经济更高质量的发展。

但是从另一个角度看，国家如此关注营商环境建设，也在一定程度上反映出市场活力某种程度上的匮乏与不足。企业生存与发展的环境问题一直都存在于市场经济的发展过程中。只是中国全面的经济体制改革、扩大开放等措施带来的高速增长掩盖了这一问题。当经济的中低速增长期不可避免地到来，尤其是受疫情影响经济增长出现诸多困境、市场主体生存出现困难的情况下，营商环境的问题也随之显得尤为突出。

总的来看，典当行业的营商环境伴随着国家整体经济环境的变化而不断变化。不同之处在于，典当行业还存在一个因行业归属多次发生变动、行业地位起起落落而导致的营商环境变化的问题。另一个特别需要关注的问题是社会公众对于典当业的认知和接受度的变化，或者说典当行业社会环境的变化极大地影响着典当行业的发展。

通过梳理典当行业营商环境变化的过程，结合实地调研与座谈，我们发现当前典当业营商环境的优化面临如下主要问题。当然，这些问题在很大程度上也是全国典当业发展所面临的共同问题。

（一）典当行业的负面刻板印象坚固，社会舆论环境仍需进一步优化

伴随典当行的快速发展以及阶段性经营乱象的出现，典当行业的社会舆论环境始终未能有效改善，已成为制约典当行业发展的一大瓶颈。

一直以来，典当行本着救急、救困的原则，发挥了重要的社会功能。但是由于典当行历史悠久，一些文学和影视作品中难免出现负面渲染。也由于典当行在某些特定发展时期违规经营所造成的不良社会影响，典当行的负面形象似乎也成了社会公众的集体无意识认知。

这种负面认知极大地制约了典当行的发展，并且极难彻底消除。甚至一些与典当行有业务往来的企业和个体也连带受到歧视，被认为是社会信用水平较低、或者层次较低。这些负面的社会环境因素极大地制约了典当行的发展,使得典当行的营商环境相对于同属小微金融的融资租赁等机构有较大的差距,更不用说与大型的商业和国有金融机构相比。

近年来,伴随互联网技术的不断发展,金融科技蓬勃发展,多数金融机构都在这一过程中实现了较为深刻的互联网转型,典当行的转型却相对较为滞后。典当行又因此在早期诸如落后、剥削、低端等刻板印象之上增添了"科技含量低、专业技能落后"等负面标签。社会舆论环境不仅未能有效改善,甚至有进一步恶化的趋势。

(二)法治环境亟须进一步改善

相关法律法规尤其是上位法的缺失已经成为制约典当行业发展的最大瓶颈。在实际典当业务操作中,部分典当业务在无法可依的情况下依约定俗成的习惯和做法运作,导致一些典当行操作各行其是,出现乱象,制约了典当行业的整体发展。

目前,我国相关法律中仍没有关于典当权利的规定。无论是《典当管理办法》还是《通知》,都属于行政规章,效力层级较低,低于法律和行政法规。由于没有典当权利的规定,典当行业在诉讼案件中只能套用民法、担保法等相关规定,对于当物资产、业务范围、息费收取等方面的诉求都可能得不到法院的认可,给典当行业带来资产缩水、收益减少、业务非法甚至败诉的风险。可以说,典当法律地位的缺失在很大程度上制约了典当业的发展,让典当行业苦不堪言。

典当行业是国家大金融体系的重要组成部分,尽管目前典当在整体金融体系中的地位和层次不高,但是其社会功能不可或缺,中国典当也具有世界其他国家所无法比拟的历史地位和影响,确立典当权利势在必行。

(三)融资环境未能有效改善

在世界银行编制的营商环境报告中,对于"获得信贷"这一指标,根据专题报告,我国在这项指标上的排名自2016年以来一路走低。其中的原因在此不作论述,但这至少表明目前融资环境是各类市场主体,尤其是中小微企业所面临的非常关键的一个问题。

典当行作为一类特殊的中小企业,尽管身处金融行业,但其自身的定位和地位决定了其发展也面临着融资困难的问题。尤其是自典当行被禁止从商业银行贷款以来,典当行的融资困境更加突出。不仅如此,甚至与典当行有过业务来往的机构和个人也被相关贷款机构所歧视。可见,典当行所面临的融资环境非常不友好。大多数典当行仍然主要是依靠自有资金在运转,不利于相关业务的拓展。

(四)同质化竞争严重,整体竞争环境有待规范与提升

总体上看,典当行业存在一定的恶性竞争现象。这种现象不仅存在于典当行业内部,也存在于同类的相关金融机构之间。典当行业整体的竞争环境有待改善。这种恶性竞争主要是因为典当行业的同质化竞争较为严重,尤其是一些典当行房地产典当比例过高,民品相关衍生业务的特色不突出、利用互联网技术提升企业竞争力的能力也相对欠缺。

尽管目前的管理规定并未明确禁止房地产典当业务,但在典当回归主业的管理理念下,房地产典当业务将在一定程度上收缩。但是目前典当行业在其主业,即民品业务尤其是民品相关衍生业务上的特色并不突出。除了救急放贷以外,民品业务还包括鉴定、保管甚至兑换(当物)等衍生业务。但是目前,多数典当企业在民品相关衍生业务上的竞争能力不足甚至是缺失,甚至许多与典当相关的专业技能例如奢侈品保养、字画古董鉴定、绝当品价格评估等,皆面临后继无人的风险。

(五)监管环境更加严格,典当的业务创新与拓展受限

从整体营商环境的角度看,典当移交银保监会监管后,在"专业、严管"的原则下,典当所面临的监管环境趋于更加严格。一些可能的业务创新与拓展在短期内将难以有效展开。

目前,典当行业的日常管理工作由地方金融管理局落实。对于地方金融管理部门来说,针对典当行业的监管也是其需要在"干中学"的新课题。在对典当行业的经营特征和特色深入把握之前,监管部门必然是倾向于严格化管理,这也是与当前的监管理念相一致的。因此,许多典当行反映,目

前的监管环境整体上呈现"管"大于"促"的局面。对于多数典当行来说，一方面还未来得及发展壮大，有效转型；另一方面又将面临着更加严格的监管，非常不利于典当业的创新发展。

另一个值得关注的行业现象是，受国际国内多重因素的影响，目前进入典当行业的企业质量和数量都有较明显的下降，整个行业呈现较明显的"劣币驱逐良币"现象。其中的原因值得业内人士和管理部门深入思考。

"劣币驱逐良币"的一个直接后果是，一些本身资质较差的典当行不惜铤而走险，出现违规操作行为。而这又进一步强化了社会公众对典当行的负面认知，恶化了典当行业的整体营商环境。

四、上海典当业营商环境优化的理论思考

营商环境优化的根本目的在于提升企业经营的便利性。优化营商环境不是为了获得更好的指数排名、更高的 GDP、更优的政绩。优化营商环境的根本目标是为了提升企业经营的便利性，提升企业的获得感。

这表明，营商环境的优化应着眼于企业的需求，以企业为本，最终以提升企业的获得感、让企业能更方便、更有效地开展市场经营活动为根本目标。企业获得感的提升，经营活动更加便利更加有效，最终也将体现为政府的政绩，表现为更好的指标排名和更高的 GDP。

在此基础上，鉴于上海整体营商环境建设在全国的领先性以及上海典当行业所处的行业地位，优化上海典当业营商环境需要把握以下几个要点。

（一）软环境建设是上海典当业营商环境优化的重要抓手

总的来看，世界银行《营商环境报告》所构建的指标体系主要关注的是各类"硬指标"。这些硬环境指标主要是指企业在办理相关业务和事务时所需花费的时间和金钱，相对来说具有较好的可量度性和可比较性。以

2021年营商环境报告为例,世行对近200个国家和地区进行了相关调查研究,构建了12个大类、47个小项指标,以全面衡量企业在某一地区开展商业活动的难易程度。这12个大类指标包括开办企业、办理施工许可、获得电力、产权登记、获得信贷、保护少数投资者、纳税、跨境贸易、执行合同、破产办理、劳动力市场以及政府采购等,每一个大类指标下又分别有几项小指标。

在目前度量的47项具体指标中,有29项是可以用时间(或次数)与费用(或金额)的数值直接衡量的指标。比如企业开展相关经营活动包括开办企业、办理施工许可、获得电力等事项所涉及的程序数、所花费的时间和费用等。这表明世行体系的多数指标衡量的是营商环境的硬环境。

从上述指标体系来看,与典当业目前发展较为相关的指标类别包括开办企业、获得信贷、纳税、执行合同等领域,这些指标类别在总体上的改进,必然会同步地改进典当业的营商环境。上海营商环境的建设在全国一直处于前列,一些容易改进的硬指标某种程度上已经有了较大的改进,进一步改进的空间缩小、边际收益也在减少。要进一步优化营商环境就必须要更加关注软环境指标的提升与改善。营商软环境指标更多关注的是企业经营者的主观感受,旨在通过更人性化的制度供给和服务,提升企业家和经营者的获得感,增进各类市场主体的市场信心。

在上海整体营商环境不断优化的背景下,典当业特定的营商环境优化也应当更加关注软环境建设,包括社会舆论环境、特定的法治环境、监管环境等。

(二)市场化和法治化是上海典当业营商环境优化的主要方向

2020年制订的上海"十四五规划"明确指出,要"持续优化市场化、法治化、国际化营商环境"。法治化、市场化、国际化是上海整体营商环境优化的根本方向。

目前,典当行业基本上还只在国内开展业务。因此,对典当行而言,营商环境优化的方向应当主要落实在市场化和法治化两个维度上。市场化意味着典当行进入与退出机制的市场化、经营策略的市场化、息费率形成的市场化、市场监管手段的市场化等。法治化一方面意味着典当行要依法依规经营;另一方面意味着典当行自身的法律地位和权利要得到确认,在涉及相关法律事务时,典当行能够明确地受到法律法规的保护,不至于过于依赖自由裁量权或勉强援引相关规定或判例致使典当行陷于尴尬的境地。

(三) 上海典当业营商环境的优化要以自身功能和作为为根本

上海是一座务实、包容的城市。企业也好、金融机构也好,最终能否得到市场肯定、受到政府重视,从根本上取决于其所能发挥的社会功能和作为。这一点对于典当行业来说尤其重要。

优化典当业营商环境不能单纯依靠政府单方面的行为和举措。事实上,除了还需要社会相关部门的协同外,更重要的是典当业自身要奋发图强,通过苦练内功和发展为自己谋求进一步发展的空间,争取更优的营商环境。

典当业自身经营的特点和目前的行业地位,决定了典当行必须以自身功能和作为为本。也就是说,优化营商环境不能"等靠要",等着政府来主动关心重视典当行业、等着社会公众主动转变观念和认识,等着相关部门主动实施支持措施,而是要致力于行业整体的积极作为,主动出击、树立新形象,赢得政府的关注与重视,也赢得社会公众的好感。

典当业营商环境的优化必须要以典当行业的功能和作为为基础。在目前的金融体系中,没有自身内功的修炼,政府难以真正重视典当行业,社会公众也难以转变负面认知。这是典当业必须认识到和接受的一个事实,也是激发典当业奋进的现实状况。在此基础上才有基础、也有底气向政府和相关部门呼吁,引起社会重视和关注,真正围绕简政放权、贯彻"放管服"精神,针对典当行业发展的特征,通过优化服务,减轻典当企业负担等具体措施,优化典当行业营商环境。

五、进一步优化上海典当业营商环境的政策建议

营商环境的优化是一个系统工程,需要各部门协同发力。营商环境的优化是一个长期工程,营商环境只有更优,没有最优;营商环境优化只有现在时,没有完成时。进一步优化上海典当业营商环境可以从以下几个方面入手:

(一)完善相关法律法规,确立典当的法律地位

典当恢复营业以来频繁更换主管部门的背后,实际上也体现出对典当业功能和地位认知的不明确,甚至是不重视,进而导致相关制度尤其是相关法律法规建设滞后于典当业实际业务发展的需求。在无确切法律法规可依的情况下,部分典当业务的操作通常是依据约定俗成的一些惯例,导致一些典当行操作各行其是,甚至出现违规经营现象,制约了典当业务的拓展。这不仅影响了典当业的社会整体形象,还进一步恶化了典当行整体的生存和发展环境,甚至形成恶性循环。

典当业营商环境优化的主要方向是法治化、市场化。法治化是最好的营商环境。因此,完善典当相关法律法规,确立典当行的法律地位,是优化典当业营商环境的首要任务。

(二)在强化行业监管的同时,鼓励典当的业务创新与拓展

强化金融监管、有效控制金融风险是经济高质量发展的题中应有之义。但是对于不同类别的金融机构,应依据其风险特性,实施有效的分类监管,实现加强监管与鼓励创新之间的有效平衡。

与银行等其他金融机构不同,典当行放贷是见物放贷,其最大的风险并不在于贷款人不还款,而在于绝当品销售或拍卖不畅,导致资金流转不畅和积压。从典当诞生以来,质物放贷与物品流通就是其不可或缺的两大功能。其风险控制某种程度上就是依靠这两种功能的平衡而实现的。

因此,有效控制典当行经营风险就需要在政策法规上明确,鼓励典当

行在合规的前提下进行相关业务的创新与拓展,尤其是在绝当品的处置、旧货的流通与销售等方面,允许典当行进行适当的创新,通过差异化服务提升竞争能力、获取更多业务发展机会。

此外,对于能够体现典当行产品差异化的存货典当、银行票据典当、小企业股权典当等业务,应当给予有效的鼓励与支持,为探索典当行有条件的投资功能创造条件。

(三)增进互信,改善典当行的融资环境

典当行是金融领域的中小微企业,业务内容大多也是支持小微和个人的普惠金融业务,对于保就业、稳增长具有重要意义。作为金融领域的中小微企业,与中小型的工商业企业一样,典当行本身也存在融资难的问题。部分典当行在投融资领域的一些不规范行为,很大程度上与典当行没有正规的、有保障的融资渠道有关。一些典当行迫于生存压力,不得不铤而走险。如果典当行有正常、畅通的融资渠道,在成本与收益的考量和权衡之下,这些风险行为必然会极大地减少甚至消失。

目前,尽管《通知》指出要拓展典当业的融资渠道,却还没有具体的支持措施出台。原则上的支持在实际操作中还没有很好地实现。对此,需要相关部门进一步协同施策,确保这一支持精神落地,在商业银行支持、资产抵押融资等方面尽快出台相关措施。鼓励商业银行等机构本着增进互信、强化互利的原则,积极探索与典当行在客户资源共享、研发产品、资产评估、鉴定、处置等领域的合作,寻求利益共赢点,打破典当行外源融资所面临的无形壁垒。

(四)充分发挥行业协会的积极作用,为行业的生存与发展拓展空间

营商环境的优化需要政府、企业、各类社会组织的共同参与。随着营商环境优化工作的持续开展,更精准地获取各类市场主体的诉求,更加市场化、智能化地满足市场主体的需求,在更高水平和层次上扩大开放,就必须有更多主体的参与,仅仅依靠政府的力量远远不够。而行业协会就是能够起到承上启下功能的重要社会组织,是政府监管部门和企业之间的桥梁

和纽带。

行业协会的基本职能包括行业服务、行业自律、行业代表和行业协调等4个方面。针对目前多数典当行反映的营商环境不利的问题，行业协会首要的任务就是在维护行业成员合法权益的同时，努力为行业争取更大的生存空间和更优的营商环境。在具体路径上：

一是搭建起社会公众认知典当行业的有效平台，让社会公众能够更好地了解和理解现代经济背景下的典当行，转变认知，摘掉"有色眼镜"。例如通过典当博物馆、红色典当展览等手段，展示典当行在各个历史时期以及当下新发展阶段的重要功能和正面形象，让公众更好地认知典当低风险、高能量的社会新形象。

二是通过整合资源，建立研讨会、联谊会等交流平台，提升行业凝聚力，增强行业影响力。通过行业整体实力的提升和更强的社会服务功能，体现典当行作为金融机构一员的不可或缺性。

三是积极向政府相关部门反映典当行的经营现状与问题，组织更深入的典当相关理论与实践研究，围绕提升典当行的行业地位和社会功能，与政府相关部门进行细致深入、有理有据的沟通，为行业的发展拓展空间。

（五）苦练内功，寻求自内而外的突破

营商环境的优化还需要依靠企业自身的力量，需要典当企业苦练内功，积极开展自救，寻求自内而外的突破。典当行业整体素质及其社会功能的提升，将有利于引起政府和社会的关注，为典当行业的发展争取更大的空间，更优的环境。

强化典当行的功能与作为，首先必须坚守功能定位，进一步顺势回归典当本源，满足小微企业、居民个人短期、应急融资需求，发挥对金融体系"拾遗补缺"的作用。其次是积极拓展民品相关衍生业务，专注细分领域，提升鉴定评估等方面的能力，培育差异化、特色化竞争优势。再次是严守风险底线，依法合规经营、严守行为底线，为改善典当行的社会形象创造条件。消除社会对典当行业的隐形歧视，推进典当行的法治化、规范化、科技化、高效化发展。

典当行寻求自内而外的突破,还需要进一步提升人才素质。不同于普通大众的认知,典当行事实上是一个非常需要专业人才的行业,在风险控制、合规管理、专业鉴定、综合运营等方面都需要专业人才。今后,典当业压缩房地产业务,拓展民品业务,走特色化差异化竞争道路更需要相关专业人才,例如各类奢侈品、古董书画、珠宝玉石、高档家具等业务的专业鉴定人才,以及具备绝当品处置综合能力的人才。

参考文献

谷新生:《关于典当业性质确立的探讨》,《金融理论与教学》2020年第1期。

谷新生:《近几年影响典当行业法律法规政策梳理分析》,2021年3月11日,http://www.zzlcdd.com/news/detail/282。

卢显洋:《中国典当行业监管立法及其完善——评〈典当行业监管规定〉》,《重庆大学学报》(社会科学版)2018年第5期。

上海典当行业协会:《上海典当》历年各期,内部刊物。

银保监会:《简政放权 优化典当行业营商环境》,中国新闻网财经频道2020年5月29日,http://www.chinanews.com/cj/2020/05-29/9198457.shtml。

执笔:李双金

B6 后疫情时代典当业的发展

2020年以来,新冠肺炎疫情对中国经济和全球经济造成前所未有的冲击。当前中国的疫情防控工作已经形成了显著的阶段性成果,社会疫情统筹防控及经济恢复工作也在逐渐推进,各项数据明显反弹。但是疫情在全球蔓延仍在继续,疫情发展依然不确定,世界经济可能会陷入20世纪大萧条以来的最大幅度衰退。

一、后疫情时代的国内外经济新形势

后疫情时代是指新型冠状病毒疫情过后的时代。根据目前疫情演变现状,在后疫情时代,也并不是我们通常所想象的疫情完全消失,一切恢复如前的状况,而是疫情时起时伏,随时都可能小规模暴发,从外国外地回流以及季节性的发作,而且迁延较长时间,对各方面产生深远影响的时代。

(一)国际形势新特点

1. 疫情对全球经济的冲击

(1)全球经济出现断崖式下跌

随着人员流动、跨境物流、检验检疫等层面控制管理级别的提升,线下接触性消费出现断崖式萎缩,生产及投资领域的各种活动全面中止,经济需求出现断崖式下跌。国际货币基金组织(IMF)在《世界经济展望》报告中指出,被称作"大封锁"(Great Lockdown)的防疫措施和经济活动停摆,将使全球增长急剧收缩。IMF2021年10月发布的《世界经济展望》报告显示,2020全球经济增长为-3.1%,远低于金融危机时期的经济增长。该期报告显示,在疫情影响之下,各国主要经济指标大都出现了近几十年来罕见的下挫,2020年,美国GDP增速为-3.4%;欧元区为-6.3%,创1995年有记录以来新低;日本为-4.6%;英国为-9.8%;新兴经济体为-2.1%,近几十年来首次出现了负增长。

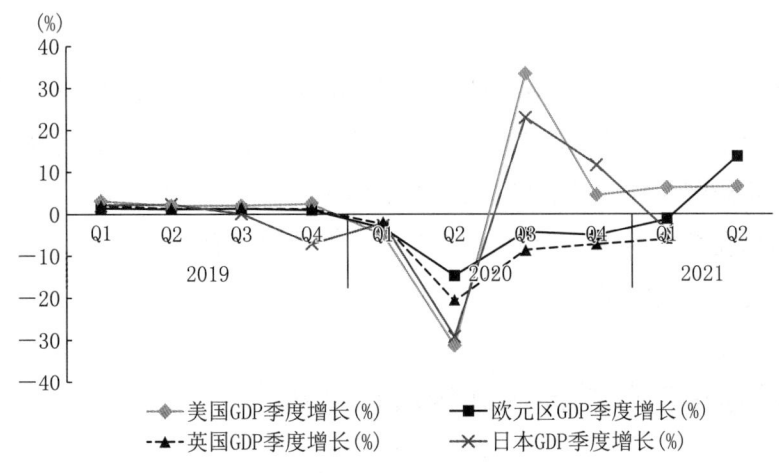

图6-1 主要发达经济体经济增长

注:美国、日本为季度环比增长折年率;欧元区、英国为同比增长。
资料来源:中国人民银行《中国货币政策执行报告》相关各期。

(2)全球产业链突发性中断

世界大部分国家都采取了全面隔离的措施,这对于中间产品贸易支撑下的世界产业链造成了极大的冲击,供需两端都陷入了突发性中断之中。除了需求方无法迅速恢复生产和投资,供给方即使是能够输出产品也只能存放起来。当前世界经济融合度持续升高,中间产品贸易的比重也逐渐扩大,在20世纪70年代,中间贸易比重只有30%,而到现在这一比重增长为70%。所以,如果疫情持续扩散,长期得不到有效的控制,那么全球产业链受到的冲击就会是非常大的。

(3)全球市场大幅震荡

2020年3月以来,全球金融市场经历了大幅震荡,恐慌指数VIX一度刷新金融危机以来新高。美国股票市场在2020年3月9日—19日4次熔断,以史上最快速度进入技术性熊市。由于需求大幅收缩而OPEC减产不及预计,国际原油市场大幅下挫,2020年5月WTI原油期货甚至出现了-37.63的成交价。市场暴跌之下,美元荒席卷全球,投资者甚至卖出黄金、美债等传统避险资产以筹集美元。

2. 后疫情时代的世界格局变化

(1)中美经济实力将会进一步缩小

由于中国已经率先走出疫情,经济活动已经接近正常,而美国仍在经历停摆,最坏的时候仍未到来,国家之间的力量对比已经开始显露出明显的不同。2019年之后,中美之间出现了持续性的贸易战,根本原因就在于中国的经济崛起已经威胁到美国的霸权地位。事实上,近期中美之间的关系确实在恶化,甚至威胁到两国的第一阶段贸易协议。近期美国还采取最新行动,在全球范围内阻止向此前被列入贸易黑名单的华为公司供应芯片,出台针对中国香港地区的法律等,两国紧张关系仍在加剧。

(2)全球产业链、供应链将会重组

物资、服务等各种要素在国际的流动因为病毒防控而被中断,暴露了当前产业链抗风险能力低下的问题,也暴露了产业链本身的脆弱性。随着各国在疫情阶段产业链危机管理政策的落地,本国、区域等局部区域的"自力更生"才会成为可能,同时这种惯性会在疫情结束前持续存在,甚至会成为当前社会的常态。此前希望立足经济扩张而形成规模效应的开放经济体,为了规避产业链断裂风险的冲击,会逐渐的寻找产业链"脱钩"的发展路径。疫情过后,世界产业链必然会出现新的变化,智能化及结构性转变是必然趋势,这能够让各国产业链形成更高的弹性,能够以更快的速度来应对各种突发问题。受其影响,世界产业链供应格局也会出现更为明显的多元化,从而实现对风险的控制,降低对特别供应商的依赖。

(3)全球金融风险将会上升

面对大萧条以来最严重的全球经济衰退,世界各国央行及政府,通过购债及预算支出,已经推出至少15万亿美元的刺激政策,以减轻疫情对经济的冲击。但这种情况将导致各国债务进一步企高。根据国际金融协会的测算,基于全球经济萎缩3%和政府借款较2019年翻倍的情况,2020年世界债务和GDP的比值增长342%,IMF也提出,2020年公共赤字占GDP的百分比将从2019年的不到4%调升至10%。

(二)国内形势新特点

在此次疫情中,我国经济继续展现出巨大韧性,在经历疫情防控初期的短暂停摆后,迅速地恢复正常运作。尽管我国疫情在爆发初期极短的时间里就得到了迅速的控制,但是在民众心理层面、在产业结构运行模式层面依然形成了巨大的冲击和影响,特别是对批发零售、住宿餐饮、交通文娱等领域都产生了极大的冲击。这些行业在GDP中的比重都是比较高的,达到了16%—17%。因此在后疫情时代中国经济将会面临不少变化,应对疫情会催生并推动了许多新产业新业态快速发展。

1. 产业链和供应链将会出现重构

疫情之后,各国之间的不信任程度将会上升,各国着手构建更独立、完整、安全的产业链将会成为趋势。在全球产业链因为主观及客观原因,同步断裂的背景下,发达国家及中国当前正在逐渐形成平行的发展体系,这种格局当前已经非常明显地显露出来。美国与中国开始成为世界格局"全球化"及"异质化"的核心驱动,我国可能会面临一波产业转移浪潮。

2. 数字化将成大势所趋

本次抗击疫情中,诸多新产业新业态都获得了快速发展,比如在互联网的"技术赋能"之下,数字技术在医疗支持、信息管理、民生服务、经济复苏等层面的应用不断深入,线下消费场景逐一转移到线上,线上商品零售在总体零售之中的占比已经达到了20%以上。线上销售的持续稳定发展可以有效地缓解疫情对经济,对消费造成的冲击。另一方面,人们对线上消费、线上办公等模式的接受度显著提升,线上服务、包括线上教育、娱乐及媒体等层面的需求都出现了暴发式增长,这将成为加速我国经济数字化转型步伐的重要契机。

(三)后疫情时代中国的应对之策

1. 妥善处理好与美国关系

一是对博弈的长期化、复杂化做好思想准备和战略准备。美国已经将中国定位为"战略竞争对手",未来中美关系的主要基调也将是在竞争中发展,应警惕未来出现变化和波折的可能,并对长期和复杂的博弈做好充分的估计和准备。

二是将中美第一阶段协议的落实以及下一阶段的谈判与中国改革开放"深水区"课题相结合,加快改革开放步伐,落实竞争中性原则,加快国企改革,同时积极推动WTO改革,力争早日建成十四届四中全会提出的"高标准市场体系"和"更高水平开放型经济新体制"。

三是做好紧急情况下的政策预案,积极推进稳外贸、稳外资等工作,减少对于贸易部门和就业的冲击。

2. 稳定产业链供应链

2020年4月17日中央政治局会议结合总体的经济局势提出了"六保"目标,保产业链供应链稳定即六保内容之一。在G20峰会之上,我国提出了维护世界供应链及供应链稳定的号召,我国领导人在与德国、美国首脑的交流中,也提出应该重视产业链的开放、稳定及安全建设。在当前的格局下,如果要保证产业链及供应链处于稳定运行的状态,最关键的就是各国之间应该维持足够的信任感,从而规避各种未知性风险。此时就需要我国从社会稳定角度出发,提高经济开放程度,全面推进"放管服"改革,持续完善外资在华投资环境,并不断地强化与各国的交流合作,持续推进贸易及投资自由化发展,与多方共同推进稳定产业链及供应链建设,规避逆全球化理念的影响。

3. 加快推进经济数字化转型

在此次疫情管理的过程中,我国基层社会治理模式及治理能力与数字经济的发展需求出现了不匹配的情况,广大企业面临着数字化转型的巨大挑战,但是也同样面临着更多的发展机遇。居民消费数字化的高速发展,会对我国数字化经济发展形成有力的推动。我国应该立足抗疫阶段形成的各种科创经验,逐渐地寻找政府、企业及消费数字化转型的基本路径。

政府数字化转型层面,持续推进5G通信网络、窄带物联网等高端基础设施建设,加快公共领域数字设施改造,推进社会管理的数字化转型,立足高效率、高质量的服务来满足社会发展的各种需求;企业数字化转型层面,加快不同行业数字化转型,推进企业信息化、智慧化发展,推进企业组织框架重组,加快企业工艺及业务的优化,持续强化企业在市场中的综合竞争力;消费数字化发展层面,可以对信息消费、非接触式消费等全新的方式进行培育和推广,持续地满足群众在教育、医疗及购物等层面的多种需求,让居民感受到更好的生活质量。

4. 确保风险总体可控持续收敛

政府在报告中肯定了房子的居住属性,提出了反对炒作房子,推进"房地产市场稳定健康发展"的目标,要求"强化金融等关键领域的风险防控,扼守住系统风险的底线"。在2020年金融稳定工作会议上,央行提出要对当前金融风险的发展趋势进行整体性的研究,对其演变趋势进行预测分析,强化风险动态测评,重点关注金融风险在边际层面的影响。监管部门应该全面地推进各种金融风险防范和化解工作,保证金融领域风险始终处于可控状态,坚决杜绝系统性风险的出现。此外,对于经济的宏观发展,也应该进行多方面考察,要把握新形势,重视新风险,保证各种风控目标和发展目标顺利实现。

二、典当业发展状况

(一) 典当行业的现状

2019年底,我国典当行业的企业数量为8 397家,整体的注册资本规模是1 722.6亿元,而企业的资产总量累积达到了1 602.7亿元,典当资产的存量为992.86亿元。2019年,典当行业全年的业务总量为2 860.48亿元,业务量则达到179.2万笔,单笔业务资金额是16.6万元,平均当期33天。2012—2019年,典当总额呈现出先升后降的趋势,2014年典当总额达3 692亿元,为近年来的最大值,从2015年起行业增长乏力,呈现出负增长的态势。2018年,全国典当行业实现典当总额2 863.3亿元,比2017年减少36.5亿元,降幅为1.3%。2019年典当行业典当总额略增,提升至2 880亿元。

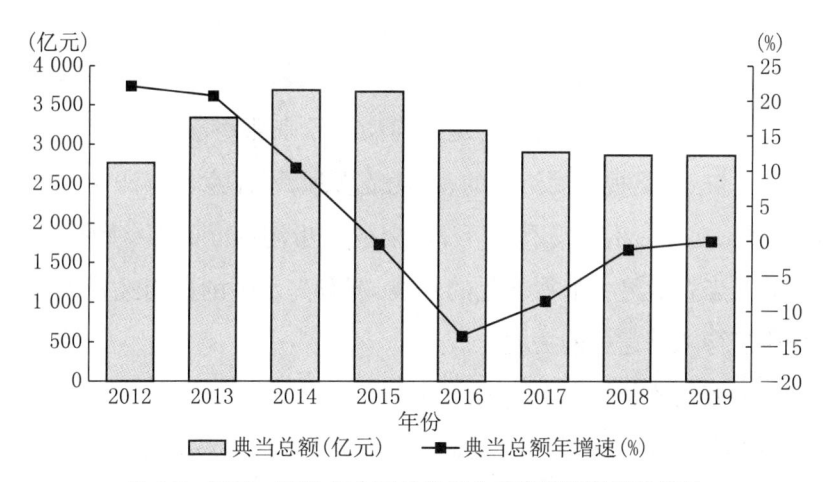

图6-2 2012—2019年全国典当行业典当总额及增长情况

资料来源:根据国家商务部网站资料整理。

(二)典当行业的发展趋势

2020年,典当行业经历了"疫情"的蔓延,而典当行也经历了现场检查、典当年审等多种监管方式,金融行业的监管将会越来越严格和规范。在"十四五"期间典当行业将会面临着诸多不确定因素,一方面,随着国家加强对民间借贷和助贷机构的监管,对典当行业来说,将会更有利于典当行市场开拓;而另一方面,近期国家为鼓励银行为中小微企业融资,相继出台了一系列减轻企业融资成本的措施,从一定程度上也会减少典当行业部分房产融资业务市场。

1. 典当行数量大幅减少，两极分化加大

经历了2019年、2020年高标准典当行业年审后，典当行业进行了大洗牌，数量大幅减少，典当行业内沟通合作或将加强，长期行业自闭发展或将终结，行业内竞争趋缓。行业内将出现一批新的优秀典当行，这些典当行通过不断创新，加强风控、拓宽典当业务产品，提升典当行服务质量，品牌和口碑得到越来越多客户的认可，相当多龙头企业将会走向连锁化经营的道路。

2. 典当行业监管越来越规范，经营思路发生重大转变

对于已经正式纳入金融业，划归银保监会监管的典当行业来说，运营思路从原来的业务导向型变为管理导向型。原来那些盲目扩张业务规模，盲目求大求快、不重视合规运营的，不规范管理，不注意规避法律和政策风险的典当行，在今后的监管体制下，将会被逐步淘汰。而那些具有现代管理思维的典当企业将会取得长足的发展，拥有高水平的典当经营人才将会是未来典当行之间竞争的关键。

3. 在政策上允许典当行进行融资

按照原有的典当管理办法规定，典当行基本没有任何杠杆，放款规模始终无法扩大，而新的政策将支持典当行进行融资，典当行的融资比例将是注册资本的3—5倍。各地的金融局已经开始推进商业银行给典当行贷款，未来的典当行将会在融资上得到政策的大力支持。

4. 民品和财产权利典当业务将成为典当行的重要业务

由于民品典当业务是典当行业最具特色的业务，也是风险最小的业务，因此民品典当也是典当行业务最多的业务板块之一，如何做好民品典当业务，也是考察典当行的核心要素之一，因此在未来的政策上将会大力支持发展民品典当业务。房地产典当业务将不再是大部分典当行的唯一业务，将会有很多典当行积极拓展民品典当业务，而财产权利质押在典当行的业务中占有重要的地位。

5. 各类法律、法规的出台对典当业务规范化提出了更高的要求

《民法典》已于2021年1月1日正式实施。首部《民法典》共七编,依次为总则编、物权编、合同编、人格权编、婚姻家庭编、继承编、侵权责任编,以及附则。《民法典》中合同编、物权编内容的修订对典当业务带来影响,引导典当行进一步规范经营。《非存款类放贷组织条例》的出台对典当行自身定位的改变,将会进一步明确典当行的定位,彻底实现"先证后照"。

6. 积极发挥典当行"拾遗补缺"作用

根据中国银保监会印发《关于加强典当行监督管理的通知》[①],要发挥典当行最核心的行业功能,即"拾遗补缺",鼓励典当行大胆地进行业务改革,优化服务能力,面向小微企业及居民展开更多更灵活的融资服务。

(1)增强服务意识,优化典当行业营商环境

在《关于加强典当行监督管理的通知》提出:从强化服务理念,规范准入机制;依法依规经营,健康稳定发展;落实主体责任,重视监督管理;梳理行业秩序,加快降本增效;加快职能简化,完善营商氛围等维度落实监管工作,推进典当行的事前事后监管工作进行指导和优化,帮助各地区典当行业实现更为健康稳定的发展。《通知》执行过程中,应该遵循如下原则:一是扼守核心功能。帮助典当行业尽快回溯到行业的初衷,从市场细分,差异化及特色化层面持续的增强竞争力,为中小企业、个人等各种短期融资需求者和应急融资需求者提供支持,为主体金融服务工作查漏补缺。二是强化风险管控。典当行要依法依规推进业务,坚守行业风控底线。地方金融监管部门也应该不断地优化准入机制,在日常工作中强化对典当行业的监管,强化对违法违规行为的查处力度。三是简政放权。典当行业应该建立高效精简的审批流程,对烦琐无效的审批流程进行清理,降低审批负担,提高当票领取便利性,形成更为理想的典当营商环境。

[①] 中国银保监会办公厅:《关于加强典当行监督管理的通知》,银保监办发〔2020〕38号。

（2）鼓励降低小微企业和个人综合融资成本

《关于加强典当行监督管理的通知》要求,典当当金利率应该根据贷款市场利率(LPR)和浮动标准来设置,禁止进行当金利息的预扣操作。典当行在进行综合费用的收取时,应该结合现实情况进行,要根据《典当管理办法》的内容来设定费率区间。利息层面,要结合市场报价利率及波动区间来设置。此前典当行按照央行的规定,利息设置环节应该结合银行贷款利率数据(6个月)来设置,同时也要对典当业务的时间进行折算和分析。而根据新的《通知》典当行不再执行这一规定。综合费用层面,典当行结合各种服务对用户收取相关费用,但是应该遵循相关条例上限要求。为了更好地应对疫情冲击,《通知》鼓励典当行持续创新业务类型,对小微企业及居民展开更多形式的融资支持。

（3）推进典当行业高质量发展

根据典当行业新的管理通知,如果典当企业符合下列条件,则属于"失联"企业:无法立足公开联系方式取得联系,企业登记所在地查找不到企业实体;能联系到员工,但员工对企业实际控制人不知道或者无法联系;联系3个月未根据监管需求报送月报。如果典当行持续6个月,没有正常的收当、续当等业务活动,近6个月未办理纳税申报(国家政策减免不在此列),连续6个月未办理社保缴纳的典当行则被归入到"空壳"企业。《通知》从界定标准、信息公示,地方金融监管机构监管维度等角度做了进一步的细化,通过强化信息监管,建立联合惩戒机制,让更多的民众可以了解典当行的运行情况,对市场中的"失联""空壳"企业进行清理,加快行业健康稳定发展。

（三）后疫情时期我国典当业的新特点

1. 加速"线下典当"向"线上典当"模式转变

促进典当行业转型,加速传统"线下典当"模式往"线上典当"模式转变,传统典当行业所有业务办理都是面对面的交易、到店续当缴费的过程。疫情暴发后,很多业务办理都慢慢转到线上自助办理。典当行对客户的很多服务也会慢慢转换到线上,例如:目前全国已经有很多典当行将续当业务都转到线上微信公众号自助服务平台,实现了在线典当申请、在线鉴定评估、在线续当、在线赎当缴费等多种业务。典当融资无需面对面,服务亦可心贴心。越来越多的客户也青睐更多的"线上自助服务"。

2. 金融科技对典当行业的融合速度加快

加速金融科技对典当行的融合金融科技不仅可以与银行等大机构融合,也可以和传统典当行融合,推动典当行通过金融科技手段实现对典当业务全过程支持。在疫情之下,小微企业和个体工商户特别是餐饮、零售等各类体验服务的企业急需小额周转资金,典当行恰好能满足他们的需要。典当行应积极与此类企业对接,细分市场,在服务实体经济中提升典当行的核心竞争力。

3. 典当行业信息化进程加快

过去传统典当行都不太注重信息化系统建设,并未发现信息系统对典当行起到的支撑作用。随着互联网和大数据的加速应用,对典当行的信息化建设也提出了更高要求,典当行可以融合更多互联网技术和大数据服务来指导典当行业务,另外典当行业从原来商务部移交到银保监会监管后,对典当行的信息化也提出了更高的要求。

4. 典当业务会呈现"先低后高"的态势

由于此次疫情发生在 2020 年 1 月—3 月,在这期间典当行业务量明显减少,此次疫情对典当行业全年典当业务量的影响也非常大,疫情过后,典当行业务将会大幅增长,呈现出"先低后高"的走势。

三、后疫情时代典当业面临的挑战

(一)竞争不断加剧

利率市场化持续推进,银行信贷资源对于中小企业的关注度持续升高,这使得银行及各种信贷公司开始挤占典当行业的利差空间。好的客户在利率及服务模式方面拥有更大的选择空间,典当行业要在当前的背景下挖掘新客户,留住老客户,必然需要不断降低自身的息费,这必然会导致运营成本的增加,因此当前的典当行发展面临更大的挑战。

(二) 政策风险凸显

《典当管理办法》规定:典当行在获取资金方面,只能够向银行借款,立足转当、同业拆借及对股东进行举债方式获取资金的方式都是违法的。近年来,银行为了控制自身的风险,不断地收缩授信幅度,只对部分资本实力强大、股东背景更具优势的典当行放贷。2013年,银监会发布《关于防范外部风险传染的通知》,禁止银行对典当行展开授信。这与典当行管理中要求的银行是典当行唯一合法融资方式的规定是冲突的,这就导致典当行在正常的贷款程序中面临更多的政策风险,会对其业务造成冲击。

因为典当行与非银行金融机构在性质上存在差异,无法接入央行的征信体系中,在当金发放时无法对当户信息进行全面查询,为了规避贷款风险,只能够选择各种方式来查验其信息,这使得查验成本大大提升。

(三) 公众的误解

1. 对高息费率的误解

结合新的管理规定,典当借款成本除了利息外还有综合费率部分。单纯地对典当行的年化收益进行分析,不难发现典当行在融资层面的成本是非常高的,收取高息费率主要有以下几个原因:

(1) 资本获取成本高。因为典当行的业务特点决定了其存在"只贷不存"的情况,这使得其资本成本高于其他金融机构。

(2) 典当行是规模偏小的小额借贷公司,业务种类并不多,当金大多流向需求急,规模小的主体,业务数量虽然很多,但是单笔成本偏高。从本质上看,典当行利率高的原因是小额借贷本身属性所决定的。

(3) 息费包括鉴定评估费用、物品保管及维护费用、利润部分,这就使典当行的息费比较高。

(4) 对典当行业利润水平的评价,应该参照类似的应急资本利润,例如银行。当前典当行业利润率是2.5%上下,相对于银行业的10%,明显更低。

2. 风险属性界定不准

典当行具有对资金的需求者和使用者进行信用中介的作用,从这一特点看,典当行带有银行的基础性功能。典当行的特点如下:

(1) 典当行不能够接受存款,无法与银行一样负债运营,只能够立足股东资金来运营,这也规避了储户挤兑的风险。

(2) 典当行的周期不长,放款也比较方便变现,因为当物实际上就承担了担保物的角色,所以贷款及当息无法收回的概率偏低,资产负债期限错配概率较小,流动性风险也比较小。

(3) 典当行通常规模不大,根据相关的统计数据分析发现典当融资仅占银行贷款总量的1.2%。

(4) 典当行不需要对结算及汇兑功能进行承担,网络外溢风险趋向于零,部分企业倒闭对典当行的冲击不大。

(四) 法律保障严重滞后

1. 处于长期无"法"可依的状态

当前的典当行管理中的各种文件都是行政规章,且制定的时间偏早,不仅效力级别低,很多内容也都已经出现了滞后的情况,因此此管理办法就很难适应典当业持续发展的需要。尤其是在诉讼活动中,当前行政法规界定的业务范畴及息费标准在证据层面的效力不高,这使得典当行败诉风险偏高。虽然2009年商务部起草《典当行管理条例》并展开立法程序,2011年国务院也开始着手进行《条例》听证,但该条例目前尚未落地,典当行业在法律上的依据依然薄弱。

2. 面临诉讼周期长的困境

因为流质契约虽然能够对交易的安全性和效益性进行兼顾,但是这种方式只能够在3万以下业务中应用①,在很多典当业务之中,如果客户违约

---

① 根据典当标的额不同以3万元的当物评估价为界限,3万元以上的绝当物不适用流质契约而适用担保物权优先受偿的规则,3万元以下的绝当物,典当行可以自行变卖或折价处理,损益自负。

后,典当行依然要立足诉讼来得到当物处置权。这个过程是非常长的,随机性风险也比较多,典当行的成本也较高;虽然典当行的抵、质押物品比较充分,事前与当户也订立了各种抵押或者借款的合同,对处置方式进行了规定,但是很多典当行在执行环节都面临很多难题。

(五)监管机制不够完善

首先,准入机制较严。作为竞争性行业,典当融资供求关系与行业发展情况、市场发展情况之间有着紧密的关系,但是当前典当行的行政审批及管理非常烦琐,准入管制极严,这就制约了行业市场功能的发挥。

其次,部分限制严重滞后市场现状。比如在房产领域,典当行细则规定单笔业务额不得超过注册资本10%。这一规定是2005年的数据,而现在的一线城市无论是房价还是客户需求都有了翻天覆地的变化。而对典当行的注册资金进行统计发现,普通规模的典当行,注册资金大多在5 000万元左右,在当前的价格下,只能够办理1—2笔房地产业务,这显然是不合理的,与当前情况相比,规则滞后明显。

再次,缺乏退出机制。如果典当行的运作出现问题,却没有退出机制,那么清算机构就很难对典当行的资产及业务进行清算,这对当户、投资者的利益都是不利的。

最后,行业协会职能不完善,功能不突出。当前国内典当行业协会尚不成熟,加上监管部门的强势介入,行业协会的功能难以发挥。

四、后疫情时代典当业的作用

(一)方便人民生活

典当是社会生活的一部分,持续扩大业务范围让民众生活得到更好支持。典当办理非常快,涉及的物品也很多,民众的应急资金需求可以得到较好解决。虽然很多时候人们可以到银行取款,但是如果是定期存款,那么临时提款损失较大,此时如果选择典当业务就比较简单。在处理完事情后赎回自己的物品,不仅能够解决资金问题,还能够保护自身利益。典当保管功能也可以方便民众生活,当前有很多人将典当行作为自己的"保险柜",这可以更好地实现典当商品销售,让资源得到更好利用。因为多数客户都将价值高的物品来进行典当,一旦绝当典当行就会以低于市价方式出售,此时客户就得到了获利的机会。因为典当机构都设置鉴别师,所以典当行的物品的品质是有保障的,因此很多顾客会到典当行"淘宝"。

（二）抵制非法融资

目前随着银行利率的下调,很多居民存款意愿下滑,开始选择利息更高的民间借贷机构。但是这些机构服务的对象大多是运营情况不理想或银行授信很低的企业,所以企业违约的风险较高,借贷机构资金链断裂的概率也较高。加上这些借贷机构运营中缺乏监管,所以关门风险偏高,民众利益受损的风险较高。很多人,特别是老年人和农村居民,在高利息的诱惑下,将自己积蓄投入借贷机构中,一旦出现风险,就会出现很多悲剧。典当行则安全得多,因为这些机构的设立,都需要通过相关机构审批,其利率及费率都会受到监管,是公开的。民众往往因为很难从银行得到及时的贷款而选择民间借贷,加上他们不了解典当融资,所以只能够通过借贷机构来获得资金。典当行是国家所认可的融资机构,其运营的范围不断扩张,运营方式更为规范,对打击非法借贷有着很好的作用。随着国家对典当行业的关注,典当行业的发展空间是比较大的,发展模式也将趋于成熟,可以很好地挤压非法借贷的生存空间。所以,典当行作为新的融资机构,在市场中的功能是很重要的,可以针对金融行业发挥查漏补缺、除弊兴利的作用。

（三）扶持中小微企业发展

中小企业在社会经济发展中的功能持续提升,但是他们的运营始终存在融资方面的难题。当前,我国尚未针对中小企业设置独立的融资服务机构。通常,中小企业要得到资金,会首先选择银行融资,但是这些企业的财务管理水平、信用水平都不够理想,通过银行融资的难度是非常高的。尽管当前很多银行也专门设置了面向中小企业的信贷部门,但是运营中依然将运营能力和信用水平作为关键,即便是符合条件,层层手续也不适合对资金需求非常急迫的中小企业。另外,在银行贷款需要担保人,此时企业不仅要承担贷款成本,还要承担人情债。同时,银行贷款系统具有"记忆性",如果无法按时偿还本息,其他的银行业务会同步受到影响。所以,银行贷款对中小企业而言并不理想,但是典当融资的优势则比较突出。

1. 以物放款,资金使用不受限

典当融资是根据典当物来进行放款的业务,公司是否实现较好运营,是否有过信用违约的情况,都不影响其在典当行的典当业务。典当行关注的关键是当物,而银行则更加关注信用及财务管理水平,因此中小企业与银行的管理重点是不相匹配的。典当借款具备实物支撑,无需担保人,企业即便是违约也无需偿还人情债。此外,典当行放款后,对客户的资金使用不做干涉,客户可以结合自身的实际情况对资金进行配置。但是银行放款则会关注款项的使用,会对客户用款的整个过程进行监管,这让客户在资金使用方面面临很多局限。

2. 手续简单,放款速度快

商业银行在贷款审批环节的操作流程十分复杂,除了要对企业的信用水平和财务管理情况进行评估,更要预测其发展的前景。在审批过程中也需要通过层层的审批,整个流程的时间周期是非常长的,这与中小企业对资金需求比较急的情况是不相匹配的。典当行的手续则比较简单,通常是稍等可取的,即便是房地产等资产的典当,其手续时间也仅有三五天的时间。通常金银首饰等资产的典当可以立即付款,家庭汽车等大宗动产的时间也只有几小时,这与中小企业资金需求急的情况是相匹配的,可以较好地满足中小企业的资金需求。

3. 当物范围广、利率合理且较为人性化

银行对于抵押贷款的办理,通常仅仅覆盖大额不动产,但是中小企业本身的规模不大,拥有的不动产也是很少的,不符合银行要求。典当机构则非常的灵活,无论是不动产还是动产,都可以进行典当,额度也没有特别的规定,存货及原材料也都在当物范畴中,这使得企业资金占用率大大降低,企业可以将资金更多地用于自身的业务中。典当利率波动区间较宽泛,且受国家监管,典当行的当金利率可以享受超过银行贷款的上浮空间,而月息则可以保持在0.8%左右,动产典当的费率应保持在当金总额的4.2%以内,房地产业务则不得超过2.7%,财产权业务则不得超过2.4%。整体分析,虽然典当行利息更高,但是其效率也更高,可以解决企业紧急需求,所以企业的接受度较高。

另外,即便是企业在到期后无法顺利地偿还借款,可以根据规定进行续贷,即使当期已经到期,典当行通常不会立即将当物定性为绝当物品,也会为客户预留赎当期。企业即使之前出现过绝当的情况,也可以继续进行典当业务办理,而在银行则无法继续后续借贷。所以,典当融资对中小企业形成了很好的支持。

4. 后疫情时期鼓励支持中小企业发展举措

由于受新冠肺炎疫情影响,中小企业复工难、资金紧张问题凸显,各地典当行业协会也针对疫情防控出台了相关的通知文件:2020年2月6日,北京市典当行业协会出台《关于做好新型冠状病毒感染肺炎疫情防控情况下典当企业开展业务的通知》,在通知中提出:典当行应该针对受困企业扩大典当物品的范围,在民品、动产及不动产方面不断地提升变现能力。2020年2月20日,上海典当行业协会也出台了《上海典当行业抗击疫情期间复工指南》。各地方政策都积极鼓励典当行在疫情防控和复工复产期间,加快对中小企业放贷审批,简化典当手续,提高放款效率。对受疫情影响较大的当户,不简单粗暴作绝当处理;对有续当要求的当户,可先行受理续当,适当延长还款期限。在原有综合费率基础上,酌情下调费率。这些措施都将有利于典当行业的发展,将使典当行业继续保持约10%左右的增幅。

五、后疫情时代典当业发展的新路径

(一)建立完善的典当业的监管机制

1. 明确典当业的定位

在国内,典当行业的金融属性是非常突出的,且具备金融机构融资功能,对于当户也具备一定的信用功能。典当行业对于小额融资有着较高的支持性,在贷款方面的效率较高,制度比较灵活,与其他的信贷主体对比,优势突出,是主流金融体系之外非常重要的补充,能够有效地解决系统性风险。我国典当行有关法规规定,典当行是功能独特的工商企业,这使得典当行业的发展受到较大的局限,典当行业的融资功能无法得到充分的发挥。所以,为了实现典当行业的稳定快速发展,解决当前行业面临的各种挑战,必须加强顶层设计,将典当行业转变为金融机构性质。

2. 完善典当业的监管体系

(1) 推行分级分类监管

整体考虑典当行资本存量、风险级别及是否存在违规记录等因素,展开分级分类监管,这是基于有限资源提高监管有效性的客观要求。目前,在北京和上海等地区,都已经形成了非常好的典当行分类监管模式,设立了很多分类监管的指标体系,提高了分类监管的可操作性。应该将这些经验,在更大的范围进行推广和应用。

(2) 政府监管与行业自律有效结合

当前法律规定,典当行是特殊工商企业,监管机构也是商务部门而非央行,但是国内的金融机构的监管主体是银监会。典当本身的金融属性决定了其在金融领域的功能,所以我国典当行业要实现健康快速的发展,就应该以金融机构来进行定性。只有将典当行从企业变成金融机构,才能够为其发展创造良好的空间和环境,国家应该立足金融思维对待典当业,需立足宏观政策给予特定的支持,然后立足典当行专门性法律来支持行业发展,只有这样才能够促进典当行形成科学完善的管理体系和管理制度。只有将典当行当做金融机构来对待,监管盲区才能够得到控制。我国在典当行的管理中,可以对美国及中国香港地区的做法进行借鉴,以警察局作为典当监管主体部门,然后结合我国金融机构银监会监管的传统,对公安部门赋予部分监管权,通过双方的合作,共同助力我国典当行业高速健康发展。此外,要全面加快国内典当行业协会的建设,在科学分工基础之上,对行业协会的自律职能和监管职能进行明确。典当业协会除了要帮助主管部门做好典当机构常规监管,还应该在培训、行业权益、纠纷处理等层面发挥更好的作用。当前典当行业协会最关键的工作就是构建和完善行业诚信机制,整体上调用技术、经济等手段来建设信息平台,提高信息的透明度。行业协会可以建立典当企业及客户的名单,与监管机构一起对典当行的活动进行监管,保障各方利益,更好发挥典当行业功能。

(3)鼓励典当业引入征信管理系统

当代典当行业在融资方面有着非常大的便利性,其操作流程简单,资金发放周期短,资金安全,业务模式灵活等特点,让很多中小企业及普通民众可以非常好地解决自身的资金需求,所以在非银行领域的影响力在逐渐地提升。但是当前的典当行在与客户的交流中存在着很明显的信息不对称的问题,这使得我国的典当行业在发展中存在非常大的局限。政府在典当行业的管理中应该关注信息机制的建设,让典当行业可以并入征信体系中,与金融机构在信息获取方面享受到相同的支持。这可以让典当行业在为客户办理业务的过程中,可以更多更有效地获取客户资信,这对于典当行业的风险防控是非常有利的。当典当行业纳入政府征信体系,那么典当行业在人员调查方面可以节省大量的成本投入,还能够更好地规避借贷风险。此外,允许典当行将严重违约问题记录到个人征信资料中,对于社会征信体系的建设和完善也是非常有利的。

(二)加快推进典当业立法步伐

立法效率低下,当前的监管机制比较滞后,监管效率不高,监管成效不大,这不仅让典当行业在当前的发展中面临很多的障碍,在司法诉讼、业务等层面也面临很多政策性的阻力。同时,典当行业当前的行业自律及规划运营也面临非常显著的困难,行业健康发展受到制约。所以应该加快立法进度,尽早出台更高层级的典当管理法规。

1. 丰富典当业融资渠道

银监会为了对银行业风险蔓延的情况进行控制,禁止典当行业对银行发起融资和贷款,但是这使得典当行业唯一的融资渠道被切断了,这让典当行业的资金杠杆面临极大的限制。为了保证实体经济的良性运作,缓解实体经济融资方面的难题,可以对典当行业的融资对象进行规定,例如将本地商业银行界定为典当行融资对象,或者允许典当行对自然股东及同业进行融资,让典当行业得到有效的资金补充。对自然股东发起借款,不仅可以非常方便地帮助典当行解决融资问题,还能够规避企业之间的互相借贷。允许典当行开展同业拆借,能够促进社会资金的良性使用,可以助力融资行业健康发展。

2. 扩大典当业经营范围

首先,允许典当行对动产进行抵押典当经营。当前典当行的动产业务只是质押业务,但是对广大小微企业而言,他们质押的只能够是机器设备,这些属于动产,如果质押转移后,企业的生产就完全停滞,而典当行也需要对这些设备进行维护和管理,双方的成本都比较高。根据我国《物权法》规定,可抵押财产包括动产,实际上银行等金融机构在动产抵押方面也已经累积了非常多的经验。让典当行对动产抵押进行参与,可以让典当行的业务范围进一步扩张,拓展其利润空间。同时,典当行参与动产业务会让中小企业及个体户在担保融资方面得到更多的支持和空间。

其次,允许对条件合适的典当行开放保管箱业务。保管是典当行业本身拥有的属性,是金融领域衍生业务,可以允许典当行开展保管业务,以充分的利用库房,并丰富保险箱市场主体。

最后,允许典当行涉足旧货及寄售业务。典当行业务的办理需要质押物,那么对质押物的鉴定、评估和作价就非常重要。典当行经过长期的发展,累积了很多鉴别经验,形成了旧货交易的专业能力,此时开展寄售功能是非常合理的。同时,典当行旧货寄售业务还能够推进二手物品交易,推进商品流通,为更多客户提供支持。

3. 完善绝当规则

根据当前的管理办法,不足3万元的绝当物可以应用流质契约,如果物品估价在3万以上,则适用优先受偿模式,这一规定与当前经济形势和居民生活水平不相匹配。当前典当行业的管理办法是2005年出台的,经过10多年的发展,我国的经济水平和民众的生活水平都有了很大的提升。所以,契约应用的界限应该结合实际情况进行上调,可以以20万元为界限,并允许经济发展水平不同的省市在3万—20万元进行灵活界定,同时设置5年的重评周期,以保证适应不同阶段的经济发展形势。

4. 降低典当业融资成本

典当业目前应用的是低利率、高服务费模式,即以服务费置换高利息的模式,这让典当行业因为成本高而上调贷款利率的情况被掩盖,但是这种模式与直接上调利率的效果是类似的。结合运营现状及行业特点,未来的典当行业可以继续对当前的息费模式进行延续,但也可以结合实际情况进行收费结构的调整。可以规定最高月利率,同时可以立足实际业务情况来设置服务费用,例如咨询费、鉴定费、保管费等,以这些费用取代综合服务费率。可以采用授权的方式让主管部门来进行收费标准的界定,然后对物价部门进行提交,在其核准后实施。上述内容不仅能够让典当行形成更为完善清楚的息费结构,还能够让息费水平得到降低,对经济融资成本可以实现较好的控制。

(三)积极引导典当业务的创新

1. 大力开拓民品业务

大部分典当行为了提升利润都以房地产抵押作为核心业务,对民品抵押业务关注度比较少,这使得行业的集中度风险偏高,但是民品业务是典当行竞争优势的核心。所以,在典当行的发展中,应该重视民品特色的发挥,同时也要突破民品经营的局限,不断创新,寻求更多发展空间。珠宝加工企业融资、艺术品投资及创作都可以与典当行业相结合。

2. 鼓励开展连锁经营

立足连锁运营的方式来对典当行业进行改造,加快典当行业持续发展,这会提升行业的运营规模及风险防控能力。所以可以鼓励能力好的典当行拓展业务网络,建立连锁化运营模式,通过分支机构、连锁机构的设置来扩大市场覆盖率。依据当前的管理条例,符合条件的典当行可以实施连锁经营。

3. 借助于互联网创新商业模式

近年来,电子商务的体量持续扩张,邮政、保险、贷款等公司都推出了电子商务业务,发展成果也是比较理想的。典当行业同样可以对电子商务模式进行引入,立足线上交易为典当双方提供便利。政府可以帮助典当行业对互联网平台进行应用,立足细则的调整引导典当行进行业务创新。典当行业可以通过互联网平台展开网络化典当、预约典当及征信查询等业务,让典当行可以更好地进行管理,实现更高效管理。此外,立足网络征信平台还能够对客户交易信息进行查询,帮助典当行规避典当风险。

互联网的渗透也为典当行业带来了有益的探索,例如"淘当铺"的信息平台,绝当品销售淘当铺的模式,深度融合典当行业和互联网行业,不仅可以搭建"绝当品"电商平台,销售物件回款,而且可以将融资需求与线下典当行进行更好的匹配和导流。这种线上典当模式,以其"零接触"的特点,在2020年新冠肺炎疫情暴发时期更加凸显了优势。因此在互联网的风口和疫情的影响下,典当行业要想做大做强,就必须寻求线上线下深度融合,依托典当企业自身条件和能力,聚焦细分市场和目标客户群,并借助于互联网金融的优势,从而实现精准营销,积极探索网络营销、线上民品挑选等新型业务模式。

参考文献

崔吕萍:《类金融机构如何健康发展》,2018年5月15日《人民政协报》。

高连奎等:《中国社会融资成本指数研究》,中国社会融资环境报告2018年版。

谷新生:《小额贷款公司实务》,安徽师范大学出版社2011年版。

谷新生:《信用担保实务》,安徽师范大学出版社2010年版。

单强:《地方金融监管机制改革路径探究》,《中国金融》2018年第11期。

唐泽宇等:《我国典当行业风险分析及防范》,《经济视野》2013年第11期。

辛继召:《2万家"类金融"公司监管或将由银监会指导、地方金融办监管》,2017年9月5日《21世纪经济报道》。

闫肃:《我国典当业现状及问题分析》,《河北企业》2015年第9期。

执笔:吴明玺

B7 《非存款类放贷组织条例》对典当业发展的影响研究

近年来,我国非存款类放贷组织发展迅速,促进了信贷市场发展,在增加金融供给、丰富社会融资渠道等方面发挥了积极作用。根据早期的分类,即以审批管理部门来划分,非存款类放贷组织主要分为三大类:第一类,持有银监会颁发的金融牌照,如消费金融公司、汽车金融公司;第二类,由商务部或省级人民政府审批管理的组织,如典当业、小额贷款公司;第三类,其他社会放贷组织。这类组织规模小、覆盖区域有限,但类型比较多,管理部门不一。如农民资金互助社归省级银监局审批,咨询公司在工商部门注册登记。

为了促进信贷市场健康发展,规范非存款类放贷组织经营行为成为必然。2008年和2018年,小额贷款公司和典当行的监管部门先后明确归属银监会。《关于加强典当行监督管理的通知》(下简称"通知")和《小额贷款公司管理办法(试行)》已分别于2020年5月、2020年7月出台。在此过程中,2015年8月,中国人民银行出台了《非存款类放贷组织条例》(征求意见稿)(下简称《条例》)。该《条例》第二条规定"法律、行政法规以及国务院决定对特定组织经营放贷业务另有规定的,从其规定"。据此,本报告认为该《条例》主要适用于小贷公司和第三类非存款类放贷组织(下简称"条例组织")。当然,该《条例》最终适用范围如何,还要视正式颁布实施时确定。

已有相关部门监管的典当行、证券期货经营机构、消费金融公司、汽车金融公司、贷款公司等非存款类放贷组织不适用本条例。本报告认为,由于"条例组织"在经营领域、经营规模和时限性等方面与典当行有许多相似性,该《条例》出台会对典当业发展产生一定影响。因此,为促进典当业健康发展,本报告拟结合典当业发展现状,在比较《条例》和《通知》部分条款的基础上,从正面意义和主要挑战两个视角对《条例》的影响作一些探讨。

一、《条例》对典当行产生影响的主要原因

典当行和"条例组织",均属于"非存款类放贷组织",共同营造非存款类放贷组织品牌、行业文化、行业环境。因此,在一定程度上,两者相辅相成,同时又是同业竞争者。同时,与其他类型的非存款类放贷组织相比,两者的相似性相对较多,容易加剧业内竞争。具体而言,以下4个因素导致《条例》将对典当行产生较大影响。

(一)功能定位:接近

近30年来,典当行的定位出现不断调整的过程特点。如下表所示,1996年以前,典当行归中国人民银行管理,定位是非银金融机构。2000—2001年,经国务院同意,典当取消了金融机构性质,作为特殊工商企业移交给国家经贸委监管。2003—2018年,典当行先后由商务部市场体系建设司和商务部流通业发展司监管,定位为企业法人。2018年,国务院决定将典当监管职能移交至银监会,2020年,中国银保监会办公厅发布《关于加强典当行监督管理的通知》,意味着典当业监管隶属再次发生转变,即由银保监会监督管理,典当行正式转隶到地方金融监督管理局,也再次明晰了作为金融机构的定位。

表7-1 典当行管理办法及监管隶属转变

时间	管理机构	定 位	管理办法及监管隶属转变
1993年 1996年	中国人民银行	非银金融机构	中国人民银行颁布《关于加强典当管理的通知》 中国人民银行颁布《典当行管理暂行办法》

续表

时间	管理机构	定位	管理办法及监管隶属转变
2000年 2001年	国家经贸委	特殊工商企业	经国务院同意,典当行取消了金融机构性质,作为特殊工商企业移交给国家经贸委监管 经贸委颁发《典当行管理办法》
2003年 2005年 2009年 2014年 2015年	商务部市场体系建设司 商务部流通业发展司	企业法人	商务部成立后,典当业由商务部市场体系建设司负责监管 商务部与公安部联合颁布《典当管理办法》 起草《典当管理条例》并报送国务院进入立法程序 典当业移交商务部流通业发展司负责监管 发布《关于进一步引导和支持典当行做好中小微企业融资服务通知》
2018年 2020年	银保监会	金融机构	商务部已将制定典当行业务经营和监管规则职责划归银保监会 中国银保监会办公厅发布《关于加强典当行监督管理的通知》

数据来源:由作者综合 Wind 和工行投行研究中心数据整理所得。

服务实体经济是金融业的本质要求,也是规范(类)金融机构经营行为的重要途径。典当行和"条例组织"面向的融资者均以小微企业、个体为主,且提供的融资规模均比较小、期限均相对较短,即功能定位比较接近。如中国银监会有关部门就《关于加强典当行监督管理的通知》答记者问时明确,典当行功能定位是"满足小微企业、居民个人短期、应急融资需求,发挥对金融体系拾遗补缺作用"。以与银行比较为例(见表7-2),典当行的贷款对象是中小企业、个人,贷款规模较小,贷款期限不超过6个月。而中国人民银行关于《非存款类放贷组织条例(征求意见稿)》的说明,"条例组织"定位于"小额、短期、分散"。可见,两者的功能定位比较相近。

相近的功能定位,是形成市场竞争的主要原因。《条例》的颁布,无疑将加剧典当行和"条例组织"的市场竞争。

表 7-2 典当行与其他放贷机构比较

比较对象	典当行	银 行	小额贷款公司
贷款对象	中小企业、个人	大中型企业、个人	中小企业、个人
贷款规模	额度较小	一般较大	额度较小
资金来源	股东资本金	公众存款、股东资本金	股东资本金
贷款息率	较高	较低	较高
贷款期限	不超过6个月	中长期为主	无固定期限
贷款种类	抵押、质押	信用、抵押、质押	信用、抵押、质押
贷款用途	无使用限制	监督贷款的用途和流向	无使用限制
贷款流程	手续简单、审批周期短	手续复杂审批周期长	手续简单、审批周期短

资料来源：作者整理。

（二）服务方式：相似

随着金融业的发展，融资模式也越来越多。如债券、股权融资、信用担保、融资租赁等。不同的融资模式是影响中介服务能力和水平的主要因素之一。对典当行和"条例组织"而言，他们提供金融中介服务时所采用的方式既有相似性又有区别。

典当业是典型的抵押（质押）融资方式，但"条例组织"兼具质押融资和信用融资性质。这就导致两种可能，第一种，典当业的融资风险相对比较可控；第二种，典当业的融资对象范围相对会小。不管是哪种结果，都对典当业提出了更高的发展要求，即：面对日益加剧的行业竞争，典当业必须加快调整发展模式、进一步完善市场群体定位。

（三）资金来源：市场渠道相对较少

典当行和"条例组织"可运用的资金来源，也存在较大区别。整体而言，除自有资金外，典当行享有政府风险补偿、奖励、贴息政策优惠，但通过市场获得资金的约束较强；反观条例组织，除自有资金，通过市场融入资金的方式更为普遍。这种资金来源的显著差别，不仅导致两者在放贷业务时采取不同管理模式，而且使两者拥有不同的放贷业务规模。具体而言：

《通知》(十二)、(二十一)和(二十二)分别明确规定,典当行"严守行为底线。典当行不得有下列行为:集资、吸收存款或变相吸收存款;与其他典当行拆借或变相拆借资金;超过规定限额从商业银行贷款;对外投资;通过网络借贷信息中介机构、私募投资基金等机构或渠道融资;法律法规和地方金融监管部门禁止的其他行为"。"出台扶持政策。鼓励各地出台风险补偿、奖励、贴息等政策,扶持典当行业发展,引导典当行更好为中小微企业、居民个人提供融资服务"。"提供融资支持。鼓励和支持商业银行与依法合规经营的典当行合作,按照平等、自愿、公平和诚实信用原则提供融资"。可见,典当行可运用的资金,尽管在政策上得到一定的支持,但基本没有杠杆性质。反观条例组织,可运用的资金来源相对较多。《条例》明确指出,条例组织主要运用自有资金从事放贷业务,也可以通过发行债券、向股东或银行业金融机构借款、资产证券化等方式融入资金从事放贷业务。总之,本报告认为,可运用资金来源渠道相对较少、且市场化程度明显较低的现状使典当行在扩大经营规模受到约束。

(四)发展程度:更早进入规划发展期

典当行和条例组织都经历了初步发展期。但相对而言,典当行较早进入规范发展期,当前的发展规模不及条例组织。

从企业数量上看。2015—2018 年,我国典当业企业数量虽然持续上升,但增速逐步放缓。2016—2018 年,我国典当业企业数量分别为 8 280 家,8 483 家,8 657 家,同比增速分别为 2.86%、2.45%、2.05%,发展趋势渐趋停滞。在 2019 年、2020 年典当行业年审采用了较之以往更高的标准,监管范围更广,尺度更严,要求更细,对典当行业进行了严格的整顿清理,清理"僵尸企业"和"严重违规"企业。行业由此进入了监管规范期,我国典当业企业数量和规模首次出现下降,典当总额持续下滑。2019 年,我国典当业企业数量合计 8 397 家,相比 2018 年减少了 260 家,同比下降了 3%;典当行业企业资产总额为 1 602.7 亿元,相比 2018 年减少 38.5 亿元,同比下降 2.35%,为我国典当业近 10 余年,企业数量及规模首次下降。2020年加之新冠肺炎疫情的影响,我国典当业企业数量连续2年增速为负。

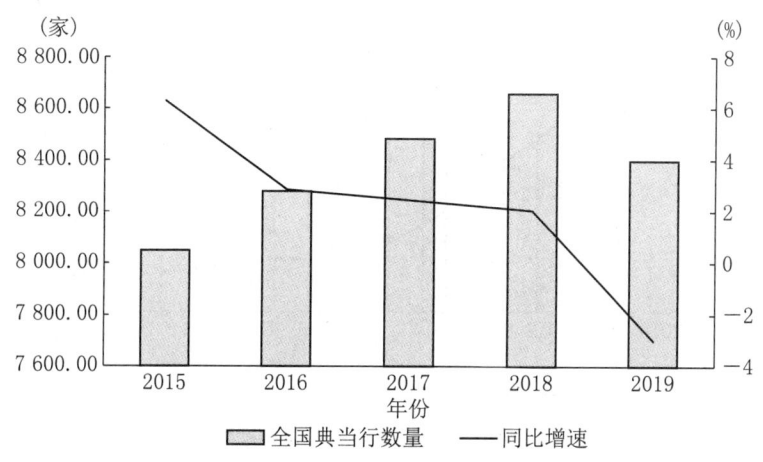

图7-1 典当行数量(家)及同比增速(右轴,%)

数据来源:商务部、银保监会。

本文以小贷公司作为"条例组织"的代表,对其近年来发展情况进行分析。近年来,小贷公司自试点起步开始,经过了2005—2015年的飞速扩张之后,发展逐渐遭遇瓶颈,暴露出诸如高利放贷、信息侵权、暴力催收、非法经营等众多问题和风险。2015年成为其发展过程中的一道"分水岭",根据中国人民银行公布的数据显示,2015年小贷公司机构数量达到8 910家的峰值水平,从业人员达到11.73万人,实收资本总计8 459.29亿元,贷款余额达到9 411.51亿元。但随后,对小贷公司的监管逐渐在国家层面展开。2016年小贷公司机构数量开始减少,逐步从2015年下降至2020年末小贷机构总数仅7 118家,累计降幅20%。

从放贷规模看。自2015年起,我国典当总体发展趋缓,典当总额持续下滑。2019年、2020年延续了典当总额下滑的趋势。根据Wind数据显示,2019年1—12月,我国典当业实现典当总额2 860.48亿元,相较于2018年全年典当总额减少2.72亿元,较近年典当总额峰值2014年的3 692亿元减少了831.52亿元。同年,典当业典当余额仅为922.86亿元,较2018年减少了 62.94 亿元。

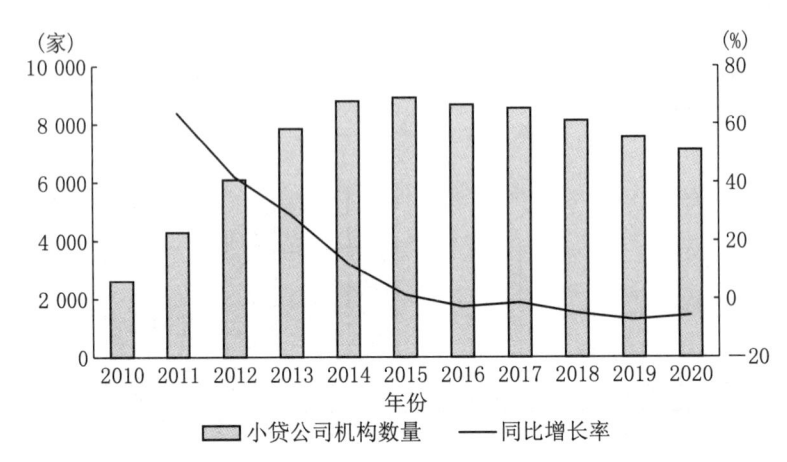

图 7-2 小贷公司机构数量(家)以及同比增长率(右轴,%)

数据来源:Wind。

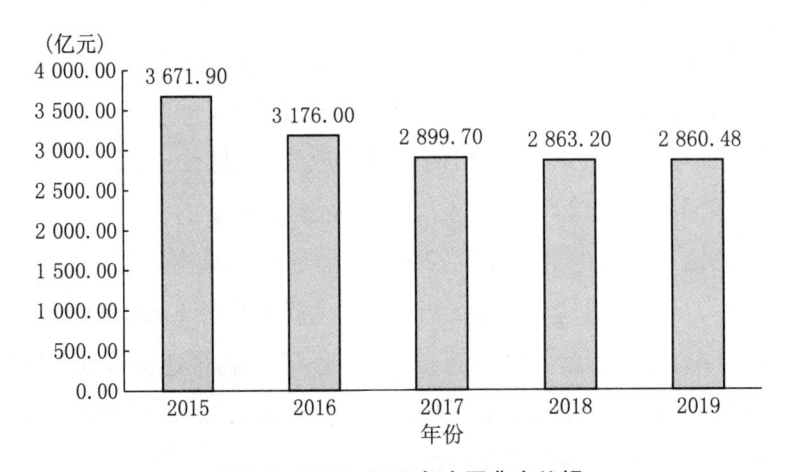

图 7-3 2015—2019 年中国典当总额

数据来源:商务部、银保监会。

小贷公司的贷款余额业在 2017 年末达到峰值 9 799.49 亿元之后锐减,截至 2020 年末,贷款余额仅为 8 887.54 亿元,相较历史峰值累计降幅 10%。行业整体呈现出逐年萎靡的状态。

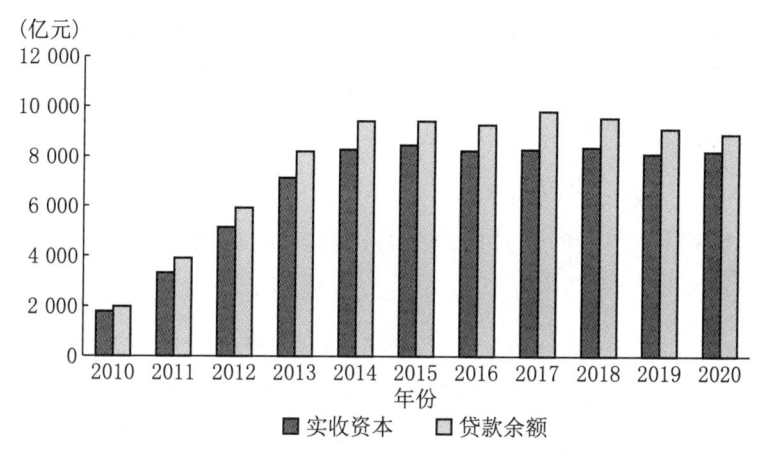

图 7-4　小贷公司实收资本以及贷款余额

数据来源：Wind。

二、《条例》对典当行的正面影响

（一）明晰机构定位，社会声誉得到提升

典当业作为中国古老的经济部门，其历史久远，在我国社会生活中一直发挥着重要资金融通的重要作用。清人《证俗文·典当》中说"俗以衣物质钱谓之当，盖东汉已然"。可见，典当业于两汉已见发端。之后经由南朝寺库和唐朝质贷业的发展，至宋代典当业走向成熟，明清典当业不仅发挥着民间金融周转的作用，甚至在一定程度上也发挥了农业社会救济的重要作用。但在中华人民共和国成立之初，人们经常对典当业存有刻板的偏见，将其视为封建高利贷行业，将典当押款视为走投无路时，不得不去承受的苛重的盘剥。这使得典当业在我国一段时间的历史上消失。直至改革开放后，逐渐才又进入公众视野。

在近30年我国的经济实践中，典当业的定位与主管部门频繁变更，监管部门对其态度摇摆不定。这使得社会对典当行业存有一定的历史偏见，公众对典当业的认知存有误区，对于典当行的费率、优势全无概念，甚至在需要融资时往往也不会想到典当押款这个途径。尤其是在一些中小微企业融资市场上，典当行本身具有救急解难、短小快的特点，但却因被不当声誉所累，无法将融资服务与中小微实体经济之需相匹配，这既制约了典当业的发展，又导致了资源配置的低效。

《条例》将从两方面提升典当业的社会声誉，从而对典当业产生积极的影响。一方面，《条例》的正式发布会改变典当业自身定位，明晰其作为金融机构的法律主体地位，进一步明确典当行"满足小微企业、居民个人短期、应急融资需求，发挥对金融体系'拾遗补缺'作用"的功能定位。这将有助于改善典当行的社会声誉，有利于优质的典当行从业者的长期发展。

另一方面，《条例》旨在整顿小微企业市场与私人信贷市场的市场环境，促进行业内与行业外竞争。在良好的竞争秩序中，唯有社会信誉良好、经营管理规范、风险控制稳健的市场主体才能够获得持续盈利的能力。因此，随着对行业内典当业以及行业外竞争者的清理整顿，重整行业秩序，对竞争企业实现减量增质，这都将使得典当行从业者会愈加重视行业自律，通过规范经营、合理把控风险，来维护自身声誉。故而，《条例》的正式发布将通过改善竞争环境，以促进典当业的自律，从而使典当业社会声誉得到提升。

（二）规范竞争环境，利于市场开拓

在民间信贷野蛮发展时期，"套路贷"、"斩头息"、非法集资、洗钱等违法犯罪活动侵占了许多正当金融活动的领域，严重扰乱了经济金融秩序，并且加剧了金融市场的恶性竞争。诸如一些恶性竞争者，作为非存款类放贷组织，违反法律法规变相作为融资通道，开展通道业务，从而获得不当的利益，使得一些优质合规的市场竞争者蒙受了损失。这些金融市场乱象严重地影响了典当业等金融服务行业的健康发展。《条例》发布的目的，便是希望能够整肃市场，治理上述金融乱象，通过规范金融企业行为，引导行业走向合法化健康发展之路。针对上述恶行竞争可能涉及的种种不正当行为，《条例》都作出了明确的规定，让一切有法可依，这不仅使得借款人得到

最大的保护,并且对于合规的市场竞争者也起到了保护的作用。

因此,《条例》通过规范竞争环境,对民间借贷和助贷机构实施强监管,减少了典当行业恶性竞争的对手,并且通过使合法的满足实体经济需求的金融服务获得法律的优势地位,打击不正当行为,从而有助于典当行业将业务扩充至曾被恶性竞争者所侵占的市场,有利于典当行业市场的开拓。

同时,随着治理工作的稳步推进,经过一个阶段的金融整顿和市场出清,对于优质的典当行来说,市场竞争环境将更为规范,同业竞争也会有所减弱。如2019年、2020年高标准的典当行业年审,年审通过可换发金融监管局许可证的企业相较往年降幅明显,全国典当企业将实现减量增质,原来那些盲目扩张业务规模,盲目求大求快、不重视合规运营的,不规范管理,不注意规避法律和政策风险的典当行,在强监管下被整顿清理,而那些懂得现代典当机构管理,懂法律、懂典当、懂财务、懂政策,经验丰富、稳扎稳打、积极拥护监管的典当行,将会拥有更为优质的市场环境和竞争优势地位。

(三)发展多层次金融市场,营商环境进一步改善

《条例》强调金融服务经济根本,厘清金融与经济关系。对于典当行业来讲,从中央金融监管的要求看,地方金融监督管理局将会对典当行"回归本业、避虚就实、防范系统性风险"作为重点监管,这有利于典当行发挥自身解急救难的优势,在多层次的金融市场中获得竞争优势,更好地服务于小微企业、居民个人短期以及应急融资需求。

另外,对于典当业而言,有别于其他金融业务,典当业务具有以"物"质钱的属性。这使得对拟当物品的价值鉴定成为典当业务中非常核心和关键的环节。因为它一方面会直接关系着当金的多少;另一方面也会关系到典当企业的风险高低。故而,这就必然使典当业对于价值鉴定能力具有相较其他机构更加重要的需求。

而这方面的需求依赖于良好的营商环境的支持,需要人才、技术和法

律制度等多方面的支持。《条例》的发布将改善整体金融业的营商环境,这将为典当业带来人才、技术和制度等多方面的助力。

首先,在人才方面,典当行业的从业人员专业性较强,其对拟当物品的价值鉴定是典当业信贷风控核心之一,因此这就需要从业者不仅要对押品有较深层次的理解,还要了解金融、法律、会计、税收等多方面知识。《条例》通过规范各类非存款放贷组织行为,营造良好的职业环境,从而有助于人才在行业间集聚和流动,有利于典当业吸引高素质人才进入,从而提升典当行自身业务盈利能力和风控水平。

其次,在技术方面,典当业过去的资信审查、动产价值评估,往往仅凭借自身的业务风险控制机制和业务经验等传统手段来判断客户的资信情况、对拟当物品的价值鉴定。无论从准确性还是效率上来说都无法有效规避风险。《条例》的发布使得各类非存款类放贷机构逐渐规范化,从而形成对征信产品和服务较大的需求,这就推动了信用征信系统以及动产担保登记系统对包含典当行等非存款类放贷组织的开放。这将减轻典当行对出当人、借款人资信情况调查的工作量,准许典当行将出当人、借款人情节比较严重的违约信息录入征信档案中,构建相对完整的社会信用征信体系,以进一步降低典当企业的借贷风险。

最后,在制度方面,法律规章滞后脱节是典当业长久以来的一个问题。目前沿用的仍是2005年商务部、公安部联合颁布的《典当管理办法》,典当业务及相关权利法律规定之缺失,致使典当行法律维权举步维艰。并且,《典当管理办法》沿用10多年一直未作修订完善,已然落后于行业实践,使得典当行在诸如股东股权转让、当物选择、登记地点、融资渠道等方面遭受掣肘,抑制其发展。而《条例》通过对明晰各类非存款放贷组织的法律地位,可以促使其拥有相应的法律主体的权利,从而推动典当业法律规定的修订和完善,困扰行业多年的行业配套法规滞后、行业地位不清等问题有望得到解决,从而更好地保护和促进典当行业健康发展。

三、《条例》对典当行提出的主要挑战

(一)行业间竞争进一步加剧

近年来以小贷公司为代表的条例组织,其发展往往掣肘自身身份定位不明,法律地位无法明晰是企业法人还是类金融机构,加之过往声誉因为负面事件修复缓慢,发展举步维艰。2020年,23家新三板挂牌小贷公司中,共有16家营业收入同比下滑,有的甚至下滑幅度超过50%;其中12家净利润同比下滑。随着《条例》的颁布,条例组织的定位将明确,发展也将进入新的阶段,从而加剧行业间竞争。

1. 从需求侧考虑

根据世界银行、中小企业金融论坛、国际金融公司2018年联合发布的《中小微企业融资缺口:对新兴市场微型、小型和中型企业融资不足与机遇的评估》报告显示,我国的中小微企业数量总计达到了5 600万家,中小企业的数量总计达到了1 200万家,微型企业的数量达到了4 400万家。我国中小微企业的融资需求规模庞大,总金额估计达到了4.4万亿美元,超过27万亿元人民币。

在5 600万家中国中小微企业中,有41%的企业存在信贷困难。超过2 300万家的中小微企业或是完全无法从正规金融体系获得外部融资,或是从正规金融体系获得的外部融资不能完全满足融资需求。在受信贷约束的中小微企业中,中小企业的数量达到了500万家,占全部中小企业数量的42%,而微型企业的数量则达到了1 800万家,相当于全部微型企业数量的41%。致使中小微企业融资缺口分别达到了1.8万亿美元和0.09万亿美元,分别占到中小企业和微型企业潜在融资需求的42%和76%。并且随着我国社会经济的飞速发展,中小微型企业对融资的需求越来越多,中小微企业融资缺口依旧庞大。

2. 从供给角度看

面对如此庞大的中小微企业融资缺口,近年来,我国从资金供给侧对中小微企业贷款投放大幅增加,政府为促进中小微企业发展对其融资问题出台诸多政策。根据银保监会统计数据显示,截至 2020 年 12 月末,全国小微企业贷款余额 42.7 万亿元,其中普惠型小微企业贷款余额 15.3 万亿元,同比增长 30.9%,较各项贷款平均增速高 18.1 个百分点。银行和金融机构对中小微企业贷款投放力度不断加强,通过普惠金融,以及各种减轻企业融资成本的措施,在一定程度缓解了我国中小微企业的融资困境,但是对于典当行业发展来讲,从一定程度上对典当业务在某种程度上造成了一定的挤压和竞争,使得典当行业的行业间竞争加剧。

而《条例》的颁布,在规范金融市场环境,建立多层次金融市场的同时,将会激励各类金融机构对中小微企业提供优质的融资条件,从而吸引更多的竞争者进入面对中小微企业融资需求的信贷资金市场,使得典当业面临更为激烈的竞争环境。尤其是《条例》旨在规范小贷公司及没有明确监督管理部门的其他非存款类放贷组织,这直接提升了与典当业在中小微企业融资需求市场竞争的"条例组织"的竞争水平。截至 2020 年底,小贷公司数量合计 7 118 家,略少于典当企业数量,但小贷公司的贷款余额却已是典当业典当总额的 3 倍之多。"条例组织"竞争水平的提升,加剧了典当行相关业务市场的竞争,行业间竞争的加剧给典当业带来了巨大的外部挑战。

并且考虑到,在我国现有的金融体制下,信贷资源在不同经济主体之间的分配是不均衡的,即便是在投向中小微企业的信贷资金市场上,由于中小微企业的经济效益日趋呈现出两极分化的趋势,也会出现"马太效应",大量信贷资源涌向热门行业或产业中的少部分优质企业,彼此争夺优质客户资源,使得优质标的企业在信贷市场的竞争十分激烈,典当行业想要在激烈竞争中获得发展,面临着巨大的挑战。

另外,基于当前强调防范金融风险的宏观金融政策环境,国家对金融机构监管力度空前加强,典当业监管隶属由原来的商务部变更到银保监会,对已经正式纳入金融业,划归银保监会监管的典当行业来说,对其金融属性方面的监管也将日趋呈现强化态势。按照原有的典当管理办法规定,典当行基本没有任何杠杆,在业务资金供给制约的情况下,如何扩展自身业务能力,保持业绩增长,对于典当行业经营将是巨大的挑战。

（二）行业格局加快调整

总体来看,我国典当业自2019年行业进入了监管规范期,近年来发展趋势减缓,各地基本不在设立新典当行,而进行严格的年审,整顿规范。以上海市为例,上海市典当协会报告显示,2019年全市典当企业为238家,相较上一年减少4家。2020年新设2家,清算和处于歇业状态各1家,总体企业数量不变,仍为238家,但相比上一年,企业变更申请事项有所减少。可以看出,典当业清理整顿基本结束,行业现今逐步进入规范发展时期。规范发展下的市场竞争加剧,将加快推动典当行业格局调整,而这一变化主要将体现为3个方面:

1. 我国典当行业集中度趋向强化态势,行业龙头将逐渐显露

我国典当业自2019年行业进入了监管规范期,近年来增量趋势几近停滞,监管上强化整顿规范行业秩序,力求实现减量增质。随着《条例》以及相关政策的逐步落地,在业务规范化的要求下,以往通过典当行进行的通道业务、民间借贷业务将会被直接禁止,典当行的设立、运营成本将会显著提升,这便要求典当行需要进一步加强挖掘潜力以实现转型,改变过往思路和管理模式以适应环境形势,典当行将面临自身存续与发展的巨大挑战。

同时,政策鼓励典当行业进行兼并重组,减少数量,提升品质。并且部分地方实施分类监管,针对发展较好的典当行给予政策支持,这将会进一步加剧典当行业内的优胜劣汰,具备良好经营和风险控制能力的典当行将逐渐显露出来,行业集中度将会呈现出越发强化的态势。

2. 政策引导回归典当本源，民品典当业务将成为未来典当行的核心竞争力

我国典当业近年来业务结构中，房地产典当业务始终占据较大比重，业务占比长期位于50%左右。根据我国典当业2018年业务数据显示，其中动产典当金额为930.7亿元，占典当总额的33%；房地产典当金额为1 518.1亿元，占典当总额的53%；财产权利典当金额为414.4亿元，占典当总额的14%。

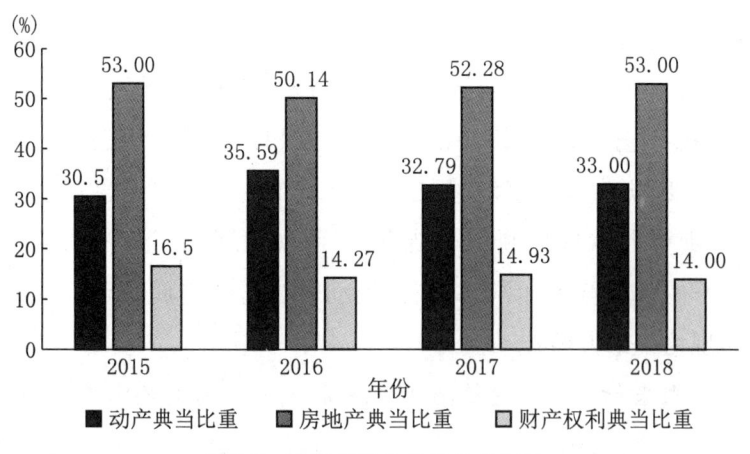

图7-5　我国典当业业务构成(%)

数据来源：商务部网站。

可见，以往典当行业的发展方向主要是倾向于房地产项目，但自2018年开始房地产的融资途径收紧，已经转向于实业企业融资的要求，这使得以往典当行业以房地产作为主要业务的方向与模式将作为重点监管方向，典当主要业务转型需求迫切，典当行业发展面临着巨大的风险与挑战。

同时，民品典当业务是典当行业业务笔数最多的业务板块，也是最具特色的传统业务，政策端有意引导典当业回归本业，重视民品典当业务的发展。由此可见，未来民品典当业务将会成为典当行的核心竞争力之

一。但是，发展民品典当业务现今还存在着许多尚待解决的问题。由于民品业务的设备成本和人力成本较高，需要一定的规模效应才能盈利，现今大多数小规模的民品业务处于亏损之中。并且许多"古着店"涌入民品典当市场，一些奢侈品公司也在私下开展典当业务，他们的手段更加灵活简便，对于典当行发展民品典当业务形成了挤压。典当企业如何利用自身优势特点，针对客户诉求提升经营能力将成为其发展的一个重要问题。

3. 我国典当行业有可能从大中城市逐步向县、区、乡镇等农村地区发展，其中以小额、短期、快速的融资服务需求为重点

我国典当业主要发挥对金融体系"拾遗补缺、调余济需"的作用，其区域经济发展和私人经济活跃程度密切相关。随着乡村逐步振兴，城郊以及农村地区的中小微企业与民营经济部门对于"小短快"的融资服务需求不断提高，这就要求典当行业布局需要由城市向城郊、农村地区发展。这对于习惯于以往经营模式的典当行从业者将会是一个重要的挑战。

（三）监管可能会更加严格

《条例》对典当业发展提出的主要挑战便是更为严格的监管要求。

典当行业的监管部门由原来的商务部变更到银保监会，中国银保监会于2019年发布的《关于明确典当行监督管理有关事项的函》便在沿用商务部管理制度的基础上，明确了更高标准的年审内容。这充分显示出了主管部门"强监管、严监管"明确监管态度的趋向。

并且随着《条例》对典当业定位的明晰，作为金融机构监管体系之中的典当业，银保监会将强化对其金融属性方面的监管。并且在《条例》中，对于各类非存款放贷组织的准入管理、依法合规经营、退出机制及打击不当行为等方面都做出了更加明确的要求。这表明典当行业的监管，也将越发趋于严格与规范。

加之，典当行现今面临的金融政策环境，国家对金融机构监管力度空

前加强,对典当行业的监管也定然会随之加强。因此,典当业的健康发展必须配合主管部门进一步强化行业自律,行业经营需要更趋规范,不断强化法律意识、底线意识,严控系统性风险。

四、相关建议

(一)行业层面:强化典当业的自律约束机制

典当业健康发展的最重要动力来自典当业自身,需要进一步强化行业自律约束机制。

1. 严格依法合规经营

一方面,对典当行的业务进行更加严格的规范化自律约束,严禁典当行超出业务范围违规经营。例如,必须严格遵守《通知》规定的费率、业务规定执行,不得擅自调高利率或费率。另一方面,本着"高起点,严管理,重发展,求长远"的宗旨,积极推动企业设置了健全科学的组织架构、管理制度及议事规则。

2. 加快典当业科技发展

金融科技不仅提升了金融业效率,而且加快推进了金融创新。典当业也不例外。但受额度小、笔数多、人才不足等自身条件限制,单个企业运用、提升科技的能力有限,为此,建议由协会牵头,在行业内进行典当业科技开发,提升风险管理能力和水平。

3. 进一步提高行业美誉度

经过一段时期的规范经营,典当业的积极作用已再次受到社会的认可。面对日益竞争的市场环境,典当行业在发展的同时,仍要恪守社会责任,充分发挥"方便、快捷"服务中小企业的优势,突现其"灵活、高效"的融资特点。对此,为进一步提升行业美誉度,行业内可营造互相监督、严格自律的典当业行业文化。

（二）上海典当：加快做强做大典当行

上海典当业走在全国前列，但仍存在企业经营规模偏小、业务结构不合理等现象。同时，上海典当业处于中国金融业最发达区域，竞争更为激烈。

1. 充分发挥典当业龙头企业作用

上海已对具有一定数量的具备良好经营和风险控制能力的典当行。应充分尊重市场决定力量，实现行业内优胜劣汰。对具有引导性作用的典当行兼并重组，给予一定的政策鼓励和支持。

2. 进一步加快民品典当业务创新

上海典当业的业务结构仍有较大的调整空间。为了典当行自身经营风险的防控，促进地方经济更加健康发展，有必要进一步加快民品典当业务创新。事实上，上海作为全国经济最发达的区域之一，民品业务潜力很大。上海典当行应以系统思维、创新思维、战略思维率先实现民品典当业务创新。

3. 切实打造优秀团队

金融业竞争的核心是人才竞争。典当业在上海发展，培养、吸引人才至关重要。一方面，利用上海金融人才较多的有利条件，适当引进一定数量的复合型、高层次金融人才。另一方面，积极培养人才，对新进员工通过行业联席会、专业培训机构进行《关于加强典当行监督管理的通知》《业务流程》等知识培训，不断提高员工的综合业务素质。

参考文献

谷新生：《关于典当业性质确立的探讨》，《金融理论与教学》2020年第1期。

韩汉君、吴贤达：《2018—2019年上海典当业发展报告》，上海社会科学院出版社2021年版。

中国人民银行：《〈非存款类放贷组织条例〉（征求意见稿）》，中国政府法制信息网 2015 年 8 月。

中国人民银行:《中国人民银行关于〈非存款类放贷组织条例(征求意见稿)〉的说明》,中国政府法制信息网 2015 年 8 月,https://www.sohu.com/a/255988378_120862。

执笔:徐美芳、王鹏翀

B8　近代以来上海典当业发展简史

典当业是世界范围内历史悠久的金融行业,中国的典当业发展历史也可追溯到非常早的时期。目前大多数的研究者认为中国的典当业萌生于东汉时期,也有学者主张典当业产生于南朝时期的佛教寺院经济,甚至有学者认为产生于春秋战国时代。当然,典当作为一种经济金融活动的出现和典当业作为一个行业的出现是两种性质不同的现象,不可混为一谈,应该加以谨慎的区分。依据"东汉起源说"的观点,"典当"一词出现在汉语文献记载中,表明在东汉时期典当的现象已经确实存在了。如果采用"东汉起源说",典当在中国的发展至今也有将近2 000年的发展历史了。大体而言,中国的典当业萌芽于东汉时期,肇始于南朝佛寺的质库,唐五代时期融入世俗社会,两宋及金元时期独立成行形成专门的金融行业,于明清时期达到兴盛,继而衰落于晚清民国时期,于20世纪50年代被取缔,转而于改革开放后的1980年代复兴,其间经历了近2 000年的历史沉浮。典当业的发展历程经历了萌生、兴起、发展、衰微、消亡、重生的历史演进过程,这一发展过程中既有随着社会经济的自然发展而渐进演化的阶段,也有受到国家政治权力等外力的强力干预而突然受挫的特殊时期。

近代以来的历史可以说是中国社会变动最为剧烈的一段时期,在100多年前经历了所谓的"三千年未有之大变局"。近代以来的历史也是中国典当业发展最为跌宕起伏的时期,其影响对当今的典当行业发展也甚为重要。本文简要梳理近代以来典当业的发展,回顾这段历史对思考当下典当业发展仍具有现实意义。

一、盛况空前的清代典当业

近代典当业的发展是在清代典当业空前发达的基础上继续演进的,为了更清晰地理解晚清民国时期典当业的发展,首先必须简单回顾一下清代典当业发展的情况。明清时期中国的传统经济发展到达顶峰,尤其是清代,在明代的基础上更进一步。同样地,作为传统经济重要部分的典当业也随着整体社会经济的发展趋势演变。清代的典当业发展也是历代以来最为兴盛的时期,典当业在清代主要由从事盐业和木业贸易的徽州商人经营,典业与盐业、木业成为清代徽商最重要的三个经营行业,其规模在清代的商业中具有举足轻重的地位。

清代典当业在分布地域空间、典当行的数量、典当业务类型、典当业的经营规模、参与主体的多样化程度等方面均达到历代之最。就典当业覆盖的地域空间范围而言,全国各地广布遍设,大到省、府、县各级行政城市,或地处交通要道、商贸发达的中心城市,中到地方性的商业集市和工商业市镇,小到偏僻的乡野山村,均有设立。就典当业的数量而言,根据学者统计的清代全国当铺数量,乾隆十八年(1753年)为18 075家,嘉庆十七年(1812年)为23 139家①,数量可谓极其繁多。从当铺的经营规模方面来看,时人称典商"大者数万金,小者亦不下数千金",规模可谓不小。经营典业的主体,清代有皇当、官当、民当等三类,上至皇室贵族到地方各级政府和官僚,下至普通的民间商人,均争相出资开设当铺,希图参与典业经营来谋取丰厚的利润。清朝皇帝甚至鼓励各级政府衙门经营典当业,主要是利用"生息银两"开设官当,获取的利润则用来补充正规财政的不足。

除了以上几个特点之外,清代典当业发展的另一个重要方面是专门的

---

① 罗炳绵:《近代中国典当业的社会意义及其类别与税捐》,《近代史研究所集刊》第7期,1978年6月出版。转引自曲彦斌:《典当史》,上海文艺出版社1993年版,第61页。

典当行业组织的建立和发展壮大。为了维护典当行业从业者的共同利益，清代典当商人在较大的工商业城镇纷纷建立了典当业同业公会。如雍正十一年（1733年）广州典当商人建立当业同业公会并修建了公会会馆，北京典当业者在嘉庆八年（1803年）创建同业组织公会堂，后改为当商会馆，天津典当商人在嘉庆十七年（1812年）建立当行公所，汉口商人建立的会馆公所中，典当业也在其中；上海典当业商人于光绪年间在南市建立典业公所，同业间订立规约和章程，并将规条和公所章程刻碑。①典当业公会形成的传统习惯和组织方式，逐步开启近代典当业行业治理的规范，同时国家也逐步设立法律规条对典当行业的经营进行管理。这一时期形成的国家力量和民间力量对典当业共同作用的管理方式和行业习惯，对当代典当业发展仍具有重要影响和历史借鉴价值。

二、由盛转衰的民国典当业

辛亥革命发生后，随着清王朝的覆灭和中华民国的建立，中国在政治上实现了政权更迭和政体变革，但在经济制度和经济政策层面上对典当业本身的发展并无根本性的直接冲击和影响，典当业的发展主要是基于行业本身在清末以来的发展趋势的延续。随着晚清时期和西方列强签订的一系列不平等条约，自鸦片战争后的五口通商开始，全国各地的口岸渐次开通，西方势力由中国沿海逐步深入内陆地区，传统经济领域的各行各业均受到西方势力和现代化因素的影响。西方人将银行等现代金融制度和金融机构引入中国，对中国传统的金融业带来非常巨大的影响和冲击，票号、钱庄、典当等传统金融行业的经营环境发生重大变化，如票号业随历史大势逐渐衰落而最终退出历史舞台，钱庄业则积极适应新的环境、适时转型而迎来新的发展机遇，典当业也在新的历史环境中艰难地寻找生存发展的

---

① 曲彦斌：《典当史》，上海文艺出版社1993年版，第70页。

空间。

西方列强凭借船坚炮利的强力打开中国的国门,资本主义经济势力日益侵入传统经济具有压倒性的优势地位的中国,但仍然受到中国传统经济的顽强抵抗,尤其是中国传统的小农经济模式,即使面对强大的资本主义生产技术和市场制度的冲击,仍能顽强生长并保有一定的生存空间。在资本主义未能在中国得到长足发展的历史条件下,典当业以其独有的经营内容和经营方式,在新的历史环境下仍具有无可取代的作用。典当业以"调剂缓急"为主要经营业务,为广大下层平民百姓在应对生活急需时提供抵押放款的金融服务,经营方式具有分散性、便利性、应急性等特点,在民国时期仍然是广大平民百姓维持日常生活和生计的必需品之一,且在短期内无法被其他金融机构所取代。在战乱不断、灾荒频发、币制混乱、经济动荡的民国局势中,处在夹缝中生存的典当业,无可避免地走向了衰落。

从典当行的数量来说,民国时期的典当机构较清代最盛时期大为减少,根据民国时期经年调查、研究典当业的宓公干在《典当论》中搜集的统计数据和估计数,20世纪30年代初全国典当机构最多时大约也仅有4 500多家,相较清朝盛期时全国近2万家当铺的数量,减少甚巨。以北京为例,据《北京典当业之概况》的记载:"北京典当业,乃旧式商店之典型,其制度之整备,组织之完密,为各业之冠。惟逊清末叶迄今,典当业因内乱之蔓延及社会经济之凋敝,日趋衰落。倒闭之讯,时有所闻。"其中还统计了清末以来北京典当业机构的数量变化,从中可以窥见典当业的发展趋势:光绪庚子年间有当业210余家,民国元年下降至170余家,后来又减至120余家,至该书出版的20世纪40年代,全市仅存87家,可见"典当业之衰落,几有一落千丈之势"。①此后再经过日本侵华战争期间日军对当业资本的侵夺,以及第二次国共内战期间受国民党政府实行恶性通货膨胀经济政策的

---

① 中国联合准备银行调查室:《北京典当业之概况》。转引自曲彦斌:《典当史》,上海文艺出版社1993年版,第79页。

严重影响,在1940年代末,北京的当铺几乎全数关闭停业。①可见,清朝和北洋政府时期以北京为首都,至南京民国政府时期迁都南京,北京在民国时期的经济发展水平随其城市地位之下降而呈现日渐衰落之势,典当业亦呈一路衰退的趋势。北京基本可以代表传统中国城市在近代的发展局面,其典当业呈现日益衰落的发展趋势。

上海作为近代以来全国最重要工商业城市,其典当业在民国时期的发展态势则呈现另一番景象,时人已指出,"上海为世界著名之商埠,亦为我国最繁盛之都市,工商荟萃,人烟稠密,全国经济重心所系,故典当业务,亦较他处为发达"。②上海地处通江达海的长江口,工商业繁荣,城市人口大增,开埠后迅速成长为中国最大的工商业城市和经济中心,其典当业的发展轨迹和全国其他区域和城市的发展趋势不同。在民国时期,上海的典当业一直都在不断发展中,因此有人将近代上海典当业的发展称为"畸形的发展"。根据1944年的统计资料,民国时期上海的典当业共有870户,其中1911—1920年开设的典当行有30家,1921—1930年开设的典当行有56家,1931—1940年开设的典当行有302家,1941—1944年开设的有482家。③

当然,这些只是典当行数量的变化,未能反映典当业发展状况的全部事实,数量变化之外还须看到典当行经营规模和分布地域的问题。清末民初上海的典当业很多是由徽州商人和本地商人开设的大中型典当行,后来潮州商人逐渐在上海各处开设了大量的小型押当,押当的经营规模较典当要小很多,但其数量却大大超过了典当行。发展到抗战前夕,上海地区共

---

① 高叔平:《旧北京典当业》,载《北京工商史话》(第1辑),中国商业出版社1987年版。转引自曲彦斌:《典当史》,上海文艺出版社1993年版,第80页。

② 俞朗西:《中国典当业实录》,内部发行,1947年版。载《近代上海典当业史料选辑》,《档案春秋》2003年第1期。

③ 孙翔云:《上海的典当业》,第215页。载常梦渠、钱椿涛主编:《近代中国典当业》(近代中国工商经济丛书),中国文史出版社1996年版。

有典当行600多家,其中有很大一部分是小规模的押当。抗战爆发前夕的20世纪30年代,这一阶段典当业的发展具有结构性的变化,大中型的典当逐渐衰落,小型的押当数量逐渐增多,且出现了租界内的小型当铺畸形发展的现象。①典当业之所以发生上述结构性的变化,是和当时典当业发展所处的外部经济环境密切相关的。20世纪30年代初期,世界市场深陷经济大萧条的影响中,实行金本位制的国家经济陷于萎靡不振的低迷状态,而中国受惠于独特的银本位制,国际银价低迷,大量世界市场上的白银流入中国,一度引起中国经济在1930年代初的繁荣。然而,随着1934年美国推出购银法案,导致国际银价迅速提升,白银大量流出中国,造成中国经济突然面临紧缩,南京国民政府于1935年推出货币制度改革以应对白银价格剧烈变动给经济带来的冲击。货币制度的变动造成币值的不稳定和市场物价的剧烈波动,致使大中型典当行所得当息不足以抵偿币值波动的损失,大量典当行面临经营困境,有的歇业改组。相反,小型押当由于经营规模小,面临经济波动带来的市场风险较小,且由于小型押当经营具有限期更短、利息更高的特点,具有灵活经营的优势,更容易满足客户的需求,因此小型押当在面临市场波动时反而营业局面更为繁盛,其规模在1930年代不减反增。据统计,1937年上海600多家典当行中,大中型典当有140多家,小型押当有450多家,且小型押当大部分都分布在租界中,在租界外的仅有40多家。②

进入抗战时期后,大中型典当损失严重,难以为继,大多处于停业或半停业状态,而小型押当仍继续发展,甚至在日伪统治时期小押店进一步增加至870余家。抗战胜利后国民政府对典当业进行整顿后,部分典当行恢复营业,经过初期短暂的市场稳定期,典当业有所恢复。但是经过战时经

---

① 孙翔云:《上海的典当业》,第216页。载常梦渠、钱椿涛主编:《近代中国典当业》(近代中国工商经济丛书),中国文史出版社1996年版。

② 孙翔云:《上海的典当业》,第217页。载常梦渠、钱椿涛主编:《近代中国典当业》(近代中国工商经济丛书),中国文史出版社1996年版。

济的动荡,典当业也受到巨大打击,绝大部分典当行资金短缺,名副其实的不超过10家。①随后不久解放战争爆发,恶性通货膨胀开始,实施紧急经济措施,但物价仍然飞涨,典当业陷入经营困难的局面,典质物品价值变动剧烈,导致典当行亏损,经营难以维持。在1949年解放前夕,上海典当业基本全部处于停业状态。

从以上可以看出,民国时期上海典当业虽然在数量上依然呈现增长的趋势,但是典当业中的大中型典当行的数量和规模却均呈下降趋势,而数量增加主要来自小型押当的增多,总体上民国时期上海的典当业仍是呈现衰落的趋势。就大中型典当行的情况来看,清末光绪年间上海典当行约有150余家,其资本规模少者30余万两白银,大者多至100万两以上白银,而民国时期大中型典当行只有100余家,且资本规模大多在3万—10万元,小型押当则只有几千元的资本。②因此可以说典当业在民国时期较清代盛期呈衰退之势。

三、民国典当业衰微原因的分析

对于民国时期上海典当业发展日渐衰微的原因,目前学界的看法尚未取得一致,主要有内因论和外因论两种意见,即归因于典当业自身发展的内部原因和典当业经营的社会经济环境的外部原因两方面。

持内因论观点,即典当业具有自身发展难以克服的内部原因的学者认为,民国时期的典当业衰微是因为:(1)缺乏近代化的经营意识,囿于陈规陋习,故步自封,抱残守缺,固守传统的经营方法,不能随着社会经济环境的变化而调整自身的经营机制,不能跟上时代的步伐而失去市场适应能力和竞争能力。(2)行业形象欠佳,唯利是图,重利盘剥,同时典当业从业人员保守传统行业的陋习,不设法为顾客提供良好服务,未能形成良好营业

---

①② 潘连贵:《近代上海的典当业》,《上海金融》1994年第2期。

作风,败坏了典当业的声誉。(3)典当业传统的人员管理制度扼杀了典当人才的升级通道,导致勤奋有为者无法得到奖掖,而庸碌无为者长居要位,造成典当人才寥落的局面。①

持外因论观点,即从经营的社会经济环境等外部原因对民国典当业衰微的现象进行分析的学者认为,典当业的衰落固然有现代经济因素的影响,但更主要的原因在于整体社会环境动荡不安和经济衰败的负面影响,这些外部环境的不稳定与典当业自身的性质和经营特点关系不大,只要有适宜的生存环境和社会土壤,典当业仍然能够适应社会经济的需要而继续存在并发展下去。②民国时期的江苏省典业设计委员会在1935年曾对造成典当业衰落的外部社会经济原因进行过总结,具体包括以下10个方面:(1)兵灾盗劫水火等灾祸;(2)金融枯竭周转不灵;(3)利息低微入不敷出;(4)开支浩大捐派滋多;(5)服饰翻新售包折阅;(6)满期长久当多赎少;(7)积习太深不知改进;(8)银行发达存款减少;(9)银行兼营物品抵押影响典业;(10)典东典员经营其他投机事业失败牵累本业。③

此外,亦有学者从风险防范体系的角度对上海所在的江南地区典当业在传统向近代的变迁过程中出现衰落的趋势进行分析,认为传统典当业在1 000多年的发展中形成了一套相对完整的风险防范体系,有效地保障了典当业的稳定发展。具体而言,这一风险防范体系的内容包括:(1)典当利息收益稳定,市场风险低;(2)"值十当五"的质押放款,避免信用风险;(3)满货处置制度,避免流动性风险;(4)内部管理严格,避免经营性风险;(5)政府积极扶持,政策风险低。然而,进入近代之后,传统典当业的风险防范体系逐渐失效,引起民国时期典当业发展呈现衰落的趋势,尤其是在20世纪二三十年代,行业发展到了几乎无法挽回的局面。民国时期典当业风险防范体系失效具体表现在以下几个方面:(1)市场环境恶化,导致市场

---

① 潘连贵:《近代上海的典当业》,《上海金融》1994年第2期。
②③ 李金铮:《20世纪20—40年代典当业的衰落——以长江中下游地区为中心》,《中国经济史研究》2002年第4期。

风险上升;(2)业内竞争与满货亏损导致信用风险及流动性风险;(3)支出大幅增加,经营性风险日益严重;(4)政策环境恶化,政策风险隐现;(5)外部环境恶化。①

民国时期典当业风险防范体系逐渐失效的原因,在于典当业出现了系统性风险,包括市场风险、政策风险、经济周期波动风险、利率风险等。相较于传统时期,民国时期江南地区典当业在内控和外部环境方面均发生了根本性的变化。内控方面的变化包括资金杠杠率大幅上升而导致的典当行抵抗金融风险的能力,公会组织化的加强而导致的经营成本上升及经营性风险上升;外部环境方面的变化,包括经济环境、市场竞争、社会环境及政策环境的变化而引起的市场风险、信用风险、流动性风险、政策风险、环境风险等一系列的外源性风险。在各种因素相互作用的内外交困的环境下,民国时期典当业的发展面临极大的系统性风险,而典当业虽然经过一些努力和尝试,但最终并没有在新的历史条件下及时地发展出一套能够适应新的社会经济形势的正式的、制度化的风险防范机制,其发展过程可谓步履维艰。②

以上分析从典当业自身经营和外部环境的角度进行的总结颇有道理,然而典当业自清代至民国由盛转衰的发展趋势,也有一定的历史发展趋势的必然性。首先,典当业具有"调剂缓急"的经营内容和行业特点容易受到新式金融的冲击影响,典当业的衰微是近代中国经济逐步现代化,对新式金融服务需求增加的必然结果;其次,典当业也受到经营典当业的商人群体的整体经营事业衰落的影响,在晚清民国时期,明清时期经营典当业的徽州商人,在其经营的盐业、木业等传统商业领域逐渐失去垄断和独占的优势地位,市场环境发生巨大变化,徽商群体的整体实力也不可避免地要走下坡路,其经营的典当业自然也因失去背后雄厚的资本支持而无法改变

---

①② 杨勇:《近代江南典当业风险防范体系变迁》,《井冈山大学学报》(社会科学版)2019年第2期。

发展颓势。

四、近代典当业的同业组织

民国时期典当业虽然呈现衰微之势,然而在行业组织和行业治理方面则有所建树,具有一定的进步意义。民国时期,上海典当业有3个同业组织,分别是上海市典当业同业公会、上海市押店业同业公会和押当公所。

光绪年间上海就成立了典业公所,是1931年成立的上海市典当业同业公会的前身。1931年依照国民政府颁布的《工商同业公会法》,典业公所改组为上海市典当业同业公会,改组后会员有50余家,多为大型典当行,资本(架本)多在30万元以上。典业公所和典当业同业公会办有诸多慈善性质的事业,如济贫保育会抚恤同业中的孤寡人员,还办有典质业小学招收同业子弟上学,兼收业外学生。1942年不少大型典当经营难以为继而关闭,剩下的部分大型典当行转入押当业同业公会,原典当业同业公会主要负责人也随之转入押当业同业公会,典当业同业公会随之解体。

上海市押店业同业公会成立于1928年6月,会址设在小南门大街,有会员40余家,实行分区负责制,分南市、闸北等区,分别有负责人处理各区事务。押当公所是租界内典当业的同业组织,有会员400余家,半数以上为潮州帮商人经营的押店。1942年上海市押店业同业公会与押当公所合并,改组为上海特别市押店业同业公会,因为1942年吸收了部分由典当业同业公会转入的大型典当入会,1944年又改名为上海特别市押当业同业公会。[①]

今上海档案馆保存有大量民国时期上海典当业的行业组织档案资料,从档案的部分内容中可窥见行业组织在典当业行业发展史上发挥的作用。

[①] 关于各同业组织的负责人及其来源,具体可见孙翔云:《上海的典当业》,第223—225页。载常梦渠、钱椿涛主编:《近代中国典当业》(近代中国工商经济丛书),中国文史出版社1996年版。

第一,制定行业章程业规。档案中包括上海市典当同业公会章程及营业业规(1931年)、上海特别市押店业同业公会章程及营业规则(1942年)、上海特别市押当业同业公会章程草案及营业业规(1945年)、上海市典当商业同业公会章程草案及营业业规(1946年)等资料。章程和业规的制定,具有规范同业会员的日常经营方式,约束违规经营活动等作用。通过这些章程和业规档案,我们可以了解典当业同业组织在各个时期的发展脉络、组织形式、业务规范等方面的内容。①

第二,梳理行业发展沿革。上海市典当同业公会撰写了《上海之典当业》(1935年),内容包括:(1)上海典业公所及典当同业公会之沿革,记录了典业公所成立至1935年间典当公会的人事变动等发展沿革事项;(2)营业状况,主要记述了行业近年的发展状况,尤其是受到"一·二八"抗战的冲击,对同业经营状况的波动影响;(3)各项事则,为上海市政府颁布的《上海市典当营业规则》及会员共同遵守的公会章程。②行业发展沿革的梳理,有助于同业了解本行业的发展历史,也有助于从业者了解行业文化,更好地传承行业的优良传统。

第三,开展行业调查统计。上海典当业不同时期的同业组织进行了多次详细的行业调查统计,并将资料汇总并编制统计表和调查报告,其中重要的包括:中国典当业实录、10年来商业演变情况资料调查表、上海特别市押店业同业公会会员调查表(1943年)、上海市典当商业同业公会会员业务调查表(1947年)、上海市典当商业同业公会会员数统计表(1947年)、上海市典当商业同业公会会员架本金额与房屋等级调查表(1947年)、上海市典当商业同业公会会员营业概况调查表(1948年)、上海市典当商业同业公会关于本业质押利息率历年变动记录(1949—1956年)、上海市典当商业同业公会会员增资、变更登记项目调查表及增资统计表等③。行业调

---

①③ 张海:《旧上海典当业档案一瞥》,《档案春秋》2002年第1期。
② 《近代上海典当业史料选辑》,《档案春秋》2003年第1期。

查统计的开展,有利于同行业会员掌握行业发展现状,了解行业最新动态,研判当前经营业务、开展经营活动具有重要的参考作用。

五、中华人民共和国成立后的典当业发展

(一) 上海典当业的社会主义改造与小额质押贷款营业所的建立(1949—1966年)

1949年中华人民共和国建立,典当业进入了新的历史发展阶段。1949年上海解放前夕,上海典当业基本处于停业状态。1949年5月27日上海解放,经过解放初期的经济秩序恢复阶段,在新的政府政策下典当业逐步恢复营业。复业初期的典当业仍然依据旧有惯例的经营方式开展业务,新成立的政府对典当业也无过多的干预,只对其经营进行监督和必要的管理。解放初期,上海典当业的主管机关经历了数次变化,最初的主管机关是上海市军事管理委员会财经接管委员会金融处,1950年6月改由中国人民银行华东区行主管,1952年8月再次改由中国人民银行上海市分行主管。

随着政府对社会经济管理、控制能力的加强,开始着手对典当业进行制度化管理的工作。上海刚解放时政府机关即对典当业进行调查工作,要求典当业公会送交会员名册、业主姓名、资本额、历史沿革和近期营业状况等资料,随后于1950年2月5日颁布《上海市人民政府公安局管理典当及旧货业暂行规则》,于1950年9月9日颁布《上海市典当业管理暂行办法》,政府逐步对典当业实现制度化的依法管理。同时政府也开始对典当业同业组织进行改组,1950年7月成立上海市典当商业同业公会筹备委员会,1951年4月成立上海市典当商业同业公会,新的同业公会确立了"爱国守法,配合政府政令,改善经营,服务人民"的会旨。[1]

---

[1] 赵伟:《解放初期上海典当业的管理与改造》,上海师范大学硕士学位论文,2008年。

在解放初期，为实现从新民主主义革命向社会主义革命的过渡，中国共产党实行对资本主义工商业进行社会主义改造的经济政策。典当业是来自旧社会的工商行业，也面临着如何在新社会条件下存在和发展的问题。有研究者将解放初期政府对上海典当业的管理和社会主义改造过程分为清理、整顿和改造等三个阶段。根据不同的社会经济条件，各阶段对典当业实行的政策和措施不同，具体而言，1949年6月至1950年7月为清理阶段，这一阶段处于解放初社会经济的恢复时期，百废待兴，城市居民生活困难，失业问题严重，典当业对于解决普通居民日常生活困难具有一定的帮助，因此政府在此一阶段采取清理、利用、适当扶助的策略；1950年8月至1953年5月为整顿阶段，鉴于典当业从旧时代发展而来，仍具有高利贷的性质，在新中国消灭剥削的社会目标下，政府对典当业采取监管、限制、整顿的措施；1953年6月至1956年初为改造阶段，此一阶段经过了三年恢复时期，全国对资本主义工商业进行社会主义改造，对典当业也实行了逐渐改造的政策。[1]1955年12月25日，上海典当业公会向政府提交全行业公私合营申请书，1956年1月7日，公私合营申请得到中国人民银行上海市分行批准，1956年1月19日，上海市143家典当行实现全行业公私合营。[2]

解放初期对上海典当业管理和社会主义改造，有研究者将其过程总结为"两条主线、三个特点"，两条主线即通过将"思想改造和组织改造"两条主线相结合，三个特点为"政治动员、多方互动；利用各种组织、全方位管理；结合现实、逐步改造"。思想改造的主线，注重转变典当业从业者的价值观，培育工商业者对社会主义新中国的忠诚，树立社会主义思想和为人民服务的精神理念。组织改造的主线，注重对典当业同业组织的管理和利

---

[1] 赵伟：《解放初期上海典当业的管理与改造》，上海师范大学硕士学位论文，2008年。

[2] 赵伟：《从典当到小额质押贷款营业所：1949—1966年上海典当业的变迁》，《中国经济史研究》2018年第3期。

用,上海解放后政府部门就对典当业原有组织进行改组,成立典当业公会筹备会和典当业商业同业公会,在后续的清理、整顿和改造过程中,充分利用典当业商业同业公会,发挥其上传下达作用,沟通政府和典当行业会员组织,使典当业商业同业公会由一个维护同业利益的行业组织,逐渐演变为一个服从政府、推行政府政令的准政治性组织。[1]

经过社会主义改造后,改造了传统典当业的经营和从业者的思想意识,而牟取私利的私营典当业在事实上已被取缔。然而,在社会主义初级阶段的中国社会,民众对小额借贷的需要仍然继续存在,为了满足民众的这一需求,在新的社会制度下,典当业功能的发挥必须以另一种形式存在,为此在1956年私营典当业全行业公私合营后,成立了小额质押贷款营业所,向上海市民提供临时低息生活贷款。小额质押贷款营业所由公私合营前的私营典当业改称而来,一般名为"公私合营××小额质押贷款营业所",经过多次调整撤并,营业所数量由1956年刚设立的145家,减少至1965年的65家。小额质押贷款营业所的设立,将传统时代的旧典当行由高利贷私营机构变成了真正服务于满足人民大众临时资金周转需求的公私合营的低利息贷款机构。小额质押贷款营业所,首先在调剂生活有困难人民的资金需求方面发挥了重要作用,同时还具有反映市民经济生活状况的作用,有助于政府及时掌握社会经济的新情况,对抑制高利贷也具有重要作用,对维护社会经济的稳定具有积极作用。1966年"文革"后,小额质押贷款营业所被当成封建残余,于1966年12月停止贷款,只办理还款,1971年结束贷款清理工作。[2]

(二)改革开放后典当业的复出(1987年至今)

改革开放后,中国社会摆脱了计划经济时代的束缚,经济社会呈现快

---

[1] 赵伟:《解放初期上海典当业的管理与改造》,上海师范大学硕士学位论文,2008年。

[2] 赵伟:《从典当到小额质押贷款营业所:1949—1966年上海典当业的变迁》,《中国经济史研究》2018年第3期。

速发展的趋势,随着经济的不断发展,社会各界对资金的需求也出现多样化的分层趋势,在银行等现代大型金融机构满足大额长期融资需求外,社会对小额快速融资的需求也不断增长。人类历史上存在已久的典当业正是能满足小额快速融资需求的金融机构,在蓬勃发展的经济形势和解放思想的政策环境下,短暂中断的典当业在改革开放的大环境下复出。

1987年12月,四川省成都市开办了改革开放以来的第一家典当行——成都市华茂典当服务商行,在全国范围内率先恢复了典当业。成都华茂典当行的开办,当时曾引起全国范围内舆论的广泛关注,全国有60多家媒体进行报道,甚至美国驻成都领事馆总领事也前往参观,在国际上也引发关注,被视为中国进行改革开放决心的标志性事物。成都华茂典当行成立不久,很快全国各地就纷纷复兴典当业,出现一股开设典当行的潮流。据不完全统计,仅仅截至1988年10月全国有21个省、自治区、直辖市恢复了典当业,共开设典当行180多家。改革开放后上海的典当业也很快恢复,1988年9月15日恒源当铺终于开业,当时恒源当铺自有资金60万元,工作人员只有6名,门面2间,面积约40平方米。①恒源当铺开业前几经周折,开业之初经营也非常困难,主要业务是个体户经营性贷款,营业规模十分有限。但纵然如此,恒源当铺的开办,代表了典当业在全国最大的经济中心上海恢复了,在全国也产生了广泛的影响,对其他城市恢复典当业具有重要的指示性意义。

上海典当业在改革开放的背景下复出,在对内改革建立社会主义市场经济体制和对外开放融入世界市场和经济全球化的双重影响下发展,其发展历程也经过了几个阶段。

第一个阶段为1988年—1993年6月的无序发展阶段,在此期间上海典当业由于缺乏监管机构和法律规范,出现多头审批、政策多门、监管混乱

---

① 赵伟:《传统的翻新:二十世纪八十年代末中国典当业的复苏》,《党史研究与教学》2020年第2期。

的无序状态,不利于典当业的健康发展。

第二阶段为1993年6月—2000年6月的规范发展阶段,1993年国务院明确了典当业由中国人民银行监管,1993年8月中国人民银行下发《关于加强典当行业管理的通知》,将典当业定性为非银行金融机构,1996年4月,中国人民银行又下发《典当行业管理暂行办法》,上海典当业由此走向规范发展道路。

第三阶段为2000年6月—2003年4月的改革发展阶段,2000年6月中国人民银行和国家经贸委联合下发《关于典当行业监管职责交接的通知》,取消典当行金融机构性质,将其作为特殊的工商企业,交由国家经贸委统一归口管理。2001年8月出台《典当管理办法》,拓宽了典当业的经营范围,允许典当业经营房地产抵押业务、允许典当行从金融机构贷款、允许设立分支机构等一系列政策,进一步拓宽了典当行的业务范围和行业规模。

第四阶段为2003年4月—2009年的继续发展阶段,典当行划归新组建的商务部管理,2003年12月商务部下发《关于加强典当行业监管的通知》,2005年4月商务部会同公安部联合颁发《典当管理办法》,进一步加强规范管理,同时拓宽了典当业的经营业务,对上海典当业的健康规范发展具有重要意义。在此一阶段,上海典当行业协会于2004年6月正式成立,为上海典当业持续、健康发展提供了有力的支持。

第五阶段为2010年至今的转型发展阶段,在经济全球化的背景下,2008年爆发的全球金融危机,对上海典当业影响巨大,尤其是2010年下半年以来国内外宏观经济环境总体紧缩的趋势,对典当业造成巨大的挑战。同时,这一时期新出现的互联网金融、小额贷款公司等新型金融服务兴起,典当业面临更加复杂的市场竞争环境,加上典当业自身的行业弊端集中爆发,典当业面临融资难、业务结构不合理等发展难题。2018年5月14日,商务部将制定典当行业务经营和监管规则职责划给中国银行保险监督管理委员会,有关职责由银保监会履行。此一阶段,上海典当业积极适应经济新形势,融入互联网金融新发展的趋势,不断创新经营模式,开辟差异化业务空间,在新形势下积极转型发展。①

六、结语

以上以时间顺序为主线,对近代以来上海典当业的发展历史做了简要梳理和回顾。近代以来典当业经历了中国历史上最为剧烈的变革时期,这一段风云变幻的行业发展历史极为丰富,同时近代以来上海典当业的发展历史也是观察中国经济发展历史的重要窗口。典当业如何因应外部经济环境的变化,如何把握历史发展趋势以实现行业的转型和发展,同业组织活动在典当业发展中有什么经验和教训等,这些都是值得今人继续深入探究的问题。近代以来中国的典当业经历了辉煌的盛况,也经历了无法挽回的衰颓,在改革开放的新形势下又再次焕发生命,更加深入地了解这段历史,汲取其中的经验教训和历史智慧,对于当今典当业的发展仍有一定的参考价值。

参考文献

常梦渠、钱椿涛主编:《近代中国典当业》,中国文史出版社1996年版。

韩汉君、吴贤达主编:《上海典当业发展报告(2016—2017年)》,上海社会科学院出版社2017年版。

《近代上海典当业史料选辑》,《档案春秋》2003年第1期。

潘连贵:《近代上海的典当业》,《上海金融》1994年第2期。

曲彦斌:《典当史》,上海文艺出版社1993年版。

张海:《旧上海典当业档案一瞥》,《档案春秋》2002年第1期。

---

① 韩汉君、吴贤达主编:《上海典当业发展报告(2016—2017年)》,上海社会科学院出版社2017年版,第70—71页。

赵伟:《传统的翻新:二十世纪八十年代末中国典当业的复苏》,《党史研究与教学》2020年第2期。

赵伟:《从典当到小额质押贷款营业所:1949—1966年上海典当业的变迁》,《中国经济史研究》2018年第3期。

赵伟:《解放初期上海典当业的管理与改造》,上海师范大学硕士学位论文,2008年。

执笔:余开亮

后　记

本研究报告是上海社会科学院经济研究所典当研究中心组织学术界、政府管理部门和典当业界的研究人员，共同合作完成的科研成果。参与本项目的研究人员根据上海和全国典当行业的实际运行发展情况，以及学术界相关的研究成果，经过反复酝酿讨论，确定本报告的研究专题。然后在讨论拟定总报告内容框架和各专题报告主题的基础上，各课题组研究、讨论，专业研究人员执笔完成初稿，最后由韩汉君、诸晓江对全部书稿进行审阅、统稿和定稿。

在本研究报告的研究、撰写过程中，始终得到上海典当行业协会的大力支持，在此谨致谢意！

上海社会科学院出版社的编辑为本研究报告的出版付出辛勤的劳动，在此谨表谢意！

作　者
2021年10月

图书在版编目(CIP)数据

上海典当业发展报告.2020—2021年／韩汉君等合著.—上海：上海社会科学院出版社，2022
 ISBN 978-7-5520-3790-6

Ⅰ.①上… Ⅱ.①韩… Ⅲ.①典当业—研究报告—上海—2020—2021 Ⅳ.①F832.38

中国版本图书馆 CIP 数据核字(2021)第 278461 号

上海典当业发展报告(2020—2021年)

著　　者：韩汉君　诸晓江　等
责任编辑：应韶荃
封面设计：黄婧昉
出版发行：上海社会科学院出版社
　　　　　上海顺昌路 622 号　邮编 200025
　　　　　电话总机 021-63315947　销售热线 021-53063735
　　　　　http：//www.sassp.cn　E-mail：sassp@sassp.cn
照　　排：南京理工出版信息技术有限公司
印　　刷：上海天地海设计印刷有限公司
开　　本：710 毫米×1010 毫米　1/16
印　　张：16.25
字　　数：216 千
版　　次：2022 年 1 月第 1 版　2022 年 1 月第 1 次印刷

ISBN 978-7-5520-3790-6/F·692　　　　　　　　　定价：85.00 元

版权所有　翻印必究